本书获国家社会科学基金重点项目(10AFX011)、
广东省高校人文社科重大攻关项目(2013ZGXM0006)资金支持

GUOWAI DITAN
FALÜFAGUI XUANBIAN

国外低碳法律法规选编

杨解君 主编

复旦大学出版社

目录

日　本

全球变暖对策推进法 ……………………………………………………… 3
城市低碳化促进法 ………………………………………………………… 24
开发及制造节能环保产品产业促进法 …………………………………… 53

韩　国

可持续发展法 ……………………………………………………………… 71
低碳绿色发展基本法 ……………………………………………………… 77
低碳绿色发展基本法施行令 ……………………………………………… 102

德　国

二氧化碳捕集、运输与永久封存技术示范与应用法 …………………… 131

澳 大 利 亚

2008 年维多利亚州温室气体地质封存法案 …………………………… 175

后记 ………………………………………………………………………… 271

日本

全球变暖对策推进法

(1998年10月9日颁布,2014年5月30日修正)

第一章　总则(第一条至第七条)
第二章　全球变暖对策计划(第八条至第九条)
第三章　全球变暖对策推进总部(第十条至第十九条)
第四章　抑制温室气体排放的措施(第二十条至第二十七条)
第五章　发挥森林等的碳吸收作用(第二十八条)
第六章　配额账户簿的设立(第二十九条至第四十一条)
第七章　其他事项(第四十二条至第四十七条)
第八章　罚则(第四十八条至第五十条)

第一章　总　　则

第一条　立法目的

全球气候变暖对地球环境带来了深刻影响,在不对全球气候系统造成人为危险干预的前提下,维持大气中温室气体浓度的稳定、防止全球变暖是人类共同的努力方向。鉴于此议题的重要性,在制定应对全球变暖对策计划的同时,应采取措施鼓励全体国民积极主动地参与到抑制温室气体排放的活动中,从而推动全球气候变暖对策的贯彻实施,以确保现在及未来国民健康文化生活得到保障,并为人类福祉作出贡献。

第二条　定义

一、本法所称"全球变暖",是指伴随人类活动所产生的温室气体使大气中温室气体的浓度提高,因此使地球地表、大气及海水等温度上升的现象。

二、本法所称"全球变暖对策",是指抑制温室气体排放的措施、维护及强化吸收作用(以下称为抑制温室气体排放等),以及其他谋求与国际合作防止全球变暖的措施。

三、本法所称"温室气体",是指下列物质：

（一）二氧化碳；

（二）甲烷；

（三）一氧化二氮；

（四）氟氢化碳类中由政令规定的物质；

（五）全氟化碳类中由政令规定的物质；

（六）六氟化硫；

（七）三氟化氮。

四、本法所称"温室气体的排放",是指伴随人类活动排出、释放或泄露温室气体,以及使用他方供应的电力或热能(仅限于以燃料或电力为热源)的情形。

五、本法所称"温室气体排出总量",是指依据温室气体所含物质种类的不同,依照政令规定的方法,将该物质的排出量乘以该物质的全球变暖系数(为国际社会所认可、政令所规定的,各种温室气体的温室效应转化为相应的二氧化碳的数值。下同)所得数值的总量。

六、本法所称"额定分配量",是指下列以吨为单位的二氧化碳的数量：

（一）《〈联合国气候变化框架公约〉京都议定书》(以下简称《京都议定书》)第三条之七规定的配额量；

（二）《京都议定书》第三条之三规定的与纯变化量相当的配额量；

（三）《京都议定书》第六条之一规定的减排单位；

（四）《京都议定书》第十二条之三(b)规定的经过认证的减排量；

（五）除上述各项外,根据《京都议定书》第三条的规定,在履行约定时,经过认可以同条之一推算出的配额量。

第三条　国家的职责

一、国家为掌握大气中温室气体的浓度变化状况,以及对与之相关的气候变化、生态状况进行监测时,应当有计划地制定实施应对全球变暖的全面措施。

二、国家在推进抑制温室气体排放等政策和措施的时候,应当确保温室气体排放相关的措施政策目标的实现与抑制温室气体排放的效果相适应。

三、国家在采取措施削减温室气体排放、发挥和增强森林的碳吸收作用时,应当支持地方公共团体实施抑制温室气体排放的措施,激励促进企业、国民及其民间团体(以下称民间团体等)开展抑制温室气体排放的相关活动,积极提供技术建议或给予其他帮助。

四、国家应当采取必要的措施实现前条第六款第三项及第四项所列配额、参与《京都议定书》第十七条中规定的国际排放贸易以及履行其他由《京都议定书》第三条规定的承诺。

五、国家应当致力于研究开发预测全球气候变暖的影响、减少温室气体排放的相关技术并普及研究结果。

六、鉴于我国经济社会与国际社会密切的依存关系,应当发挥我国的知识、技术、经验优势,有效地推进前款规定的调查及研究、开发的国际间合作,以及采取其他推进气候变暖国际合作的必要措施。与此同时,应当鼓励地方公共团体和民间团体就抑制温室气体排放等问题开展国际协作,并积极提供信息和其他必要帮助。

第四条 地方事业单位的责任

一、地方事业单位应当结合本区域的社会条件和自然条件,实施抑制温室气体排放的措施。

二、地方事业单位在处理区域事务及日常活动中采取措施削减温室气体的排放,在维持和加强森林等吸收作用的同时,应当鼓励本区域企业和居民开展抑制温室气体排放的有关活动,尽可能地提供前款规定政策的相关信息和其他必要帮助。

第五条 生产经营者的责任

生产经营者应当在其经营活动中采取抑制温室气体排放的措施(包括有利于他人抑制温室气体排放的措施)的同时,协助国家及地方公共团体实施抑制温室气体排放的措施。

第六条 国民的责任

国民在日常生活中采取抑制温室气体排放的措施时,应当协助国家及地方公共团体实施抑制温室气体排放的措施。

第七条 温室气体排放量等的计算

为完成《联合国气候变化框架公约》第四条第一款(a)中规定的清单以及《京都议定书》第七条第一款(a)中规定的年度清单,政府应当推算出我国每年度的温室气体排放量及吸收量,并依据环境省令[①]规定的方式予以公布。

---

① 在日本,行政立法根据法的形式可分为政令、内阁府令、省令、外局规则、独立机关的规则、告示训令以及通知。省令即省(政府各部门)发布的命令,类似于我国的部门规章(部长令)。以下法律条款相同。

第二章　全球变暖对策计划

第八条　全球变暖对策计划

一、政府为全面有计划地推进全球变暖对策,应当制定有关全球变暖对策的计划(以下称全球变暖对策计划)。

二、全球变暖对策计划应当包含下列事项：

(一)计划期限；

(二)推进全球变暖对策的基本方向；

(三)国家、地方公共团体、生产经营者及国民应当采取的关于抑制温室气体排放等措施的基本事项；

(四)温室气体根据物质的种类划分或其他划分方式所规定的关于温室气体减排量及森林碳吸收量的目标；

(五)为实现前项目标而制定的必要措施；

(六)为实现前项目标,有关国家及地方公共团体政策的必要事项；

(七)关于本法第二十条之二第一款规定的政府实施计划及第二十条之三第一款规定的地方公共团体实施计划的基本事项；

(八)大量排放温室气体的企业为抑制温室气体排放,在计划中督促其制定、公布措施(包括有利于抑制他人温室气体排放的措施)的相关基本事项；

(九)关于本法第三条第四款规定措施的基本事项；

(十)除上述各项所列事项外,其他有关全球变暖对策的重要事项。

三、内阁总理大臣应当把全球变暖对策计划的草案提交内阁会议决定。

四、内阁总理大臣应当在前款规定的内阁作出决定前,及时公布全球变暖对策计划。

第九条　全球变暖对策计划的变更

一、政府每三年至少考察一次我国的温室气体排放、吸收情况及其他有关情况,并对全球变暖对策计划中既定的目标及施行进度加以检讨。

二、政府依据前款规定的研究成果,必要时应及时变更全球变暖对策计划。

三、本法第八条第三款及第四款的规定适用于变更全球变暖对策计划。

第三章　全球变暖对策推进总部

第十条　全球变暖对策推进总部的设立

为全面有计划地实施全球变暖对策,内阁应当设立全球变暖对策推进总部(以下称总部)。

第十一条　工作范围

总部管理下列工作:

(一)起草并推进实施全球变暖对策计划草案的事项;

(二)除前项所列事项外,应当从长远角度出发推进综合调整全球变暖对策的实施。

第十二条　组织

总部由全球变暖对策推进总部部长、副部长及部员组成。

第十三条　全球变暖对策推进总部部长

一、总部首长为全球变暖对策推进总部部长(以下称部长),由内阁总理大臣担任。

二、部长主管部门工作,领导监督部员。

第十四条　全球变暖对策推进总部副部长

一、总部设有全球变暖对策推进总部副部长(以下称副部长)职位,由内阁官房长官、环境大臣及经济产业大臣担任。

二、副部长负责协助部长开展工作。

第十五条　全球变暖对策推进总部部员

一、总部设有全球变暖对策推进总部部员(以下称部员)职位。

二、部员可由总部部长及副部长以外的所有国务大臣担任。

第十六条　干事

一、总部设有干事。

二、干事由内阁总理大臣从相关行政机关人员中选拔任命。

三、干事协助部长、副部长及部员处理总部事务。

第十七条　工作

总部工作由内阁官房处理,由内阁官房副长官补佐主管。

第十八条　主任大臣

主任大臣总管总部相关事项。

第十九条　政令的委任

本法规定以外与本部门有关的必要事项，由政令①规定。

第四章　抑制温室气体排放的措施

第二十条之一　国家及地方公共团体的政策

一、国家应当灵活运用有关抑制温室效应气体排放等问题的技术、知识以及依照本法规定获得的有关温室气体排放的数据及其他信息，加强与地方公共团体合作，努力全面有效地推进抑制温室气体排放的必要措施。

二、都、道、府、县及市、町、村应当根据情况实施全球变暖对策计划，并且结合本地区的自然条件和社会条件，积极、全面、有计划地制定并实施抑制温室气体排放的政策。

第二十条之二　政府执行计划等

一、政府应当根据全球变暖对策计划，制定与自身事务及活动相关的削减温室气体排放、维护并强化森林碳吸收作用的计划（以下称政府执行计划）。

二、政府执行计划应当包括下列事项：

（一）计划期限；

（二）政府执行计划的目标；

（三）实施措施的内容；

（四）与政府执行计划实施相关的其他必要事项。

三、环境大臣负责起草政府执行计划草案，起草前应当征求内阁决定。

四、环境大臣在起草政府执行计划草案前，应当事先与有关行政机关的长官进行协商。

五、内阁依照本条第三款的规定作出决定时，环境大臣应当及时公布政府执行计划。

六、本条前三款规定同样适用于变更政府执行计划。

七、政府应当每年公布一次政府执行计划实际的实施情况（含温室气体总排放量）。

---

①　政令即政府发布的命令。

第二十条之三　地方公共团体执行计划等

一、都、道、府、县及市、町、村应当根据全球变暖对策计划,制定与都、道、府、县及市、村、町公共事务相关的削减温室气体排放、维护并强化森林吸收作用的计划(以下称地方公共团体执行计划)。

二、地方公共团体执行计划应当规定下列事项：

（一）计划期限；

（二）地方公共团体执行计划的目标；

（三）实施措施的内容；

（四）关于实施地方公共团体执行计划的其他必要事项。

三、《都、道、府、县及地方自治法》[①]第二百五十二条之十九第一款中的"指定城市"及同法第二百五十二条之二十二第一款中的"指定城市等"在施行地方公共团体执行计划时,除前款所列事项外,还应结合当地的自然条件和社会条件,制定抑制温室气体排放的措施,其内容应包括下列事项：

（一）积极促进除太阳能、风能及其他化石燃料外的且与本地区自然条件相适应的能源开发利用事项；

（二）促进该区域的企业及居民开展抑制温室气体排放活动的相关事项；

（三）进一步为公共交通设施利用者提供便利,维护绿地和城市绿化以及整治及改善包括抑制温室气体排放等有利于改善地域环境的相关事项；

（四）促进抑制区域内废弃物等(是指《循环型社会形成推进基本法》[②]第二条第二款中规定的废弃物)的产生及其他建构循环型社会(同条第一款规定的循环型社会)的事项。

四、为推进全球变暖对策的实施,都、道、府、县及指定城市的计划施行应当与城市规划、振兴农业地域的整改计划及其他有关抑制温室气体排放的政策目标相协调,将抑制温室气体排放的地方公共团体执行计划纳入综合考虑。

五、指定城市等制定地方公共团体执行计划时,应当确保与都、道、府、县的地方公共团体执行计划及其他指定城市的地方公共团体执行计划相协调。

六、都、道、府、县及指定城市等在制定地方公共团体执行计划时,应当事先采取必要的措施征求当地居民和其他利害关系人的意见。

---

① 一九四七年法律第六十七号(此为日本法律的文号)。原文直接在条文中通过括号说明,为符合中文习惯以及阅读的方便,本书以脚注的形式代之,以下同。

② 二〇〇〇年法律第百十号。

七、都、道、府、县及指定城市等在制定地方公共团体执行计划时,应当事先采取必要的措施征求当地有关地方公共团体的意见。

八、都、道、府、县及市、町、村制定完成地方公共团体执行计划后,应当及时公布。

九、变更地方公共团体执行计划时,同样适用本条第五款至前项的规定。

十、都、道、府、县及市、町、村应当每年公布一次地方公共团体执行计划的政策及实施情况(包括温室气体的总排放量)。

十一、为完成地方公共团体执行计划,都、道、府、县及指定城市等认为确有必要时,可以要求有关行政机关首长或其他有关地方公共团体首长提交必要的资料或给予其他帮助,并要求听取关于抑制温室气体排放的意见。

十二、除前款规定外,有关地方公共团体执行计划的其他必要事项由环境省令规定。

第二十条之四 地方公共团体执行计划协商会

一、拟制定地方公共团体执行计划的都、道、府、县及指定城市等,为充分协商制定地方公共团体执行计划,以及充分沟通调整实施地方公共团体执行计划,可以组织地方公共团体执行计划协商会。

二、前款规定的地方公共团体执行计划协商会由下列成员构成:

(一)制定地方公共团体执行计划的都、道、府、县及指定城市等;

(二)有关行政机关、有关地方公共团体、本法第二十三条第一款规定的防治全球变暖活动推进员、本法第二十四条第一款规定的区域防治全球变暖活动推进中心、生产经营者、居民及其他区域内推进全球变暖政策的有关人员;

(三)专家学者以及其他都、道、府、县及指定城市认为必要的人员。

三、为顺利制定地方公共团体执行计划,主管大臣应本条第一款所列地方公共团体实行计划协商会组成人员的请求,可以提供必要的建议。

第二十条之五 抑制生产经营活动过程中的温室气体排放

生产经营者应当根据抑制温室气体排放的技术进步以及工业生产活动情况的变化选择有利于抑制温室气体排放的工作生产设备,并且在使用设备时积极减少温室气体的排放。

第二十条之六 抑制日常生活中的排放的贡献

一、生产经营者在制造、进口、销售或提供(以下本条中称为制造)国民日常生活中使用的产品或服务(以下称日常生活产品等)时,应当致力于制造节能产品,提供使用该产品所排放温室气体的准确信息。

二、制造日常生活产品等的企业应当提供前款规定的信息,必要时应当尽量有效地协助收集和提供日常生活中温室气体排放量信息的团体及其他为实施抑制国民日常生活中温室气体排放措施给予服务帮助的人员。

第二十一条之一　抑制排放等的方针

为切实有效地贯彻落实前二项规定的生产经营者应当采取的措施,主管大臣应当公布必要的指导方针。

第二十一条之二　温室气体推算排放量的报告

一、由政令规定的伴随生产活动(包括国家或地方公共团体的工作及生产活动。本条下同)的温室气体排放量多的单位(以下称特定排放单位),应当每年依照主管省令规定,将规定期间内与温室气体排放推算量相关的事项(包括主管省令规定的一定规模以上的工厂在规定期间与温室气候排放推算量相关的事项)向管理该特定排放单位领域的生产经营的大臣上报(以下称事业主管大臣)。

二、企业通过签订格式条款合同,将特定的商标、商号及其他标识授予他人使用,指定出售商品和提供服务的方式,并向其提供长期经营指导,此即为主管省令所规定的业务(以下本款称连锁业务),该连锁业务的加盟者(以下本款称加盟商)所开设的营业场所排放温室气体的相关事项;该连锁业务的经营者(以下本款称连锁业务经营者)在加盟商所开设的所有与连锁业务有关的营业场所进行的营业活动,均视为该连锁业务经营者的营业活动,适用前款规定。在此情形下,同款中"开设有营业场所的情况"即视为"开设有营业场所的情况(含下一款规定的加盟商依同款规定开设与连锁业务相关的营业场所的情形)"。

三、本章所称的温室气体推算排放量,是指根据温室气体物质的不同,特定排放单位在生产经营活动过程中排放的温室气体根据政令规定的方法所推算出的该物质排放量乘以该物质全球变暖系数值所得出的数值。

第二十一条之三　保护权利利益的请求

一、特定排放单位依照前条第一款的规定,在报告中将温室气体推算排放量的信息进行公布,如果认为对其权利、竞争地位及其他正当利益(以下称权利利益)可能造成损害的,可以向下条第一款规定的有告知义务的事业主管大臣提出请求,以主管省令规定的推算排放量替代该温室气体推算排放量。

二、特定排放单位在提出前款规定的请求时,应当根据主管省政令将请求理由与前条第一款规定的报告一并提交。

三、事业主管大臣批准本条第一款规定的请求后,应当将批准决定通知特定排放单位。

四、事业主管大臣对本条第一款规定的请求不予批准时,应当立即将不予批准的决定和理由通知特定排放单位。

五、前两款规定的决定,应当在收到本条第一款规定的请求之日起三十日内作出。

六、事业主管大臣在处理请求时,一旦遇到困难且有其他正当理由的,可以在三十日内适当延长审批期限。

第二十一条之四　报告事项的通知

一、事业主管大臣在收到本法第二十一条之二第一款规定的报告时,应当将该报告的相关事项告知环境大臣及经济产业大臣。

二、前款通知应当依照以下步骤进行:

(一)在无前条第一款规定的请求时,应当及时告知该报告的相关事项;

(二)在接到前条第一款规定的请求并作出同条第三款的决定时,应当及时告知该报告的相关事项(温室气体推算排放量以同条第一款主管省令规定的合计量代替);

(三)在接到前条第一款规定的请求并作出同条第四款的决定时,应当自通知同款规定的特定排放单位之日起两周后,及时告知该报告相关事项。

三、事业主管大臣在接到本法第二十一条之二第一款规定的报告时,依照主管省令规定,应当及时统计与该报告相关的温室气体推算排放量。

四、事业主管大臣应当及时将前款规定的统计结果通知环境大臣及经济产业大臣。通知该统计结果可能对前条第三款决定涉及的特定排放单位的权利造成损害的,应当对主管省令规定的原推算结果进行通知。

第二十一条之五　报告事项的记录

一、环境大臣及经济产业大臣应对前条第一款规定的通知事项依照环境省令和经济产业省令的规定,在电子文档中进行记录。

二、环境大臣及经济产业大臣根据前款规定进行记录后,应当依照环境省令和经济产业省令的规定,及时将同项文件档案记录事项(以下称档案记录事项)中事业主管大臣主管的特定排放单位经营活动的相关部分通知该事业主管大臣。

三、环境大臣及经济产业大臣应当依照环境法规和经济法规及时对前条第四款规定的通知事项进行统计。在此情况下,环境大臣及经济产业大臣为便于统计,在确认不对第二十一条之三第三款决定涉及的特定排放单位的权益造成损害的前提下,可以要求相关事业主管大臣告知根据主管省令规定、依照前条第三款规定的温室气体推算排出量推算出的合计量。

四、环境大臣及经济产业大臣应当及时将前款规定的统计结果通知事业主管大臣,并予以公布。

第二十一条之六　公示请求权

一、依照前条第四款的规定公布之后,任何人均可以请求主管大臣公示该档案记录事项中保存的资料。

二、前款规定的请求(以下称公示请求)应当明确下列事项:

(一)公示请求人的姓名或名称、住所或居所以及法人及其他团体法定代表人的姓名;

(二)公示请求涉及的营业场所或特定排放单位的名称、所在地以及其他区别的事项。

第二十一条之七　公示义务

主管部门在接到公示请求时,应当及时向请求人公示档案记录中被请求公示的事项。

第二十一条之八　信息的提供

一、特定排放单位依照主管省令的规定,为增进事业主管大臣对本法第二十一条之二第一款规定的报告、第二十一条之五第四款规定的公布信息以及前条规定的公示信息的理解,可以向事业主管大臣提供与该报告有关的温室气体推算排放量的增减信息及其他相关信息。

二、事业主管大臣应当将依照前款规定获得的信息传达至环境大臣及经济产业大臣。

三、环境大臣及经济产业大臣应当将依照前款规定获得的信息,依照环境省令和经济产业省令的规定记录在电子文档中。

四、环境大臣及经济产业大臣依照前款的规定记录存档之后,应当依照环境省令和经济产业省令的规定及时将同项文件档案记录事项中由事业主管大臣主管的特定排放单位经营活动的相关部分通知事业主管大臣。

五、环境大臣及经济产业大臣应当及时将本条第二款规定的告知信息,依照环境省令和经济产业省令的规定通知事业主管大臣并予以公布。

六、依照前款规定的公示信息,同样适用前两条的规定。

第二十一条之九 技术性建议

环境省令和经济产业省令为确保准确推算温室气体的排放量,促进特定排放单位积极主动地抑制温室气体的排放,主管大臣应当给予特定排放单位必要的技术建议、信息及其他帮助。

第二十一条之十 与《能源合理化利用法》的关系

自收到特定排放单位依照《能源合理化利用法》[①]第十五条第一款(含同法第十九条之二第一款中的适用情形)、第二十条第三款、第五十六条第一款(含同法第六十九条及第七十一条第六款中的适用情形)或第六十三条第一款规定的报告后,关于第二十一条之二至前条、第四十五条及第四十七条规定的适用,该报告中有关二氧化碳排放量的部分应当视为随着能源(指同法第二条第一款中规定的能源。下同)的使用产生的、依照第二十一条之二第一款规定的二氧化碳排放量的报告。于此情形,同款中的"管理该特定排放单位领域的大臣(以下称事业主管大臣)",第二十一条之三第一款、第三款、第四款及第六款、第二十一条之四第一款、第三款及第四款、第二十一条之五第四款、第二十一条之八第一款、第二款及第五款、第四十五条第一款及第二款、第四十七条第一款中的"事业主管大臣",第二十一条之五第二款及第二十一条之八第四款中的"该事业主管大臣"及第二十一条之五第三款中的"相关事业主管大臣",应当分别视为《能源合理化利用法》第十五条第一款(包括同法第十九条之二第一款中的适用情形)中规定的"主管大臣"、《能源合理化利用法》第二十条第三款中规定的"主管大臣"、《能源合理化利用法》第五十六条第一款(包括同法第六十九条及第七十一条第六款中的适用情形)规定报告中的"国土交通大臣"、《能源合理化利用法》第六十三条第一款规定的"主管大臣"之外,第二十一条之二至前条,适用第四十五条及第四十七条的规定相关必要的技术性词语替换,由政令规定。

第二十一条之十一 提供对掌握二氧化碳排放量所必要的信息

对一般消费者提供能源的企业经营者,应当向消费者提供必要信息使其掌握能源消费的二氧化碳排放量。

第二十二条 关于生产经营者的生产活动的计划

一、生产经营者在经营活动中,应当依据全球变暖对策计划的规定,单独或者共同制定抑制温室气体排放措施(包括有利于他人抑制温室气体排放的措施)

---

① 一九七九年法律第四十九号。

的相关计划,并予以公布。

二、制作公布前款规定计划的生产经营者应当依据全球变暖对策计划的规定,单独或者共同公布相同计划中的措施实施情况。

第二十三条 全球变暖防治活动推进员

一、都、道、府、县的知事及指定城市的首长(以下称"都、道、府、县知事等"),可以委托本辖区内了解全球变暖现状、对普及全球变暖对策相关知识及推进全球变暖对策实施具有积极性和专业知识的人员担任全球变暖防治活动推进员。

二、全球变暖防治活动推进员可以开展下列工作:

(一)加深居民对全球变暖现状及全球变暖对策重要性的理解;

(二)应当地居民要求对其日常生活中抑制温室气体排放的措施进行调查,并根据调查提供指导和帮助;

(三)对举行推进全球变暖对策实施活动的居民提供相关信息并给予其他帮助;

(四)为抑制温室气体排放,对国家或地方公共团体政策的实施提供必要的协助。

第二十四条 区域防止全球变暖活动推进中心

一、通过宣传普及全球变暖对策等推进防止全球变暖活动而设立的一般社团法人、一般财团法人或《特定非营利性活动促进法》[①]第二条第二款规定的特定非营利性活动法人,被认定为能够有效实施下款规定的活动时,根据其申请,都、道、府、县知事可以在每个省、市、县、乡或指定城市建立一个区域防止全球变暖活动推进中心(以下称为区域中心)。

二、都、道、府、县或指定城市内的区域中心可以开展下列工作:

(一)在宣传普及全球变暖现状及全球变暖对策重要性时,对全球变暖防止活动推进员及举办全球变暖对策活动的民间团体给予帮助;

(二)对日常生活中抑制温室气体排放等的措施,根据不同的咨询或协商情况的不同提供必要的建议;

(三)结合前项规定的咨询或协商实际情况,调查日常生活中温室气体排放的实际情况和分析该调查结果的相关信息和资料;

(四)为促进居民防止全球变暖工作的深入推进,定期或不定期地适时提供

---

① 一九九八年法律第七号。

前项规定的分析结果；

（五）为完成地方公共团体实行计划，都、道、府、县以及指定城市应当给予政策实施上的必要支持；

（六）上述各项工作的附带性工作。

三、都、道、府、县知事指定的区域中心，除完成前款规定的工作外，应当与该都、道、府、县区域内指定城市的首长指定的区域中心加强工作上的联络协调。

四、都、道、府、县知事等认为指定区域中心的财产状况或运营状况有改善的必要时，可以命令该区域中心采取必要的改善措施。

五、都、道、府、县知事等认为指定区域中心违反前款规定的命令时，可以取消第一款的指定。

六、区域中心的负责人、工作人员及相关职务人员，不得泄露依照本条第二款第二项或者第三项所举的工作，或者同款第六项列举的工作时（仅限同款第二项或者第三项所列的附带工作）所获悉的秘密。

七、关于本条第一款指定程序及其他区域中心相关的必要事项由环境省令规定。

第二十五条　全国防止全球变暖活动推进中心

一、一般社团法人或一般财团法人拟从事宣传普及全球变暖对策等推进防止全球变暖活动，依照规定被认定为能够有效地实施下款规定中的工作时，根据其申请，环境大臣可以指定一个全国防止全球变暖活动推进中心（以下称全国中心）。

二、全国中心可以开展下列活动：

（一）在两个以上都、道、府、县区域内宣传普及全球变暖现状及全球变暖对策重要性时，对在两个以上都、道、府、县区域内举办全球变暖对策活动的民间团体给予帮助；

（二）结合日常生活中排放温室气体的实际情况，可以开展促进抑制日常生活中温室气体排放措施实施的调查研究；

（三）除前项所列事项外，收集、分析和提供全球变暖及全球变暖对策相关的调研信息和资料；

（四）收集、提供在日常生活中使用排放温室气体的产品或接受服务时产生的温室气体的相关信息；

（五）联络和协调区域中心的工作，对相关工作人员进行培训，并对区域中心提供指导和其他形式的帮助；

（六）上述各项工作的附带性工作。

三、环境大臣依照本条第一款规定进行指定时，应当事先与有关行政机关的首长进行协商。

四、前条第四款、第五款及第七款的规定同样适用于全国中心。此种情况下，同条第四款中"都、道、府、县知事等"替换为"环境大臣"、同条第五款中"都、道、府、县知事等"替换为"环境大臣"，"第一款"替换为"下条第一款"、同条第七款中"第一项"替换为"下条第一款"。

第二十六条　全球变暖对策区域协商会

一、地方公共团体、区域中心、全球变暖防治活动推进员、企业、居民及其他防止全球变暖政策措施的工作人员，为抑制日常生活中排放温室气体等采取措施而进行协商时，可以组织成立全球变暖对策区域协商会（以下称区域协商会）。

二、区域协商会的组成成员应当尊重依照前款规定的协商会议商定的协商事项及协商结果。

三、除前二款规定外，区域协商会运营的其他必要事项由区域协商会规定。

第二十七条　环境大臣促进防止全球变暖活动

环境大臣应当加强与全国中心、地方公共团体、区域协商会及其他有关团体合作，普及全球变暖现状和全球变暖对策知识，促进开展全球变暖对策活动。

第五章　发挥森林等的碳吸收作用

第二十八条[①]

政府及地方公共团体为达成全球变暖对策计划中设定的温室气体吸收量目标，依照《森林和林业基本法》[②]第十一条第一款中规定的森林和林业基本计划及其他保护森林和绿地的相关计划，应当进一步保护和强化森林等的碳吸收作用。

第六章　配额账户簿的设立

第二十九条　配额账户簿的制作

---

① 原文无标题。
② 一九六四年法律第一六一号。

一、根据《京都议定书》第七条第四款中有关配额推算方法的国际决定(以下称关于配额推算方法的国际决定)，环境大臣及经济产业大臣应当制作配额账户簿，建立用以获得、保有、转移推算配额量(以下称推算配额量的管理)的账户(以下称管理账户)。

二、配额账户簿只能用磁盘(包括可以准确收录事项信息的其他媒介。下同)制作。

第三十条　推算配额量的归属

推算配额量的归属应当依照本章的规定，根据配额账户簿的记录决定。

第三十一条　配额账户簿的记录事项

一、配额账户簿应当与下列账户相区分：

(一) 国家的管理账户；

(二) 在国内设有总店或主要工作场所(以下称为总店等)的法人(以下称国内法人)的管理账户。

二、前款第二项规定的管理账户应当根据该管理账户名义人的不同(接受开设该管理账户者，以下称账户名义人)进行区分。

三、第一款第二项规定的管理账户应当记录下列事项：

(一) 账户名义人的名称、代表人姓名、总店所在地及其他由环境省令和经济产业省令(部门规章)规定的事项；

(二) 所持有的每种推算配额量的(本法第二条第六款所列类别。下同。)数量及识别编号[为识别每一单位的推算配额量而由《京都议定书》缔约国或《联合国气候变化框架公约》事务局(以下称事务局)标注文字及数字。下同]；

(三) 前项的推算配额量全部或部分为信托财产时，应当注明；

(四) 其他由政令规定的事项。

第三十二条　管理账户的开设

一、管理推算配额量的国内法人应当依照环境大臣及经济产业大臣的规定建立管理账户。

二、一个国内法人只能开设一个管理账户。

三、要开设管理账户的国内法人应当向环境大臣及经济产业大臣提交记载有其名称、代表人姓名、总店等所在地及其他环境省令和经济产业省令规定事项的申请书。

四、前款规定的申请书应当附带公司章程、登记事项证明书及其他环境省令和经济产业省令规定的文件。

五、环境大臣及经济产业大臣在接到第三款规定的开设管理账户的申请时,除非申请书或附带文件中的重要事项存在虚假记载,否则,应当及时开设管理账户。

六、环境大臣及经济产业大臣在开设前述规定的管理账户后,应当及时将该账户管理推算配额量的必要事项通知账户名义人。

第三十三条　变更呈报

一、账户名义人在其名称、代表人姓名、总店所在地及其他环境省令和经济产业省令规定的事项发生变更时,应当及时向环境大臣及经济产业大臣呈报。

二、在接到前款呈报后,环境大臣及经济产业大臣应当及时变更相应记录。

三、前款记录的变更适用前条第六款的规定。

第三十四条之一　转账手续

一、推算配额量的取得及移转(以下称转账)应当由环境大臣及经济产业大臣根据本条规定,在配额账户簿中作增加或减少该推算配额量的记录。

二、推算配额量的划拨申请应当由管理账户中有减少记录的账户名义人向环境大臣及经济产业大臣提出。

三、提出前款申请的账户名义人(以下称申请人)在申请中应当写明下列事项:

(一)该转账中有增加或减少记录的推算配额量的种类、数量及识别编号;

(二)该转账有增加记录的管理账户(除第四项中规定的情形。以下称转入账户);

(三)转入账户为国家管理账户时,应符合下列转账目的:

1. 取消(根据配额推算方法相关的国际决定,当推算配额量无法用于履行《京都议定书》第三条规定的义务时);

2. 折旧(根据配额推算方法相关的国际决定,当国家无法将推算配额量用于履行《京都议定书》第三条规定的义务时);

3. 以履行下条第二款的义务为目的;

4. 其他目的。

(四)申请向《京都议定书》的其他缔约国(以下称其他缔约国)的现存账户转账推算配额量时,其他缔约国的国名及增加记录的账户。

四、在接到本条第二款规定的申请时,除前款第四项规定的情形及其他环境省令和经济产业省令规定的情形，环境大臣及经济产业大臣应当及时采取下列措施：

（一）在申请人的管理账户中减少前款第一项的推算配额量；

（二）在转入账户中增加前款第一项的推算配额量。

五、接到申请人提出的本条第三款第四项规定所列事项的申请后，除环境省令和经济产业省令规定的情形外，环境大臣及经济产业大臣应当根据推算配额量相关的国际决定，就该转账向该缔约国及事务局发出通知，在收到该缔约国及事务局转账完成的通知之后，申请人的管理账户中作出减少同款第一项的推算配额量的记录。

六、在收到来自其他缔约国或事务局告知转账推算配额量到配额账户中的通知后，环境大臣及经济产业大臣应当依照推算配额量相关国际决定，增加该管理账户中的推算配额量的记录。

七、除本条第二款到前款规定以外，环境大臣与经济产业大臣可以根据环境省令和经济产业省令的规定，接受国家机关或公共团体机关委托进行的推算配额量转账手续。

第三十四条之二　林木业减排量认证的措施

一、环境大臣及经济产业大臣根据有关林木业认证减排量的国际决定[《京都议定书》第十二条之三（b）中规定已被认定为削减排放量的范围内，对新植树造林项目和再造林款进行处理的国际决定。本款下同]，在接到事务局关于影响特定减排量认证[《京都议定书》第十二条第三项（b）中规定的经过减排量认证，根据林木业认证减排量的相关国际决定，由环境省令和经济产业省令规定的减排量。本项中以下相同。]的森林遭到破坏而寻求解决措施的通知后，应当依照环境省令和经济产业省令的规定，要求持有该通知中特定认证减排量的账户名义人在规定期限内，将通知中的特定认证减排量或相当的推算配额量（环境省令和经济产业省令规定的除外，下款相同）转移到国家管理账户中。

二、接到前款通知的账户名义人应当在移转期限内将该通知中的特定认证减排量或与之相当的推算配额量转移到国家管理账户中。

第三十五条　推算配额量转让的效力发生条件

一、依照本法第三十四条规定的转账事宜，转让推算配额量，若受让人的管理账号中没有该转让增加推算配额量的记录，则不发生效力。

二、对前款规定的向其他缔约国账户中划拨推算配额量的情况，若接到该缔约国及事务局划拨完成的通知,则视为已接受同款的增加记录。

第三十六条　禁止设定质权

推算配额量上不可以设定质权。

第三十七条　推算配额量之信托的对抗要件

关于信托推算配额量,依照政令规定,受托人在管理账户时未依照本法第三十一条第三款第三项的规定进行记录的,不得对抗第三人。

第三十八条　持有的推定

国家或账户名义人被推定为管理账户中记录的推算配额量的合法持有人。

第三十九条　善意取得

依照本法第三十四条(第六款除外)的规定,因转账使管理账户中推算配额量有增加记录的国家或账户名义人取得该推算配额量。但是,国家或该账户名义人具有恶意或重大过失的除外。

第四十条之一　配额账户簿中记录事项的证明请求

账户名义人可以请求环境大臣及经济产业大臣就配额账户簿中己方管理账户所记录的事项予以书面证明。

第四十条之二　督促及命令

一、账户名义人无正当理由未依照本法第三十四条之二第二款的规定向国家管理账户转移时,环境大臣及经济产业大臣可以督促该账户名义人在一定期限内进行移转。

二、在前款规定的督促作出后,账户名义人无正当理由不采取相关措施时,环境大臣及经济产业大臣可以命令该账户名义人在一定期限内就该督促事项采取措施。

第四十一条　对环境省令和经济产业省令的委任性规定

除本章规定外,配额账户簿中管理账户的开设、推算配额量的管理及其他实施本章规定相关的必要事项,由环境省令和经济产业省令作出规定。

第七章　其 他 事 项

第四十二条之一　执行情况的掌握

政府为掌握地方公共团体及民间团体就抑制温室气体排放等采取措施(包括有利于他人抑制温室气体排放等的措施)的实施和评价情况,应当积极创设相关评价方法和机制并进行普及。

第四十二条之二 促进排放更少温室气体的日常生活用品等的普及

政府应当采取必要措施,促进使用排放较少温室气体的光源来取代白炽灯泡,并推广其他产生较少温室气体的日常生活用品的使用等。

第四十二条之三 本法实施的其他考虑事项

环境大臣及经济产业大臣在实施本法时,为促进企业积极将获得的推算配额量向国家管理账户转移,以及进行其他有利于抑制温室气体排出的解决办法,应当给予该企业适当优待。

第四十三条 有关行政机关的协助

一、环境大臣为达成本法目的,并在开展有利于实施抑制温室气体排放等政策和全球变暖对策工作时,可以请求有关行政机关长官提供必要协助。

二、环境大臣为达成本法目的,必要时可以要求有关都、道、府、县知事提供必要的资料或说明。

第四十四条 手续费

依照政令规定,考虑实际产生的费用,下列人员应当缴纳规定数额的手续费:

(一)依照本法第二十一条之六第一款规定接受公开档案记录事项的;

(二)依照本法第三十二条第三款规定申请开设管理账户的;

(三)依照本法第三十四条之一第二款规定申请转账的;

(四)依照本法第四十条之一规定请求交付书面文件的。

第四十五条 以磁盘方式报告

一、依照本法第二十一条之二第一款规定的报告事项、第二十一条之三第一款规定的请求事项以及第二十一条之八第一款规定的信息提供事项,事业主管大臣可以磁盘方式作出报告。

二、依照本法第二十一条之三第三款和第四款规定的通知事项,事业主管大臣可以磁盘方式作出报告。

三、依照本法第二十一条之六第一款(包括第二十一条之八第六款的适用情形)规定的请求事项以及第二十一条之七(包括第二十一条之八第六款的适用情形)规定的公开事项,事业主管大臣可以磁盘方式提交或以磁盘方式作出报告。

第四十六条 过渡性措施

在依照本法规定作出或废止命令的情形下,在作出或废止命令前,认为应当进行合理必要的判断的,可以制定相关的过渡性措施。

第四十七条 主管大臣等

一、本法所称主管官员是指环境大臣、经济产业大臣和事业主管大臣。

二、本法所称主管省令是指环境大臣、经济产业大臣及事业主管大臣发布的命令。

三、内阁总理大臣可以将本法所授权限(除政令规定外,仅限金融厅职权的相关部分)委任于金融厅长官。

四、本法中主管官员的权限可以依照主务省令的规定委任给地方支分部局的长官。

五、金融厅长官根据政令的规定,可以将基于本条第三款规定被授予的委任权限中的一部分委任给财务局长或财务分局长。

第八章 罚 则

第四十八条[①]

一、依照本法第三十二条第三款规定作出虚伪申请的,处五十万日元以下的罚金。

二、法定代表人、代理人、雇员及其他从业者在法人相关业务上作出前款规定的违法行为的,除对行为人进行处罚外,应当对该法人处以同款规定的刑罚。

第四十九条 违反本法第二十四条第六款规定的,处三十万日元以下的罚金。

第五十条 有下列情形之一的,处二十万日元以下的罚金:

(一)未依照本法第二十一条之二第一款规定作出报告,或者虚假报告的;

(二)未依照本法第三十三条第一款规定呈报或者虚假呈报的;

(三)违反第四十条之二第二款规定的命令的。

(许顺福 译 洪紫荆 陈颖 校)

---

① 原文无标题。

城市低碳化促进法

(2012年9月5日颁布,2015年7月8日修正)

第一章 总则(第一条和第二条)
第二章 基本方针(第三条至第六条)
第三章 有关低碳城市建设计划的特别措施
    第一节 拟订低碳城市建设计划(第七条和第八条)
    第二节 集约城市开发事业(第九条至第二十条)
    第三节 通用车船票(第二十一条至第三十一条)
        第一部分 通用车船票(第二十一条)
        第二部分 铁路便利增进事业(第二十二条至第二十四条)
        第三部分 轨道便利增进事业(第二十五条至第二十七条)
        第四部分 道路运输便利增进事业(第二十八条至第三十条)
        第五部分 收集报告(第三十一条)
    第四节 货物运输共同化事业(第三十二条至第三十七条)
    第五节 树木等的管理协定(第三十八条至第四十六条)
    第六节 有关下水道设施污水的取水等特例(第四十七条至第四十九条)
    第七节 有关促进城市低碳化的援助(第五十条至第五十二条)
第四章 促进低碳建筑物普及的措施(第五十三条至第六十条)
第五章 杂则(第六十一条和第六十二条)
第六章 罚则(第六十三条至第六十六条)
附则

第一章 总 则

第一条 目的

鉴于社会经济活动及其他活动所产生的二氧化碳大部分来自城市,依据促进城市低碳化基本方针制定本法。同时,本法以市、町、村低碳化城市建设计划及其所确立的特别措施、促进低碳建筑物普及的相关措施为基础,与《全球变暖对策推进法》相协同,从而实现促进城市低碳化并推动城市健康发展的目的。

第二条 定义

一、本法所称的城市低碳化,是指为了抑制城市社会经济活动及其他活动所产生的二氧化碳排放,实施维持及增强碳吸收作用以减少城市二氧化碳排放量的活动。

二、本法所称的低碳城市建设计划,是指市、町、村为了促进城市低碳化所制定的有关城市建设计划,也即根据第七条规定所作出的计划。

三、本法所称的低碳建筑,是指能抑制二氧化碳排放的建筑,包括依据第五十四条第一款认定的、第五十三条所规定的低碳建筑新建计划(计划变更的,用变更后的计划),进行新建、改建、修建时应设置或改装空调设备及其他相关建筑设备或者整修的建筑。

第二章 基 本 方 针

第三条 基本方针

一、国土交通大臣、环境大臣及经济产业大臣应当规定关于促进城市低碳化的基本方针(以下称基本方针)。

二、基本方针规定下列事项:

(一)促进城市低碳化的意义及目标的事项。

(二)为促进城市低碳化政府应当实施相关政策的基本方针。

(三)制作低碳城市建设计划的基本事项。

(四)促进普及低碳建筑的基本事项。

(五)评价促进城市低碳化政策效果的基本事项。

(六)除上述所列各项事项之外,有关促进城市低碳化的其他重要事项。

三、基本方针必须与防止地球变暖政策的国家计划保持协调。

四、国土交通大臣、环境大臣及经济产业大臣在制定基本方针时,必须与相关行政机关的首长协商。

五、国土交通大臣、环境大臣及经济产业大臣在制定基本方针时,应毫无迟延地进行公开。

六、变更基本方针时,适用前三款的规定。

第四条 国家的职责

一、国家负有制定、实施促进城市低碳化政策的职责。

二、国家在拟定城市街区的整治改善、住宅整治及其他维持或增进城市功能的相关政策时,应努力有助于城市功能向集约型、低碳化的方向发展。

三、地方公共团体及其他组织在实施促进城市低碳化的相关措施时,国家应提供必要的信息及其他支援。

四、国家应当通过教育活动、宣传活动及其他活动,加深国民对促进城市低碳化的理解。

第五条 地方公共团体的职责

地方公共团体根据其与国家的职责任务分担,负有制定并实施符合其地方公共团体区域的自然、经济、社会等条件的促进城市低碳化政策的职责。

第六条 生产经营者的职责

生产经营者在从事土地利用、客运或货运及其他生产经营活动时,应自觉履行城市低碳化职责,并应协助国家或地方公共团体实施促进城市低碳化政策。

第三章 有关低碳城市建设计划的特别措施

第一节 拟定低碳城市建设计划

第七条 低碳城市建设计划

一、市、町、村根据基本方针可以单独或共同对该市、町、村内能有效综合推进城市低碳化相关政策的区域(限于《都市规划法》①规定的"城区")制定低碳城市建设计划。

二、低碳城市建设计划中,除载明该区域(以下称计划区域)之外,还应明载下列事项。

(一)低碳城市建设计划的目标。

(二)为达成前项目标所必要的下列事项:

1. 城市功能集约(包括从计划区域外向计划区域集约城市功能。以下相

---

① 一九六八年法律第一百号。

同)区的整治以及其他城市功能适当配置的事项。

2. 促进利用公共交通设备的事项。

3. 货运共同化及其他货物运输合理化的事项。

4. 保全绿地及其他促进绿化的事项。

5. 有关以地下水(《下水道法》[①]第二条第一款规定的"下水")为热源的热能利用、太阳能利用、非化石燃料利用或化石燃料高效利用的下水道、设施、公园、港湾及其他公共设施的事项。

6. 提高建筑物能源使用效率及其效能,促进抑制二氧化碳排放(以下称建筑物低碳化)的相关事项。

7. 促进有助于抑制二氧化碳排放的汽车(《道路运输车辆法》[②]第二条第二款规定的汽车及第三款规定的机动自行车)的普及,以及促进抑制其他汽车产生二氧化碳排放的相关事项。

8. 国土交通省令、环境省令、经济产业省令规定的,促进城市低碳化所采取的其他措施的相关事项。

(三) 低碳城市建设计划实现状况评估的相关事项。

(四) 计划期间。

(五) 国土交通省令、环境省令、经济产业省令规定的其他事项。

三、对下列各事项,需记载的具体内容。

(一) 前款第二项第1目所列事项

《停车场法》[③]第二十条第一款规定的地区或者集约功能区域内,或者同条第二款规定的区域内的停车设施、集约功能区域内的停车场(第二十条中称功能集约区域停车场),以及集约功能停车设施(为集约该功能而整治的停车设施)的位置及规模的相关事项。

(二) 前款第二项第2目所列事项

1. 增进铁路便利的事业[全部或一部分区间位于计划区域、与线路有关的客运铁路事业(《铁路事业法》[④]第二条第一款规定的铁路运送旅客的,以及同法第七条第一款规定的向经营客运事业者让渡或允许其使用铁路设施者。第二十

[①] 一九五八年法律第七十九号。
[②] 一九五一年法律第一百八十五号。
[③] 一九五七年法律第一百零六号。
[④] 一九八六年法律第九十二号。

三条第三款第三项及第四项中相同)的经营者或有意经营者,为增进该客运铁路事业利用者的便利而实施的事业。以下相同]的内容及其实施主体的相关事项。

2. 增进轨道便利的事业[全部或一部分区间位于计划区域、与线路有关的客运轨道事业(《轨道法》①规定的轨道事业中从事旅客运输者。第二十六条第三款第三项同)的经营者或有意经营者,为增进该客运轨道事业利用者的便利而实施的事业。以下相同]的内容及其实施主体的相关事项。

3. 增进道路运输便利的事业[全部或一部分区间位于计划区域、与线路有关的一般汽车客运事业(《道路运输法》②第三条第一项第1目规定的一般汽车客运事业。第二十九条第三款第三项中相同)的经营者或有意经营者,为增进这些事业的利用者便利而实施的事业。以下同]的内容及其实施主体的相关事项。

(三)前款第二项第3目所列事项

货物运输共同化事业[计划区域内的第一种货物运输事业(《货物运输事业法》③第二条第七款中规定的第一种货物运输事业。第三十三条第三款第三项中相同)、第二种货物运输事业(同法第二条第八款中规定的第二种货物运输事业。第三十三条第三款第四项及第四款相同)或一般汽车货运事业(《汽车货运事业法》④第二条第二款规定的一般汽车货运事业。第三十三条第三款第五项相同)的两个以上经营者或有意经营者为货物集中、配送及其他货物运输共同化而实施的事业。以下同]的内容及其实施主体的相关事项。

(四)前款第二项第4目所列事项

1. 存在相当数目的树木、预期通过树木保全可以促进城市低碳化的区域(第三十八条第一款中称树木保全推进区域),以及该区域应保全的树木和树林等(树林和人工地基、建筑物及其他人工物中设置的树木群,含与其成为一体的草地。以下相同)标准(同款中称保全树木等标准)的相关事项。

2. 根据第四十六条第一款规定的指定相关的事项。

(五)前款第二项第5目所列事项

1. 以地下水为热源的热能设备,即《供热事业法》第二条第四款规定的供热设施及其他比照该类设施,按照政令规定对其进行设置及管理的相关事业中,涉

---

① 一九二一年法律第七十六号。
② 一九五一年法律第一百八十三号。
③ 一九八九年法律第八十二号。
④ 一九八九年法律第八十三号。

及第四十七条第一款许可的内容及实施主体的相关事项。

2. 城市公园(《都市公园法》①第二条第一款规定的城市公园。下一款第二项及第四十八条相同)中设置的有助于太阳能转换为电能的设备、非化石燃料能源利用和化石能源的高效利用等由政令规定的设施(第 3 目中称非化石能源利用设施等)的整治相关事业内容及实施主体的相关事项。

3. 港湾邻接地域(《港湾法》②第三十七条第一款中规定的港湾邻接地域)中设置的非化石能源利用等由国土交通省令规定的设施的整治相关事业(限于取得同款中实施许可者)内容及实施主体的相关事项。

四、市、町、村对低碳城市建设计划中下列各事项进行记载时,应当预先就该事项与各项中规定的人进行协商,并取得其同意。

(一)前款第五项第 1 目中所列事项：第四十七条第一款规定的拥有许可权限的公共下水道管理者等(《下水道法》第四条第一款中规定的公共下水道管理者和同法第二十五条之三第一款规定的流域下水道管理者。第四十七条及第六十三条相同)。

(二)前款第五项第 2 目中所列事项：该事项有关的城市公园管理者(《都市公园法》第五条第一款规定的公园管理者。第四十八条中同)。

(三)前款第五项第 3 目中所列事项：该事项有关的港湾管理者(《港湾法》第二条第一款中规定的港湾管理者。第四十九条中同)。

五、市、町、村在对低碳城市建设计划中下列各事项进行记载时,应预先与各项中规定的人进行协商。

(一)第三款第一项中规定的事项：都、道、府、县知事(限于根据《停车场法》第二十条第一款或第二款和第二十条之二第一款规定制定条例的都、道、府、县的知事)。

(二)第三款第二项第 1 目到第 3 目中所列事项,同款第三项规定事项及同款第五项第 1 目到第 3 目中所列事项：该事项有关的实施主体。

(三)除前款所列事项之外,第二款第二项中所列事项记载的内容,该市、町、村以外者实施的事务、事业内容及实施主体相关者：该事项有关的实施主体。

---

① 一九五六年法律第七十九号。
② 一九五〇年法律第二百一十八号。

（四）第二款第二项第 1 目到第 3 目中所列事项记载的事项内容，在实施过程中根据《道路交通法》①第四条第一款的规定，由都、道、府、县公安委员会(以下称公安委员会)进行交通规制的事务和事业有关者：有关公安委员会。

六、低碳城市建设计划除与《全球变暖对策推进法》第二十条之三第一款规定的地方公共团体执行计划相符外，还应与《都市规划法》第六条之二第一款规定的都市规划区域的整治开发及保全方针，以及同法第十八条之二第一款规定的市、町、村都市规划相关的基本方针保持协调。

七、市、町、村在制作低碳城市建设计划时，应毫无迟延地进行公开。

八、低碳城市建设计划的变更准用第四款到第七款的规定。

第八条 低碳城市建设计划协商会

一、市、町、村为了在低碳城市建设计划的制定时进行相关协商及低碳城市建设计划的实施作联络协调，可以组织协商会(以下称协商会)。

二、协商会由下列成员构成。

（一）制定低碳城市建设计划的市、町、村；

（二）与低碳城市建设计划及其实施有密切关系者；

（三）市、町、村认为有必要参加的其他成员。

三、协商会中达成协议的事项，其成员必须尊重协议的结果。

四、除前三款规定之外，有关协商会运营的必要事项由协商会规定。

第二节　集约城市开发事业

第九条 集约城市开发事业计划的认定

一、为促进集约城市功能据点的形成，本法第七条第二款第二项第 1 目所列事项中记载的低碳城市建设计划的计划区域内，医院、公寓、其他多人使用的建筑物(以下称特定建筑物)及建筑用地整治的相关事业［含与此一并整治的道路、公园及其他公共设施(下一条第一款第三项中称特定公共设施)的整治相关事业］及附带事业等事业(以下称集约城市开发事业)的实施者，根据国土交通省令的规定，应根据该低碳城市建设计划，制定集约城市开发事业计划(以下称集约城市开发事业计划)，并向市(町、村)长申请认定。

二、集约城市开发事业计划中，应当记载下列事项。

---

① 一九六〇年法律第一百零五号。

（一）集约城市开发事业的实施区域；

（二）集约城市开发事业的内容；

（三）集约城市开发事业的预定实施期间；

（四）集约城市开发事业的资金计划；

（五）集约城市开发事业实施后对城市低碳化产生的效果；

（六）其他由国土交通省令规定的事项。

第十条 集约城市开发事业计划的认定标准

一、市(町、村)长认为前条第一款规定的认定申请的集约城市开发事业计划符合下列标准时，予以认定。

（一）该集约城市开发事业能够促进城市功能集约据点的形成，并能够通过该集约城市开发事业减少二氧化碳的排放。

（二）集约城市开发事业计划(仅限于特定建筑物整治的内容。下一款至第四款及第六款中同)符合第五十四条第一款第一项以及第二项所列标准。

（三）该集约城市开发事业中设定有整治特定建筑物的用地或特定公共设施的绿化及其他城市低碳化的措施。

（四）集约城市开发事业计划中记载的事项内容合理，并能够确保该集约城市开发事业的确切落实。

（五）具备落实该集约城市开发事业所需的经济基础及其他能力。

二、未设有建筑主事的市、町、村(含该区域内实施的集约城市开发事业中整治特定建筑属于政令规定的建筑物的情形下，根据《建筑标准法》第九十七条之二第一款和第九十七条之三第一款规定设有建筑主事的市、町、村)的市(町、村)长进行前款的认定前，针对申请认定的集约城市开发事业计划是否符合同款第二项所列标准的问题，应事先与都、道、府、县知事进行协商，并取得其同意。

三、前条第一款规定的申请认定者，应要求市(町、村)长将申请该认定的集约城市开发事业计划告知建筑主事，并针对该集约城市开发事业计划是否符合《建筑标准法》第六条第一款规定的建筑标准问题，提出审查申请。在此情形下，该申请书应与同款规定的确认申请书一并提交。

四、市(町、村)长在接到前款规定的审查申请后，应当立即将该审查申请的集约城市开发事业计划告知建筑主事。

五、建筑主事在接到前款规定的通知后，准用《建筑标准法》第十八条第三款及第十二条规定。

六、在市(町、村)长接到前款准用的《建筑标准法》第十八条第三款规定的建筑确认证明的情形下,进行完第一款的认定后,已获得该认定的集约城市开发事业计划则视为已获得同法第六条第一款规定的建筑确认证明。

七、市(町、村)长在接到第五款中准用的《建筑标准法》第十八条第十二款规定的通知书后,不能进行第一款的认定。

八、获得第五款准用同法第十八条第三款及第十二款规定的建筑确认证明和通知书时,准用《建筑标准法》第十二条第七款及第八款和第九十三条到第九十三条之三的规定。

九、在集约城市开发事业的实施者的集约城市开发事业计划已获得第一款认定的情形下,基于该集约城市开发事业计划的特定建筑物整治中,应根据《能源合理化利用法》[①]第七十五条第一款和第七十五条之二第一款规定进行呈报的内容,则视为按照规定已呈报。在此情形下,同法第七十五条第二款至第四款和第七十五条之二第二款的规定不再适用。

第十一条 集约城市开发事业计划的变更

一、已获得前条第一款认定者(以下称认定集约城市开发事业者),对已获得该认定的集约城市开发事业计划进行变更(国土交通省令规定的轻微变更除外)时,应获得市(町、村)长的认定。

二、前款的认定准用前条规定。

第十二条 收集报告

市(町、村)长应要求认定集约城市开发事业者提交关于已获得第十条第一款认定的集约城市开发事业计划(有变更的计划则以变更后的计划。下一条及第十四条中称已认定集约城市开发事业计划)的实施状况的报告。

第十三条 继承地位

认定集约城市开发事业者的一般继承人,或通过认定集约城市开发事业者取得有关已认定集约城市开发事业计划的第九条第二款第一项中区域内土地的所有权及其他已认定集约城市开发事业实施所需权原者,在获得市(町、村)长的承认后,可以继承该已认定集约城市开发事业者获得第十条第一款认定后的地位。

第十四条 改善命令

---

① 一九七九年法律第四十九号。

市(町、村)长认为认定集约城市开发事业者未按照已认定集约城市开发事业计划实施已认定集约城市开发事业时,可以要求该认定集约城市开发事业者在一定的期限内采取相应的改善措施。

第十五条 集约城市开发事业计划认定的取消

市(町、村)长认为认定集约城市开发事业者违反前条规定的命令时,可以取消第十条第一款的认定。

第十六条 有关特定建筑物的特例

已认定集约城市开发事业中的整治特定建筑物视为低碳建筑物,适用本法规定。

第十七条 补助费用

一、地方公共团体应向认定集约城市开发事业者提供已认定集约城市开发事业实施所需费用的部分补助。

二、在地方公共团体根据前款规定提供补助金的情形下,国家应在预算范围内根据政令规定,为其部分费用提供补助。

第十八条 获得地方公共团体补助的认定集约城市开发事业中整治特定建筑物的租金或价额

一、关于前条第一款规定的获得补助的认定集约城市开发事业中整治租用的特定建筑物的租金设置,认定集约城市开发事业者应在国土交通省令规定的期限内,参酌该特定建筑物整治所需费用、利息、修缮费、管理事务费、损害保险费、地价的相应金额、捐税及其他所需费用后进行设置,不得超过国土交通省令规定的数额,也不得自行签约或收取。

二、前款租用的特定建筑物整治所需费用,在建筑物价格及其他经济状况发生显著变动且符合国土交通省令规定标准的情形下,视为变动后该特定建筑物整治的通常所需费用。

三、关于前条第一款规定的获得补助的认定集约城市开发事业中整治特定建筑物的转让价格设置,认定集约城市开发事业者应参酌该特定建筑物整治所需费用、利息、转让所需事务费用、捐税及其他所需费用后进行设置,不得超过国土交通省令规定的数额,也不得自行签约或收取。

第十九条 土地区划整理事业的换地计划中规定的保留地的特例

一、本法关于低碳城市建设计划的第七条第二款第二项第1目记载的事项中,为促进集约城市功能据点的形成,针对有关地区整治的事项内容的土地区划整理事业(《土地区划整理法》①第二条第一款规定的土地区划整理事业),根据同法第三条第四款、第三条之二和第三条之三的规定实施的换地计划,为供已认定集约城市开发事业中整治特定建筑物(仅限于第九条第二款第一项中区域内居住者的共同福利和便利所需的建筑物)使用,不将一定的土地定为替换地,而是将该土地定为保留地。在此情形下,该保留地的土地面积必须获得实施该土地区划整理事业下土地区域内的宅地(同法第二条第六款中规定的宅地。以下本款中及第三款中同。)的所有权、地上权、永佃权、出租权及其他宅地使用或收益权利人等所有权利人的同意。

二、前款规定的换地计划中所规定的保留地准用《土地区划整理法》第一百零四条第十一款及第一百零八条第一款的规定。在此情形下,同条第一款中"第三条第四款或第五款"为"第三条第四款","第一百零四条第十一款"为"《城市低碳化促进法》第十九条第二款中规定适用的第一百零四条第十一款"。

三、第一款规定的土地区划整理事业的实施者,对同款规定的换地计划中所规定的保留地进行处分后,根据《土地区划整理法》第一百零三条第四款的规定,应按照政令规定的标准,向公告之前宅地的所有权、地上权、永佃权、出租权及其他宅地使用或收益权利人支付与该保留地对价相当的金额。在此情形下,准用同法第一百零九条第二款的规定。

四、前三款规定的处分及决定适用《土地区划整理法》第八十五条第五款的规定。

第二十条 有关附设停车设施的《停车场法》的特例

本法关于低碳城市建设计划的第七条第三款第一项记载的事项内容中包含停车功能集约区域内符合《停车场法》第二十条第一款或第二款和第二十条之二第一款规定的内容时,同法第二十条第一款中"近邻商业区域内"为"近邻商业区内停车功能集约区域(《城市低碳化促进法》②第七条第三款第一项中规定的停车功能集约区。以下本条内及下一条中同)内",同款及同条第二款为同法第二十条之二第一款中"建筑物及"与"建筑物或",同法第二十条第一款中"旨"为"该建筑物或该建筑物的占地内或集约停车设施(同项中规定的集约停车设施。以下本条及下一条中同)内必须设置停车设施,或集约停车设施内必须设置停车设施","停车场整

---

① 一九五四年法律第一十九号。
② 二〇一二年法律第八十四号。

治地区内或商业区域内或近邻商业区内的"为"停车功能集约区域的区域内",同条第二款"地区内"为"地区内停车功能集约区域的区域内",同款及同法第二十条之二第一款中"旨"为"该建筑物或该建筑物的占地内或集约停车设施内必须设置停车设施,或集约停车设施内必须设置停车设施",同款中"前条第一款的地区或地域内或同条第二款的地区内"为"前条第一款或第二款的停车功能集约区域的区域内","地区或地域内的"及"地区内的"为"停车功能集约区域的区域内的"。

第三节　通用车船票

第一部分　通用车船票

第二十一条[①]

一、运输事业者为实施本法关于低碳城市建设计划的第七条第二款第二项第2目记载的促进公共交通机关使用的相关事项,以计划区域来访旅客或计划区域内流动的旅客为对象,在对通用车船票(指由两个以上运输事业者在对期间、区间及其他条件规定下共同发行的票据,出示该票据能在该条件范围内获得该运输事业者的运输服务)的票价或费用进行折扣优惠前,根据国土交通省令的规定,应事先共同向国土交通大臣申请备案。

二、根据前款规定申请备案的运输事业者,则视为根据《铁路事业法》第十六条第三款后段、《轨道法》第十一条第二款、《道路运输法》第九条第三款后段和《海上运输法》[②]第八条第一款后段的规定已申请备案。

第二部分　铁路便利增进事业

第二十二条　铁路便利增进事业的实施

一、本法关于低碳城市建设计划的第七条第三款第二项第1目记载的事项内容中,铁路便利增进事业的实施者根据该低碳城市建设计划单独或共同制定铁路便利增进事业计划(以下称铁路便利增进实施计划),并按照此计划实施该铁路便利增进事业。

二、铁路便利增进实施计划中应记载下列事项。

(一)铁路便利增进事业的实施区域;

---

① 原文无标题。
② 一九四九年法律第一八七号。

(二)铁路便利增进事业的内容;

(三)铁路便利增进事业的预定实施期间;

(四)铁路便利增进事业的资金计划;

(五)铁路便利增进事业实施后对城市低碳化产生的效果;

(六)其他由国土交通省令规定的事项。

三、铁道便利增进事业的实施者制定铁道便利增进实施计划时,应当预先听取记载有该铁道便利增进事业的事项的低碳城市建设计划的市、町、村(下一款及下一条称为制定计划的市、町、村)的意见。

四、铁道便利增进事业的实施者制定完铁道便利增进实施计划后,应立刻送交计划制定的市、町、村。

五、铁道便利增进实施计划的变更准用前二款规定。

第二十三条 铁路便利增进实施计划的认定

一、针对铁路便利增进实施计划对促进城市低碳化的效果,铁路便利增进事业的实施者应向国土交通大臣提交申请认定。

二、前款规定的认定申请必须通过制定计划的市、町、村提交。在此情形下,制定计划的市、町、村对该铁道便利增进实施计划进行研讨,如有意见,应将该意见送交国土交通大臣。

三、国土交通大臣在接到第一款规定的认定申请后,认为该申请的铁路便利增进实施计划符合下列标准时,予以认定。

(一)铁路便利增进实施计划记载的事项内容与基本方针相符。

(二)铁路便利增进实施计划记载的事项内容能够确保该铁路便利增进事业的确切落实。

(三)铁路便利增进实施计划记载的铁路客运事业的事项内容中需获得下列第1目到第3目的许可或认可的内容,各自应符合第1目到第3目中规定的标准。

1.《铁路事业法》第三条第一款的许可:同法第五条第一款各项中所列标准。

2.《铁路事业法》第七条第一款的认可:同条第二款中准用的同法第五条第一款各项所列标准。

3.《铁路事业法》第十六条第一款的认可:同条第二款的标准。

(四)铁路便利增进实施计划记载的铁路客运事业的事项内容应获得《铁路

事业法》第三条第一款的许可,且该铁路客运事业的实施者不符合同法第六条各项任何一种情形。

四、进行前款规定的认定前,申请的铁路便利增进实施计划中应符合《铁路事业法》第十六条第一款认可的事项内容,应咨询运输审议会。

五、国土交通大臣在进行完第三款的认定后,应立刻通知制定计划的市、町、村。

六、已获得第三款认定者对已获得该认定的铁路便利增进实施计划进行变更时,应获得国土交通大臣的认定。

七、前款的认定准用第二款到第五款的规定。

八、国土交通大臣认为已获得第三款认定的铁路便利增进实施计划(有变更的计划则以变更后的计划。以下本款及第三十一条中称已认定铁路便利增进实施计划)不符合第三款各项中任一规定,或已获得同款认定者未按照已认定铁路便利增进实施计划实施铁路便利增进事业时,可以取消该认定。

九、关于第三款的认定及第六款的变更认定的相关事项,由国土交通省令规定。

第二十四条 《铁路事业法》的特例

铁路便利增进计划已获得前条第三款或第六款认定的情形下,该铁路便利增进实施计划记载的铁路便利增进事业应获得《铁路事业法》第三条第一款,或同法第七条第一款,或第十六条第一款的认可,或应按照同法第七条第三款,或第十六条第三款规定进行呈报内容,则视为按照规定已获得许可或认可,或已呈报。

第三部分 轨道便利增进事业

第二十五条 轨道便利增进事业的实施

一、就本法关于低碳城市建设计划的第七条第三款第二项第2目记载的事项内容,轨道便利增进事业的实施者根据该低碳城市建设计划单独或共同制定轨道便利增进事业计划(以下称轨道便利增进实施计划),并按照此计划实施该轨道便利增进事业。

二、轨道便利增进实施计划中应记载下列事项。

(一)轨道便利增进事业的实施区域;

(二)轨道便利增进事业的内容;

（三）轨道便利增进事业的预定实施期间；

（四）轨道便利增进事业的资金计划；

（五）轨道便利增进事业实施后对城市低碳化产生的效果；

（六）其他由国土交通省令规定的事项。

三、轨道便利增进事业的实施者在制定轨道便利增进实施计划前，应预先征询制定记载有该轨道便利增进事业的低碳城市建设计划的市、町、村（下一款及第二十六条中称制定计划的市町村）的意见。

四、轨道便利增进事业的实施者制定完轨道便利增进实施计划后，应立刻将该计划送交制定计划的市、町、村。

五、轨道便利增进实施计划的变更准用前二款的规定。

第二十六条 轨道便利增进实施计划的认定

一、针对轨道便利增进实施计划对促进城市低碳化的效果，轨道便利增进事业的实施者应向国土交通大臣提出认定申请。

二、前款规定的认定申请必须通过制定计划的市、町、村提交。在此情形下，制定计划的市、町、村对该轨道便利增进实施计划进行研讨，如有意见，应将该意见送交国土交通大臣。

三、国土交通大臣在接到第一款规定的认定申请后，认为该申请的轨道便利增进实施计划符合下列标准时，予以认定。

（一）轨道便利增进实施计划记载的事项内容与基本方针相符。

（二）轨道便利增进实施计划记载的事项内容能够确保该轨道便利增进事业确切落实。

（三）轨道便利增进实施计划记载的轨道客运事业的内容获得《轨道法》第三条的特许及符合同法第十一条第一款的运费和费用的认可标准。

四、在进行前款的认定前，申请的轨道便利增进实施计划中应获得《轨道法》第三条的特许及同法第十一条第一款运费和费用认可的内容，应咨询运输审议会，其他必要的手续由政令规定。

五、国土交通大臣在进行第三款的认定前，应听取国土交通省令规定的相关道路管理者、国土交通省令和内阁府令规定的相关公安委员会的意见。但国土交通省令规定的无需听取道路管理者意见的情形，或国土交通省令和内阁府令规定的无需听取公安委员会意见的情形，不受此限制。

六、国土交通大臣进行完第三款的认定后，应立刻通知制定计划的市、町、村。

七、已获得第三款认定者,对已获得该认定的轨道便利增进实施计划进行变更时,必须获得国土交通大臣的认定。

八、前款的认定适用第二款至第六款的规定。

九、国土交通大臣认为已获得第三款认定的轨道便利增进实施计划(有变更的计划则以变更后的计划。以下本款及第三十一条中称已认定轨道便利增进实施计划)不符合第三款各项中任何一项规定,或已获得同款认定者未按照已认定轨道便利增进实施计划实施轨道便利增进事业时,可以取消该认定。

十、关于第三款的认定及第七款的变更认定的相关事项,由国土交通省令规定。

第二十七条 《轨道法》的特例

在轨道便利增进事业的实施者的轨道便利增进实施计划已获得前条第三款或第七款认定的情形下,该轨道便利增进实施计划记载的轨道便利增进事业中应获得《轨道法》第三条的特许或同法第十一条第一款运费和费用的认可,或应按照同条第二款规定进行呈报的内容,则视为按照规定已获得特许、认可或已呈报。

第四部分　道路运输便利增进事业

第二十八条　道理运输便利增进事业的实施

一、本法关于低碳城市建设计划的第七条第三款第二项第3目记载的事项内容中,道路运输便利增进事业的实施者,根据该低碳城市建设计划单独或共同制定道路运输便利增进事业计划(以下称道路运输便利增进实施计划),并按照此计划实施该道路运输便利增进事业。

二、道路运输便利增进实施计划中应记载下列事项。

(一)道路运输便利增进事业的实施区域;

(二)道路运输便利增进事业的内容;

(三)道路运输便利增进事业的预定实施期间;

(四)道路运输便利增进事业的资金计划;

(五)道路运输便利增进事业实施后对城市低碳化产生的效果;

(六)其他由国土交通省令规定的事项。

三、道路运输便利增进事业的实施者在制定道路运输便利增进实施计划前,应征询制定记载有该道路运输便利增进事业相关事项的低碳城市建设计划的市、町、村(下一款及第二十九条中称制定计划的市、町、村)的意见。

四、道路运输便利增进事业的实施者制定完道路运输便利增进实施计后,应立刻将该计划送交制定计划的市、町、村。

五、道路运输便利增进实施计划的变更适用前二款的规定。

第二十九条 道路运输便利增进实施计划的认定

一、针对道路运输便利增进实施计划对促进城市低碳化的效果,道路运输便利增进事业的实施者应向国土交通大臣提出认定申请。

二、前款规定的认定申请必须通过制定计划的市、町、村提交。在此情形下,制定计划的市、町、村应对该道路运输便利增进实施计划进行研讨,如有意见,应将该意见送交国土交通大臣。

三、国土交通大臣在接到第一款规定的认定申请后,认为该申请的道路运输便利增进实施计划符合下列标准时,予以认定。

(一)道路运输便利增进实施计划记载的事项内容与基本方针相符。

(二)道路运输便利增进实施计划记载的事项内容能够确保该道路运输便利增进事业确切落实。

(三)道路运输便利增进实施计划记载的一般汽车客运事业或特定汽车客运事业的内容符合《道路运输法》第六条各项(含同法第十五条第二款中准用的情形)或第四十三条第三款各项(含同条第五款中准用同法第十五条第二款时的情形)中所列标准,且该一般汽车客运事业或特定汽车客运事业的实施者不符合同法第七条各项(含同法第四十三条第四款准用的情形)任何一种情形。

四、国土交通大臣在进行前款的认定前,应听取国土交通省令规定的相关道路管理者、国土交通省令和内阁府令规定的相关公安委员会的意见。国土交通省令规定的无需听取道路管理者意见的情形,或国土交通省令和内阁府令规定的无需听取公安委员会意见的情形,不受此限制。

五、国土交通大臣进行完第三款的认定后,应立刻通知制定计划的市、町、村。

六、已获得第三款认定者对已获得该认定的道路运输便利增进实施计划进行变更时,必须获得国土交通大臣的认定。

七、前款的认定准用从第二款到第五款规定。

八、国土交通大臣认为已获得第三款认定的道路运输便利增进实施计划(有变更的计划则以变更后的计划。以下本款及第三十一条中称已认定道路运输便利增进实施计划)不符合第三款各项中任一规定,或已获得同款认定者未按照已认定道路便利增进实施计划实施轨道便利增进事业时,可以取消该认定。

九、第三款的认定及第六款的变更认定的相关事项,由国土交通省令规定。

第三十条 《道路运输法》的特例

在道路运输便利增进事业的实施者的道路运输便利增进实施计划已获得前条第三款或者第六款认定的情形下,该道路运输便利增进实施计划中记载的道路运输便利增进事业获得《道路运输法》第四条第一款或第四十三条第一款的许可或同法第十五条第一款(含同法第四十三条第五款中准用的情形)的认可,或按照同法第十五条第三款或第四款(含同法第四十三条第五款中准用这些规定的情形)规定进行备案,则视为按照规定已获得许可、认可或者已备案。

第五部分　收　集　报　告

第三十一条[①]

国土交通大臣应当要求道路运输便利增进事业的实施者提交有关已认定铁路便利增进实施计划中铁路便利增进事业、已认定轨道便利增进实施计划中轨道便利增进事业或已认定道路运输便利增进实施计划中道路运输便利增进事业的实施状况的报告。

第四节　货物运输共同化事业

第三十二条　货物运输共同化事业的实施

一、就本法关于低碳城市建设计划的第七条第三款第三项记载的事项内容,货物运输共同化事业的实施者(以下称共同事业者)根据该低碳城市建设计划共同制定货物运输共同化事业的计划(以下称货物运输共同化实施计划),并按照此计划实施该货物运输共同化事业。

二、货物运输共同化实施计划中,应记载下列事项。

(一) 货物运输共同化事业的实施区域;

(二) 货物运输共同化事业的内容;

(三) 货物运输共同化事业的预定实施期间;

(四) 货物运输共同化事业的资金计划;

---

① 原文无标题。

（五）货物运输共同化事业实施后对城市低碳化产生的效果；

（六）涉及货物运输共同化事业的《货物运输事业法》第十一条（含同法第三十四条第一款中准用的情况）中缔结运输相关协定时，该协议的内容；

（七）其他国土交通省令规定的事项。

三、共同事业者在制定货物运输共同化实施计划前，应征询制定记载有该货物运输共同化事业相关事项的低碳城市建设计划的市、町、村（下一款及第三十三条中称制定计划的市、町、村）的意见。

四、共同事业者在制定完货物运输共同化实施计划后，应立刻将该计划送交制定计划的市、町、村。

五、货物运输共同化实施计划的变更准用前二款的规定。

第三十三条 货物运输共同化实施计划的认定

一、针对货物运输共同化实施计划对促进城市低碳化的效果，共同事业者应向国土交通大臣提出认定申请。

二、前款规定的认定申请必须通过制定计划的市、町、村提交。在此情况下，制定计划的市、町、村应对该货物运输共同化实施计划进行研讨，如有意见，应将该意见送交国土交通大臣。

三、国土交通大臣在接到第一款规定的认定申请后，认为该申请的货物运输共同化实施计划符合下列标准时，予以认定。

（一）货物运输共同化实施计划记载的事项内容与基本方针相符。

（二）货物运输共同化实施计划记载的事项内容能够确保该货物运输共同化事业的确切落实。

（三）货物运输共同化实施计划记载的事业中包含符合第一种货物运输事业的内容时，该事业实施者不符合《货物运输事业法》第六条第一款第一项到第四项、第六项及第七项规定的任何一种情形。

（四）货物运输共同化实施计划记载的事业内容中包含符合第二种货物运输事业（外国人从事国际第二种运输事业获得《货物运输事业法》第四十五条第一款许可的事业除外。下一款中同）的内容时，该事业实施者不符合同法第二十二条各项中任一种情形，且该内容符合同法第二十三条各项中所列标准。

（五）货物运输共同化实施计划记载的事业内容中包含符合一般汽车货物运输事业的内容时，该事业实施者不符合《汽车货运事业法》第五条各项中任何一种情形，且该内容符合同法第六条第一款到第三项中所列标准。

四、国土交通大臣在接到第一款规定的认定申请后,针对货物运输共同化实施计划记载的事业内容中包含符合外国人从事国际第二种货物运输事业的内容时,对于该货物运输共同实施计划的认定必须诚实履行国际约定,同时确保在有关国际货物运输(《货物运输事业法》第六条第一款第五项规定的国际货物运输)的第二种货物运输事业领域之下,事业活动的公正运作及健全发展。

五、国土交通大臣在进行第三款的认定时,应立刻通知制定计划的市、町、村。

六、已获得第三款认定者(下一条第二款及第三十五条第二款中称已认定共同事业者)对已获得该认定的货物运输共同化实施计划进行变更时,必须获得国土交通大臣的认定。

七、前款的认定准用第二款到第五款规定。

八、国土交通大臣认为已获得第三款认定的货物运输共同化实施计划(有变更的计划则以变更后的计划为准。以下称已认定货物运输共同化实施计划)不符合同款各项任一规定,或已获得同款认定者未按照已认定货物运输共同化实施计划实施货物运输共同化事业时,可以取消该认定。

九、第三款的认定及第六款的变更认定的相关事项,由国土交通省令规定。

第三十四条 《货物运输事业法》的特例

一、在共同事业者的货物运输共同化实施计划已获得前条第三款或者第六款认定的情形下,该货物运输共同化实施计划记载的货物运输共同化事业按照《货物运输事业法》第三条第一款进行登记,或按照同法第七条第一款进行变更登记,或按照同条第三款规定进行备案,则视为按照规定已登记,或已变更登记,或已呈报。

二、作为已认定共同事业者的第一种货物运输事业者(按照《货物运输事业法》第三条第一款已登记者)与作为已认定共同事业者的其他运输事业者,根据已认定货物运输共同化实施计划,缔结同法第十一条运输相关的协定时,该协定视为已按照同条规定进行备案。根据已认定货物运输共同化实施计划对同条运输相关的协定作变更时作同样处理。

第三十五条[①]

一、在共同事业者的货物运输共同化实施计划已获得第三十三条第三款或者第六款认定的情形下,该货物运输共同化实施计划记载的货物运输共同化事

---

① 原文无标题。

业获得《货物运输事业法》第二十条或第四十五条第一款的许可,或同法第二十五条第一款、第四十六条第二款的认可,或者按照同法第二十五条第三款、第四十六条第四款的规定进行备案,则视为按照规定已获得许可、认可或已备案。

二、作为已认定共同事业者的第二种货物运输事业者(取得《货物运输事业法》第二十条许可者)与作为已认定共同事业者的其他运输事业者,根据已认定货物运输共同化实施计划,缔结同法第三十四条第一款规定的准用同法第十一条运输相关的协定时,该协定视为已事先按照同条规定进行备案。根据已认定货物运输共同化实施计划,对同款中准用同条运输相关的协定作变更时作同样处理。

第三十六条 《货物汽车运输事业法》的特例

在共同事业者的货物运输共同化实施计划已获得第三十三条第三款或者第六款认定的情况下,该货物运输共同化实施计划记载的货物运输共同化事业获得《货物汽车运输事业法》第三条的许可或同法第九条第一款的认可,或按照同条第三款规定进行备案,则视为按照规定已获得许可、认可,或者已备案。

第三十七条 收集报告

国土交通大臣应当要求已认定货物运输共同化实施计划中记载的货物运输共同化事业实施者提交有关该货物运输共同化事业的实施状况的报告。

第五节 树木等的管理协定

第三十八条 缔结树木等的管理协定

一、就本法关于低碳城市建设计划的第七条第三款第四项第1目中记载的事项内容,根据市、町、村或者《城市绿地法》①第六十八条第一款的规定,指定的绿地保全和绿化推进机构(仅限于第四十五条第一款第一项中所列业务者)为保全达到有关该事项的树木保全推进区域内,符合保全树木等基准的树木或树林地,应与该树木或树林地所有者或使用收益权利(明显是暂时使用权利除外)人(下一款及第四十三条中称所有者等)就下列事项缔结协定(以下称树木等的管理协定),以便对该树木或树林地进行管理。

(一)树木等的管理协定的对象树木(以下称协定树木)或树林地等区域(以下称协定区域)。

(二)协定树木或协定区域内的树林地等(以下本条及第四十三条中称协定

---

① 一九七三年法律第七十二号。

树木等)的管理方法的相关事项。

（三）在需要设置有关保全协定树木等的必要设施的情形下，设置该设施的相关事项。

（四）树木等的管理协定的有效期间。

（五）违反树木等的管理协定的处理措施。

二、树木等的管理协定必须获得协定树木等所有者全员的同意。

三、树木等的管理协定的内容必须符合下列标准。

（一）与《城市绿地法》第四条第一款中规定的基本计划保持一致，且符合本法关于低碳城市建设计划的第七条第二款第二项第4目中所列事项。

（二）未对协定树木等的利用做不当限制。

（三）第一款各项中所列事项均符合国土交通省令规定的标准。

四、第一款中绿地保全和绿化推进机构在缔结树木等的管理协定前，应事先得到市(町、村)长的认可。

第三十九条　树木等的管理协定的阅览

市、町、村和市(町、村)长在缔结树木等的管理协定前，或接到前条第四款的树木等的管理协定的认可申请后，应根据国土交通省令的规定对该树木等的管理协定进行公告，自公告之日起两周内，供相关人自由阅览。

第四十条　树木等的管理协定的认可

当第三十条第四款中树木等的管理协定的认可申请符合下列各项规定时，市(町、村)长应当对该树木等的管理协定予以认可。

（一）申请手续没有违反法令。

（二）树木等管理协定的内容完全符合第三十八条第三款各项中所列标准。

第四十一条　树木等的管理协定的公告

市、町、村和市(町、村)长在缔结或按前条规定认可树木等的管理协定后，应根据国土交通省令的规定对该树木等管理协定的副本进行公告，在该市、町、村的事务所供公众自由阅览的同时，还须在该协定树木及协定区域所在地进行公示。

第四十二条　树木等的管理协定的变更

树木等的管理协定中对规定事项的变更准用第三十八条第二款到第四款及前三条的规定。

第四十三条　树木等管理协定的效力

本法第四十一条(包括前条中适用情形)规定进行公告的树木等的管理协定

在公告结束后对于该树木等的管理协定下协定树木等的所有者也具有效力。

第四十四条 《城市景观树木保存法》的特例

第三十八条第一款中,树木等管理协定所规定的绿地保全和绿化推进机构所管理的协定树木和协定区域内的树林地中存在的树木群,即《城市景观树木保存法》①第二条第一款的规定中所指定的保存树木或保存树林,同法第五条第一款中"所有者"为"所有者及绿地保全和绿化推进机构(根据《城市绿地法》②第六十八条第一款中规定的指定的绿地保全和绿化推进机构。以下同),同法第六条第二款及第八条中的"所有者"为"绿地保全和绿化推进机构",同法第九条中的"所有者"为"所有者或绿地保全和绿化推进机构"。

第四十五条 绿地保全和绿化推进机构业务的特例

一、根据《城市绿地法》第六十八条第一款的规定,指定的绿地保全和绿化推进机构(仅限于同法第六十九条第一项第1目中所列业务者)除同法第六十九条各项所列业务之外,还可以实施下列业务。

(一)根据树木等的管理协定对树木和树林地等进行管理。

(二)实施前项所列业务的附带业务。

二、在前款的情形下,《城市绿地法》第七十条中"前条第一项"为"前条第一项或《城市低碳化促进法》③的第四十五条第一款第一项"。

第四十六条 特定绿地保全和绿化推进机构相关的指定(该条已删除)

第六节 有关下水道设施污水的取水等特例

第四十七条 从公共下水道等排水设施中采取污水

一、本法关于低碳城市建设计划记载的第七条第三款第五项第1目中所规定事业的实施主体,根据条例的规定,获得公共下水道管理者等的许可后,可以设置公共下水道等[《下水道法》第二条第三项中规定的公共下水道,或同条第四项规定的流域下水道(仅限于符合同项第1目)。以下本条中同]排水设施(含补充设施。以下本条中同),并设置连接设备(将公共下水道等排水设施与第七条第三款第五项第1目中规定的设备相连接的设备。第七款中同),通过该连接设备,从该公共下水道等排水设施中取水,或将下水引入该公共下水道等排水设

---

① 一九六二年法律第一四二号。
② 一九七三年法律第七十二号。
③ 二〇一二年法律第八十四号。

施中。

二、公共下水道管理者等在接到前款许可申请后,必须参考政令规定标准,对该申请的相关事项是否符合条例规定的技术标准进行认定,之后才能予以许可。

三、已获得第一款许可者(以下本条中称许可事业者)在对该已获得许可的相关事项进行变更(条例规定的轻微变更除外)时,必须获得公共下水道管理者等的许可。在此情况下,准用第二款规定。

四、第一款和前款的许可准用《下水道法》第三十三条的规定。

五、许可事业者获得第一款或第三款的许可后,引入公共下水道等的排水设施中的下水中,不得混入下水以外(第七条第三款第五项第1目中规定的设备管理上政令规定的必要物体除外)的物体。

六、许可事业者准用《下水道法》第三十八条的规定。在此情形下,同条第一款中"公共下水道管理者、流域下水道管理者或城市下水路管理者"为"《城市低碳化促进法》(以下本款及下一款中简称《城市低碳化法》)第七条第四款第一项中规定的公共下水道管理者等"(以下本条中称公共下水道管理者),"本法规定下的许可或承认"为"《城市低碳化法》第四十七条第一款或第三款的许可",同款第一项中"本法[第十一条之三第一款及第十二款之九第一款(含第二十五条之十第一款中准用场合)的规定除外]或基于本法的命令或条例"为"《城市低碳化法》第四十七条第三款或第五款",同款第二项、第三项及同条第二款中"本法规定下的许可或承认"为"《城市低碳化法》第四十七条第一款或第三款的许可",同款到同条第四款及同条第六款中"公共下水道管理者、流域下水道管理者或城市下水道管理者"为"公共下水道管理者等",同条第二款第一、二、三项中"公共下水道,流域下水道或城市下水道"为《城市低碳化法》第四十七条第一款规定的"公共下水道等"(下一项及第三项中称"公共下水道等")。

七、许可事业者在设置连接公共下水道等排水设施的设备时,不适用《下水道法》第二十四条和第二十五条之九的规定。

第四十八条 城市公园占用许可的特例

关于本法第七条第三款第五项第2目所列事项中的低碳化城市建设计划,自同条第七款规定的公开之日起两年内,基于该低碳化城市建设计划,在城市公园的占用已申请《城市公园法》第六条第一款或第三款许可的情形下,只要该占用符合同法第七条政令规定的技术标准,由公园管理者作出许可。

第四十九条 港湾邻接地域内工事等许可的特例

关于本法第七条第三款第五项第8目所列事项中的低碳城市建设计划,自同条第七款规定的公开之日起两年内,基于该低碳化城市建设计划,在《港湾法》第三十七条第一款各项列举行为已提出同款的许可申请的情形下,只要该行为符合国土交通省令规定的技术标准,由港湾管理者作出许可。

第七节 有关促进城市低碳化的援助

第五十条 对既存建筑物所有者的援助

本法关于低碳城市建设计划的第七条第二款第二项第6目中所列事项中的市、町、村,应为计划区域内既存建筑物的所有者或管理者提供信息、建议及其他必要的援助,以促进建筑物的低碳化。

第五十一条 对汽车使用者的援助

本法关于低碳城市建设计划的第七条第二款第二项第7目中所列事项中的市、町、村,应为电动汽车(指以电力为动力来源的汽车)提供所需的供电设施及其他环境设施,为汽车使用者及在计划区域内其他汽车运行的相关者提供信息、建议及其他必要的援助,以减少计划区域内汽车运行所排放的二氧化碳。

第五十二条 城市计划的考虑

城市计划决策者[《城市计划法》第十五条第一款中的都、道、府、县或市、町、村,或同法第八十七条之二第一款中的指定城市,在同法第二十二条第一款的情况下,均为同款的国土交通大臣(根据同法第八十五条之二规定,在同款规定的国土交通大臣依其权限委任地方整治局长或北海道开发局长的情形下,则为该地方整治局长或北海道开发局长)或市町村。]在进行有关城市计划的修正研讨及其他城市计划的研讨、城市计划草案的制定及其他城市计划的决策的过程中,应确保低碳城市建设计划的顺利实施。

第四章 促进低碳建筑物普及的措施

第五十三条 新建低碳建筑物等计划的认定

一、在城区内,为促进建筑物低碳化,新建建筑物或为建筑物增筑、改建、修缮、外观改造,或为建筑物配备空调设备及其他政令规定的建筑设备(以下本款中称空调设备等),或对建筑物已有空调设备进行改造(以下称新建促进低碳化的建筑物等)者,应根据国土交通省令的规定,制定有关新建促进低碳化的建筑物等的计划(以下称新建低碳建筑物等计划),并申请主管行政机关[已设置有建筑主事的市、町、村区域为市(町、村)长,其他市、町、村区域为都、道、府、县知事。但根据《建筑标准法》第九十七条之二第一款或第九十七条之三第一款的规定,已设置有建筑主事的市、町、村区域内,针对政令规定的建筑物,则均为都、道、府、县知事管辖。以下同]的认定。

二、新建低碳建筑物等计划中,应记载下列事项。

(一)建筑物的位置;

(二)建筑物的建筑面积、构造、设备和用地面积以及用途;

(三)新建低碳建筑物的资金计划;

(四)其他国土交通省令所规定的事项。

第五十四条 新建低碳建筑物等计划的认定标准

一、所管行政机关在接到前条第一款规定的认定申请后,认为该申请中的新建低碳建筑物等计划符合下列标准时,予以认定。

(一)该申请中建筑物能源利用率和其他性能高于《建筑物能源合理化利用法》第七十三条第一款规定的建筑物能源利用标准,且符合经济产业大臣、国土交通大臣及环境大臣设定的标准,即进一步提高建筑物能源的合理化利用并促进其他建筑物低碳化的情形。

(二)新建低碳建筑物等计划记载的事项内容与基本方针相符。

(三)前条第二款第三项的资金计划合理,并能够确保新建低碳化建筑物等计划的确切落实。

二、提出第一款规定的认定申请者,应要求主管行政机关将该申请中的新建低碳建筑物等计划告知建筑主事,并要求其审查该新建低碳建筑物等计划是否符合《建筑标准法》第六条第一款中有关建筑标准的规定。在此情况下,申请者需将同款规定的确认申请书与该申请一并提交。

三、主管行政机关在接到前款申请后,应迅速将该申请中的新建低碳建筑物等计划告知建筑主事。

四、建筑主事在接到前款规定的通知后,准用《建筑标准法》第十八条第三款及第十二款的规定。

五、主管行政机关根据前款准用的《建筑标准法》第十八条第三款的规定,在进行完第一款的认定之后,已认定新建低碳建筑物等计划则视同为已获得同法第六条第一款规定的建筑确认证明。

六、主管行政机关在接到第四款准用的《建筑标准法》第十八条第十二款规定的通知书时,不能进行第一款的认定。

七、关于第四款准用的《建筑标准法》第十八条第三款及第十二款规定的建筑确认证明及通知书的交付,准用《建筑标准法》第十二条第七款及第八款、第九十三条到第九十三条之三的规定。

八、为促进低碳化而新建建筑物者的新建低碳建筑物等计划在已获得第一款认定的情形下,该新建的低碳化建筑物中应按照《建筑物能源合理化利用法》第十九条第一款规定进行备案的内容,则视为按照规定已备案。在此情形下,同条第二款及第三款不再适用。

第五十五条 新建低碳建筑物等计划的变更

已获得前条第一款认定的建筑者(以下称认定建筑主)在对该已认定新建低碳建筑物等计划进行变更(国土交通省令规定的轻微变更除外)时,根据国土交通省令的规定,应获得主管行政机关的认定。

第五十六条 收集报告

主管行政机关应要求认定建筑主提交已获得第五十四条第一款认定的新建低碳建筑物等计划(有变更的计划则以变更后的计划。下一条中称已认定新建低碳建筑物等计划)中新建促进低碳化的建筑物等(下一条及第五十九条中称新建低碳建筑物等)状况的相关报告。

第五十七条 改善命令

当主管行政机关认为认定建筑主未按照已认定新建低碳建筑物等计划新建低碳建筑物时,可以命令该认定建筑主在一定的期限内采取相应的改善措施。

第五十八条 新建低碳建筑物等计划认定的取消

当主管行政机关认定建筑主违反前条规定时,可以取消第五十四条第一款的认定。

第五十九条 建议及指导

主管行政机关应为认定建筑主提供有关新建低碳建筑物的必要建议及指导。

第六十条 低碳建筑物容积率的特例

关于《建筑标准法》第五十二条第一款、第二款、第七款、第十二款、第十四款、第五十七条之二第三款第二项、五十七条之三第二款、第五十九条第一款及第三款、第五十九条之二第一款、第六十条第一款、第六十条之二第一款及第四款、第六十八条之三第一款、第六十八条之四、第六十八条之五(第二项第1目除外)、第六十八条之五之二(第二项第1目除外)、第六十八条之五之三第一款(第一项第2目除外)、第六十八条之五之四(第一项第2目除外)、第六十八条之五之五第一款第一项2目、第六十八条之八、第六十八条之九第一款、第八十六条第三款及第四款、第八十六条之二第二款及第三款、第八十六条之五第三款和第八十六条之六第一款中规定的建筑物容积率(仅限于同法第五十九条第一款、第六十条之二第一款及第六十八条之九第一款中规定的关于建筑物容积率的最高限度的情况)中作为计算基础的建筑面积,除同法第五十二条第三款及第六款规定之外,为符合第五十四条第一款第一项所列标准,低碳建筑物的建筑面积中超出一般建筑物的建筑面积的部分不算入政令规定的建筑面积之内。

第五章　杂　　则

第六十一条　权限的委任

本法规定的国土交通大臣的部分权限,可以根据国土交通省令的规定委任给地方分部局的长官。

第六十二条　过渡措施

根据本法规定,在认为有必要且合理的范围内,可以通过所需的过渡措施(含罚则相关的过渡措施)制定或修改、废止命令。

第六章　罚　　则

第六十三条

凡违反第四十七条第六款中准用《下水道法》第三十八条第一款和第二款规定的有关公共下水道管理者等命令者,处一年以下有期徒刑或一百万日元以下罚金。

第六十四条

根据第三十一条或第三十七条规定,不报或虚报者,处一百万日元以下罚金。

第六十五条

有下列情形之一的,处三十万日元以下罚金。

（一）根据第十二条或第五十六条的规定，不报或虚报者。

（二）已获得第十七条第一款规定的补助的认定集约城市开发事业者违反了本法第十四条中市（町、村）长官针对该补助下已认定集约城市开发事业整治的特定建筑物所提出的改善命令。

（三）违反第十八条第一款或第三款规定者。

第六十六条

法人的代表人，或法人、代理人、使用人或其他从业者，做出违反有关法人或本人业务的前三条行为时，除对行为人处罚外，还应对该法人或本人处以本条规定的罚金刑。

附　　则[①]

第一条　实施日期

本法自公布之日起三个月内，由政令规定之日开始施行。

第二条　审查

政府在本法施行五年后审查本法的实施状况，根据其结果采取必要的措施。

（洪紫荆 译　陈颖 校）

[①] 该法在每次修订后都有关于新的实施日期的附则规定，此处只摘录该法制定时的附则规定，其他附则摘录未译，特此说明。

开发及制造节能环保产品产业促进法[①]

(2010年5月28日颁布,2011年8月2日修正)

第一章　总则(第一条至第三条)
第二章　促进特殊行业的发展(第四条至第十七条)
第三章　扶持拓展需求法人(第十八条至第三十二条)
第四章　杂则(第三十三条至第三十六条)
第五章　罚则(第三十七条至第四十二条)
附则

第一章　总　　则

第一条　目的

随着国内外经济生活环境的变化,开发、制造节能环保产品的重要性逐渐增强。鉴此,本法围绕能源问题,对顺利筹措开展事业的必要资金和满足开发节能环保产品需要的措施进行规定,以促进相关事业的发展,振兴我国工业,为国民经济的健康发展作出贡献。

第二条　定义

一、本法所称的非化石能源,是指法律规定的太阳能、风能、原子能及其他化石燃料以外的由政令所规定的能源。

二、本法所称的化石燃料,是指原油、煤气、天然气、煤炭及以此制造的燃料。

三、本法所称的节能环保产品是指下列产品:

[①] 原日文法律出自日本电子政府综合窗口,http://law.e-gov.go.jp/htmldata/H22/H22HO038.html。

（一）为了从非化石能源中获得电力和热能，在燃料制造所使用的机器、装置、设备中，由主管部长认定的能高效获得电力、热能并制造出燃料的设备；

（二）机械装置中，对照能源使用量的多少，主管部长认定为耗能少、性能好的设备（前项所列除外）；

（三）机械装置中，主管部长认定为使用时耗能少、对环境负荷低的设备（不包括前两项所列）；

（四）开发制造的产品中，主管部长规定的专供前三项所列产品使用的零部件；

（五）开发制造的产品中，主管部长规定的必须专门与第一项至第三项配套使用的机械设备。

四、本法所称的特殊行业，是指在开发、制造节能环保产品中，通过利用高端技术，能够显著提高技术水平或创造出新行业般效果的，尤其有利于促进我国工业改进、发展的行业。

五、本法所称的租赁合同，是指出租人获得租金，让承租人使用节能环保产品，节能环保产品的使用期间（以下称使用期间）在三年以上，并且自使用期间开始以后（以下称使用开始日）或自使用开始日起经过一段时间后，当事人的一方或双方都可在任何时候要求解约的不规定内容的合同。

六、本法中所称的租赁保险合同，是指符合以下要件的保险合同：

（一）根据租赁合同的规定，提供节能环保产品的经营者（以下称租赁业者）同意支付保险费；

（二）当租赁业者在使用开始日之后应收取租金而未能收到租金的情况下，保险人依据该租赁业者的请求，会将收取的保险费支付给租赁业者，弥补其因不能收到租金而产生的损失。

第三条　基本方针

一、主管部长应当制定推进开发、制造节能环保产品事业发展的基本方针（以下称基本方针）。

二、基本方针应规定下列事项：

（一）推进开发、制造节能环保产品行业发展的意义和基本方向等相关事项；

（二）为了促进特殊行业发展的下列事项：

1. 特殊行业的内容；

2.为了顺利筹资促进特殊行业的发展,日本政策金融公库①(以下称为公库)及指定金融机构(是指依据第八条第一款的规定被指定的金融机构,第六条第一款中相同)应履行的义务。

(三)满足开发节能环保产品需要的相关事项;

(四)推进开发、制造节能环保产品事业发展所应考虑到的事项。

三、主管部长根据经济形势变动和其他形势的改变,必要时可变更基本方针。

四、主管部长在制定或变更基本方针时,应预先与环境部长及其他相关行政机关首长进行商议。

五、主管部长在制定或变更基本方针时,应无延迟地及时公告。

第二章 促进特殊行业的发展

第四条 特殊行业计划的认定

一、行业经营者应制定拟开展的特殊行业相关计划(以下称特殊行业计划),并依照主管部门规定向主管部长提交,等待取得该特殊行业计划适当的认定。

二、有两名以上的特殊行业经营者拟共同经营时,全体经营者应共同制定特殊行业计划,等待取得该计划适当的认定。

三、特定产业计划应包含下列事项:

(一)特殊行业的内容和实施时间;

(二)进行特殊行业必要的资金数额及筹资方法。

四、主管部长在收到本条第一款的认定申请,并认为特定产业计划符合以下任意一项时,则可进行认定:

(一)前款第一项中基本方针的内容符合上条第二款第二项所列事项;

(二)该特定产业计划有利于推动特殊行业顺利发展。

第五条 特定产业计划的变更

一、取得第四条第一款规定的认定的经营者(以下称认定行业经营者),

---

① 译者注:公库即公营贷款机构,是由日本政府全额出资的公法人,属于政府金融机构的一种。

当要变更特殊行业计划内容时,根据主管部门的规定,也应取得主管部长的认定。

二、主管部长认为行业经营者没有按照特殊行业计划(依据前款规定又认定了变更后计划的,则是指变更后的计划。以下称认定的特殊行业计划)促进特殊行业发展的,可以取消认定。

三、主管部长认为认定的特殊行业计划不符合第四条第四款任一事项时,对该认定行业经营者可指示其变更认定的特殊行业计划内容,或者取消认定。

四、第一款的认定适用第四条第四款的规定。

第六条 公库业务的特例

公库可不受限于《股份制公司日本政策金融公库法》[①]第一条及第十一条的规定,开展下列业务(以下称顺利开展特定行业业务):

(一)指定金融机构应将必要的资金借贷给认定行业经营者,用来依照认定特殊行业计划发展特殊行业。

(二)执行前项所列业务的附带业务。

第七条 促进特殊行业顺利发展的实施方针

一、公库应按照基本方针及主管部门法令的规定,制定包括促进特殊行业顺利发展的开展方式、条件及其他相关事项的实施方针(以下称促进特殊行业顺利发展的实施方针)。

二、公库在制定促进特殊行业顺利发展的实施方针时,应得到主管部长的认可。要变更内容时,也依同样程序。

三、公库在依据前款规定受到主管部长的认可时,应无延迟地对促进特殊行业顺利发展的实施方针予以公示。

四、公库应依照促进特殊行业顺利发展的实施方针来促进特殊行业的顺利进行。

第八条 指定金融机构

一、关于认定行业经营者为了依照认定的特殊行业计划开展业务而借进必要资金,欲从公库借入资金进行此项贷款业务者(以下称促进特殊行业发展业务),可向主管部长申请。主管部长依据其申请和主管部门规定,可将符合下列标准者列为指定金融机构:

---

① 二〇〇七年法律第五十七号。

（一）银行或规定的其他金融机构；

（二）本项规定中的业务规程需符合法令、基本方针和促进特殊行业顺利发展的实施方针，并且能够切实有效地推动特殊行业的发展；

（三）构成人员应具有能够切实有效推动特殊行业发展的知识和经验。

二、依据前款规定欲接受指定（以下简称指定）者，按照主管部门规定的手续，应制定基本方针和根据促进特殊行业顺利发展的实施方针制定业务规程，并连同指定申请书一起，提交给主管部长。

三、业务规程中应规定推进特定业务进行的总体制度、实施方式和其他主管部门规定的事项。

四、有下列情形的，不可指定：

（一）违反本法、银行法、其他法律政令规定及违反这些法律政令规定的处置原则，被处以罚金以上刑罚，执行结束或不接受执行之日起未逾五年者；

（二）依据第十五条第一款的规定取消指定，自取消之日起未逾五年者；

（三）法人情况下，开展业务的董事会高层人员有下列情形的：

1. 成年被监护人、被保护人或未恢复法律上权利的破产者；

2. 指定金融机构依据第十五条第一款规定被取消指定的情况下，在取消该指定相关听证日期、场所公示之日前六十日内，是由该人员作为该指定机构的董事会高层，且取消对该机构的指定未经过五年。

第九条 指定的公示

一、主管部长指定后应将指定金融机构的商号或名称、地址以及进行特殊行业推进业务的营业场所或办公室所在地进行公示。

二、指定金融机构要变更商号或名称、地址以及进行特殊行业推进业务的营业场所或办公室所在地时，应预先向主管部长提出申请。

三、主管部长在收到依前款规定的申请时，应将申请的内容进行公示。

第十条 认可变更业务规程

一、指定金融机构要变更业务规程时，应事先得到主管部长的认可。

二、主管部长认为指定金融机构的业务规程不利于促进特殊行业发展业务切实有效地开展时，可命令其变更业务规程。

第十一条 协议

一、为了推进特殊行业顺利进行，公库可与指定金融机构签订包含下列内容的协议并依此开展业务：

（一）指定金融机构为了开展促进特殊行业发展业务,与贷款条件相关的事项；

（二）指定金融机构应将其财务状况及促进特殊行业发展业务的实施情况制作成报告书并向公库提交；

（三）除前两项以外,指定金融机构实施的促进特殊行业发展业务,公库进行的推进特殊行业顺利进行业务的内容、方法及其他主管部门规定的事项。

二、公库要签订前款规定的协议前,应取得主管部长的认可,要变更协议时,也应取得主管部长的认可。

第十二条　记载账簿

依据主管部门的规定,指定金融机构应准备好账簿,记载有关促进特殊行业发展业务主管部门规定的事项并将其保存。

第十三条　监督命令

为了本法的实施,主管部长认为确有必要时,可向指定金融机构下达促进特殊行业发展业务监督上的必要命令。

第十四条　业务的中断、取消

一、指定金融机构要中断或取消全部或部分促进特殊行业发展业务时,依主管部门的规定,应事先向主管部长报告。

二、主管部长在收到依前款规定作出的报告时,应公示其内容。

三、指定金融机构取消全部促进特殊行业发展业务后,对其的指定也失去效力。

第十五条　取消指定

一、指定金融机构有下列情形之一的,主管部长可取消对其的指定：

（一）认定其无法切实有效地开展促进特殊行业发展业务；

（二）存在与指定相关的非法行为；

（三）违反本法或基于本法作出的命令、处置。

二、主管部长依据前款规定取消指定时,应进行公示。

第十六条　伴随取消指定的业务的终止

指定金融机构因本法第十四条第三款规定的指定失效或因第十五条第一款规定的取消指定时,该指定金融机构或其一般继承人根据促进特殊行业发展业务协定作出的以结束经营为目的的行为,仍视为由指定金融机构作出。

第十七条　适用《股份制公司日本政策金融公库法》

在开展促进特殊行业发展业务的情况下,《股份制公司日本政策金融公库法》下表左栏条款中的中栏所列字句,改为右栏所列字句。

第四条第三款	第四十一条	依据《开发及制造节能环保产品促进法》(二〇一〇年法律第三十八号。以下简称《制造业促进法》)第十七条的规定替换适用的第四十一条
	业务	业务及顺利开展特定行业业务(是指《制造业促进法》第六条规定的顺利开展特定行业业务,以下相同)
第十一条第一款第五项	开展的业务	开展的业务(除顺利开展特定行业业务)
第三十一条第二款第一项	下列所示业务	下列所示业务及顺利开展特定行业业务
第三十一条第二款第二项	业务	业务及顺利开展特定行业业务
第三十一条第四款	业务	业务及顺利开展特定行业业务
第三十五条第二款	第三十一条、第三十三条及上条	第三十三条、上条以及依据《制造业促进法》第十七条的规定替换适用的第三十一条
第三十六条第二款	第三十一条、第三十三条及第三十四条	第三十三条、第三十四条以及依据《制造业促进法》第十七条的规定替换适用的第三十一条
第四十一条	下列业务	下列业务及顺利开展特定行业业务
第四十二条第一款	上条	依据《制造业促进法》第十七条的规定替换适用的上条
	同法第二百九十五条第二款	《公司法》第二百九十五条第二款
	"……额"替换为"依据《股份制公司日本政策金融公库法》第四十一条……"	"……额"替换为"依据《开发及制造节能环保产品促进法》(二〇一〇年法律第三十八号,以下简称《制造业促进法》)第十七条的规定替换适用的《股份制公司日本政策金融公库法》第四十一条……"
	依据《股份制公司日本政策金融公库法》第四十一条规定准备的账目上的本金	依据《制造业促进法》第十七条的规定替换适用的《股份制公司日本政策金融公库法》第四十一条规定准备的账目上的本金

续　表

第四十二条第二款	第四十七条第一款	依据《制造业促进法》第十七条的规定替换适用的第四十七条第一款
	上条	依据《制造业促进法》第十七条的规定替换适用的上条
	同法第四百四十八条第一款	《公司法》第四百四十八条第一款
	《股份制公司日本政策金融公库法》第四十一条	依据《制造业促进法》第十七条的规定替换适用的《股份制公司日本政策金融公库法》第四十一条
第四十二条第三款	上条	依据《制造业促进法》第十七条的规定替换适用的上条
第四十七条第一款及第五款	业务	业务及推进特殊行业顺利进行业务
第四十七条第七款	……及第四十一条各项所列业务	……及第四十一条各项所列业务和推进特殊行业顺利进行业务
第四十九条第二款	相关业务	相关业务及顺利开展特定行业业务
第四十九条第二款各项	及	以及①
第五十一条第一款	第四十九条	依据《制造业促进法》第十七条的规定替换适用的第四十九条
	第四十一条	依据《制造业促进法》第十七条的规定替换适用的第四十一条
	相关业务	相关业务及顺利开展特定行业业务
第五十一条第二款	第四十九条第二款	依据《制造业促进法》第十七条的规定替换适用的第四十九条第二款
第五十七条	依据本法	依据本法和《制造业促进法》
第五十八条及第五十九条第一款	本法	本法、《制造业促进法》

---

① 译者注：原文为"及び"和"並びに"，在法令、公文中，逢有3个以上事物并列时，则依其并列等级的大小、强弱等有所区别地使用，即小等级的并列用"及び"，大等级的并列用"並びに"。

续　表

第六十四条第一款	本法	本法（包括依据《制造业促进法》第十七条的规定替换适用的情形）
	……定为……	……定为……但是，顺利开展特定行业业务及与该业务相关的财会事项则由经济产业部部长和财务部部长来确定
第七十一条	第五十九条第一款	依据《制造业促进法》第十七条的规定替换适用的第五十九条第一款
第七十三条第一款	本法	本法（包括依据《制造业促进法》第十七条的规定替换适用的情形）
第七十三条第三款	第十一条	第十一条及《制造业促进法》第六条
第七十三条第三款	第五十八条第二款	第五十八条第二款（包括依据《制造业促进法》第十七条的规定替换适用的情形）
附则第四十七条第一款	公库的业务	公库的业务（除顺利开展特定行业业务）

第三章　扶持拓展需求法人

第十八条　扶持拓展节能环保产品需求业务法人的指定

一、对于本法第二十条规定的业务（以下称为扶持拓展需求业务），以拓展节能环保产品的需求为开展事业目的的一般社团法人、一般财团法人以及其他政令规定的法人，依据其申请，符合下列标准者，经济产业部部长可指定为扶持拓展节能环保产品需求业务法人：

（一）为切实有效地开展扶持拓展需求业务，依据经济产业省令规定具有一定的财产基础，并有与业务相关的明晰的收支预算；

（二）扶持拓展需求业务计划中的工作人员安排、业务实施方式及其他相关事项都有利于业务实施；

（三）负责人及工作人员的构成不会对开展扶持拓展需求业务的公正实施产生阻碍；

（四）实施其他业务时不会对开展扶持拓展需求业务产生阻碍。

二、符合本条第一款标准的申请者有下列情形之一的，经济产业部部长不可进行同款规定中的指定：

（一）违反本法规定被处以刑罚,执行结束或不执行之日起未逾二年；

（二）依据本法第三十条第一款或第二款规定被取消指定,自取消之日起未逾二年；

（三）负责人有下列情形之一的：

1. 符合本条第二款第一项者；

2. 依据本法第二十一条第二款的规定被解雇,自被解雇之日起未逾二年。

第十九条　指定的公示

一、在指定后,经济产业部部长应将该指定帮助拓展需要法人的名称、住所、办公室所在地及开始扶持拓展需求业务的日期进行公示。

二、扶持拓展需求法人要变更名称、住所、办公室所在地时,应在变更之日两周前向经济产业部部长报告。

三、经济产业部部长在收到前款规定的报告后,应对其进行公示。

第二十条　业务

扶持拓展需求法人可开展下列业务：

（一）承接租赁保险合同业务；

（二）提供节能环保产品相关信息；

（三）前两项业务的附带业务。

第二十一条　负责人的任命及解雇

一、扶持拓展需求法人董事会高层人员的任命和解雇,必须经过经济产业部部长的认可,否则,不发生效力。

二、扶持拓展需求法人的负责人违反本法（包括依据本法作出的命令或处分）或第二十二条第一款规定的业务规则,以及有与业务相关的显著不当行为时,经济产业部部长可命令扶持拓展需求法人解雇该高层人员。

第二十二条　业务规则

一、扶持拓展需求法人在拓展需求业务开始前应制定相关规则（以下称为业务规则）,并取得经济产业部部长的认可,在改变其内容前也需取得经济产业部部长的认可。

二、扶持拓展需求业务的实施方式及其他业务规则中应规定的事项由经济产业部门的规章规定。

三、当经济产业部部长认为取得本条第一款认可的业务规则在实施上确实不利于开展拓展需求业务时,可命令扶持拓展需求法人改变规则的内容。

第二十三条　事业计划

一、在每事业年度开始前(在接受指定的该事业年度是指被指定后即刻),扶持拓展需求法人应完成该年度的事业计划及收支预算表,并取得经济产业部部长的认可;要变更其内容时,也需取得经济产业部部长的认可。

二、在每事业年度后,扶持拓展需求法人应制作该年度的事业报告和收支决算书,并在该事业年度结束后三个月内提交给经济产业部部长。

第二十四条　分区治理

扶持拓展需求法人应对下列不同业务分别进行管理并分别建立账目:

(一)本法第二十条第一款规定的业务和其附带业务;

(二)法律法规规定的其他业务。

第二十五条　责任准备金

依据经济产业省令的规定,扶持拓展需求法人应在每事业年度末留存责任准备金。

第二十六条　准备账簿

依据经济产业省令的规定,扶持拓展需求法人应将经济产业省令规定的拓展需要业务相关事项记载在相应账簿上,并将其保存。

第二十七条　与财务会计相关的必要事项由经济产业省令规定

除本章规定之外,扶持拓展需求法人在进行拓展需求业务中的与财务会计相关的必要事项由经济产业省令规定。

第二十八条　监督与命令

为了确保扶持拓展需求业务切实有效地开展,经济产业部部长可向扶持拓展需求法人下达业务监管上的必要命令。

第二十九条　业务的中断、取消

一、未经经济产业部部长许可,扶持拓展需求法人不可中断或取消全部或部分的扶持拓展需求业务。

二、经济产业部部长依据前款规定作出取消全部扶持拓展需求业务的许可时,其对该法人相关的指定也失去效力。

三、经济产业部部长在作出第一款的许可后,应对内容进行公示。

第三十条　指定的取消

一、扶持拓展需求法人符合第十八条第二款任意一项(除第二项)时,经济产业部部长应取消指定。

二、扶持拓展需求法人符合下列情形之一的,经济产业部部长可取消指定,或者命令其在规定期间内中止全部或部分扶持拓展需求业务:

(一)确认无法切实有效地开展扶持拓展需求业务;

(二)以不正当手段获得指定;

(三)违反本法第十九条第二款、第二十三条至第二十六条或第二十九条第一款的规定;

(四)违反本法第二十一条第二款、第二十二条第三款或第二十八条的规定作出的命令;

(五)不依照本法第二十二条第一款规定取得认可的业务规则开展扶持拓展需求业务。

第三十一条 取消指定的后续措施

一、当扶持拓展需求法人依据第三十条第一款或第二款的规定被取消指定时,应由经济产业部部长指定的其他扶持拓展需求法人继续开展该项业务。

二、除前款规定外,依据第三十条第一款或第二款的规定被取消指定的情形下,继续扶持拓展需求业务的其他相关事项由经济产业部门规定。

第三十二条 信息的提供

经济产业部部长可向扶持拓展需求法人提供开展扶持拓展需求业务必要的信息、资料、指导及建议。

第四章 杂 则

第三十三条 国家责任

随着国内外经济生活环境的变化,开发、制造节能环保产品的重要性逐渐增强,国家应对节能环保产品相关法律法规的应然状态进行研究,在认为确有必要的范围内,依据讨论结果采取必要措施,对于节能环保产品的开发制造者采取提出建议、进行培训、提供信息以及其他综合推进政策实施的必要措施。

第三十四条 收集报告及进入检查

一、主管部长可要求认定行业经营者报告其开展认定的特殊行业计划的情况。

二、为了本法的实施,主管部长认为确有必要时,可要求指定金融机关报告促进特殊行业发展业务的相关情况,或派职员进入指定金融机关的营业场所、办公场所检查账簿、文件及其他物品。

三、为了扶持拓展需求业务切实有效地开展,经济产业部部长认为确有必要时,可要求扶持拓展需求法人报告业务实施情况及财产状况,或派职员进入扶持拓展需求法人的营业场所,检查扶持拓展需求业务的实施情况、财产状况、账簿、文件及其他物品。

四、依据前两款规定进入检查的职员,应携带好身份证明书并向相关人员出示。

五、依据第二款和第三款的规定进入检查的权力不可视作为犯罪搜查获得的许可权。

第三十五条 主管部长

一、本法第二条第三款中的主管部长是指主管节能环保产品开发制造的部长。

二、本法第三条第一款和第三款至第五款中的主管部长以及关于制定基本方针的第三条第二款第一项、第三款及第四款规定内容的主管部长,是指主管节能环保产品开发制造的部长;关于制定基本方针的第三条第二款第二项规定内容的主管部长,是指经济产业部部长和财务部部长。

三、本法第四条第一款、第四款(包括第五条第四款中的适用情形),第五条第一款至第三款,第三十四条第一款中的主管部长,是指主管特殊行业相关事项的部长。

四、本法第七条第二款,第三款,第八条第一款,第二款,第九条,第十条,第十一条第二款,第十三条,第十四条第一款,第二款,第十五条及第三十四条第二款中的主管部长,是指经济产业部部长及财务部部长。

五、本法第四条第一款、第五条第一款中的主管部门规定,是指本条第三款中规定的主管部长共同发出的命令。

六、本法第七条第一款、第八条第一款至第三款、第十一条第一款第三项、第十二条及第十四条第一款中的主管部门规定,是指本条第四款中规定的主管部长共同发出的命令。

第三十六条 过渡性措施

基于本法制定命令或修改、废除命令的情况下,在制定、修改以及废除的同时,认为确有必要的,可制定过渡性措施。

第五章 罚 则

第三十七条

依据本法第三十条第二款的规定,违反停止扶持拓展需求业务命令时,对于做出违反行为的扶持拓展需求法人的董事会高层人员或职员,可处以一年以下有期徒刑或五十万日元以下罚金。

第三十八条

有下列情形之一的,依法处三十万日元以下罚金:

(一)违反本法第十二条的规定未准备账簿、未写在账簿上、虚假记载的或未保存账簿的;

(二)未依照本法第十四条第一款规定报告的或者虚假报告的;

(三)未依照本法第三十四条第二款规定报告的或虚假报告的;

(四)依据第三十四条第二款的规定抗拒、妨碍、躲避检查的。

第三十九条

扶持拓展需求法人的负责人或职员有下列情形之一的,处三十万日元以下的罚金:

(一)违反本法第二十六条的规定未准备账簿、未写在账簿上、虚假记载的或未保存账簿的;

(二)未取得本法第二十九条第一款规定的许可而取消全部扶持拓展需求业务的;

(三)未依照本法第三十四条第三款规定报告的或虚假报告的;

(四)依据第三十四条第三款的规定抗拒、妨碍、躲避检查的。

第四十条

未依照本法第三十四条第一款规定报告的或虚假报告的,处三十万日元以下罚金。

第四十一条

法人代表、法人或自然人的代理人、执行人以及其他从业者在执行该法人或自然人的业务中,违反本法第三十六条至第四十条规定的,除处罚行为人外,还应对该法人或自然人处以各条规定的刑罚。

第四十二条

依据本法第七条第二款和第十一条第二款的规定,在必须取得主管部长认可的情况下未取得认可,做出此行为的公库董事、执行董事及类似职务的工作人员,应处以一百万日元以下的违章罚款。①

附　　则②

第一条　施行日期

本法自公布之日起算,不超过六个月政令规定之日起施行。

第二条　重新修改

在本法实施五年以后,政府应综合参考国内外经济形势的变化和本法施行的情况,在确有必要的限度内可依据讨论结果对本法进行包括废止在内的修改。

（许顺福 译　洪紫荆 校）

---

① 译者注:原文为"過料",是指除罚金和低额罚款之类作为刑罚而实施的金钱惩罚以外的其他一切金钱惩罚的总称。

② 这里只翻译了制定时的附则,至于附则摘录由于主要是关于历次修改后新的实施日期规定,故未译,特此说明。

韩国

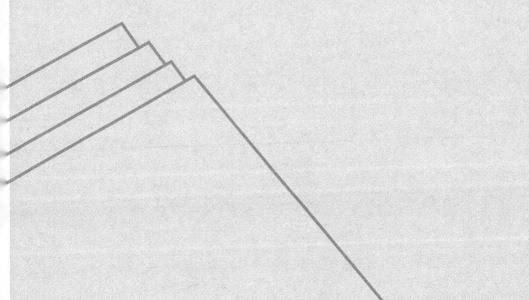

可持续发展法

(2007年8月3日颁布)

第一章 总 则

第一条 目的

本法的目的在于实现可持续发展,并参与国际社会的可持续发展,使当代人和下一代人享受优质的生活。

第二条 定义

本法所用术语的定义如下:

(一)所谓持续可能性,是指不能为了满足当代人的需求而浪费下一代人将要使用的经济、社会、环境等资源和条件,应使之相互协调,相互均衡。

(二)所谓可持续发展,是指以持续可能性为基础,使经济增长、社会稳定以及环境保护三者保持均衡的发展。

第三条 删除(2010.1.13)[①]

第二章 可持续发展的基本战略

第四条 删除(2010.1.13)

第五条 删除(2010.1.13)

第六条 删除(2010.1.13)

第七条 国家和地方履行计划的协议与调整

中央行政机关的首长或特别市市长、广域市市长、特别自治市市长、都知事、

[①] 该条在2010年1月13日的法律修改中被删除,以下被删除的若干条相同,特此说明。

特别自治都知事(以下称市都知事)认为其中央行政机关或特别市、广域市、特别自治市、都、特别自治都(以下称为市都)依《低碳绿色发展基本法》第五十条第四款规定制定的中央可持续发展基本计划(以下称国家履行计划)或第五十条第五款规定的地方可持续发展基本计划(以下称地方履行计划)会给其中央行政机关或市、都的履行计划的施行带来障碍可能性时,依照总统令规定,可以进行相互协商、相互调整。中央行政机关的首长或市、都知事对于其协商和调整的事项可听取本法第十五条规定的可持续发展委员会(以下称委员会)或《低碳绿色发展基本法》第二十条规定的地方绿色发展委员会的意见。

(全文修正 2010.1.13)(修正 2015.3.27)[①]

第八条 删除(2010.1.13)

第九条 推进情况的检验

一、委员会依照总统令的规定,每两年检验国家履行计划的推进情况,其结果报送给有关中央行政机关的首长。

二、有关中央行政机关的首长根据本条第一款的规定,在必要时可对委员会报送的检验结果进行修正和补充。(修正 2010.1.13)

三、删除(2010.1.13)

四、删除(2010.1.13)

第十条 根据其他法律制定的计划的联系

国家和地方公共团体根据其他法律制定的行政计划和政策,应与《低碳绿色发展基本法》第四十九条的基本原则和第五十条规定的可持续发展基本计划相协调。

(全文修正 2010.1.13)

第十一条 关于法令的制定和修正的汇报

一、中央行政机关的首长制定或修正可持续发展带来影响的内容的法令时,应当向委员会汇报其内容。(修正 2010.1.13)

二、中央行政机关的首长制定或变更与可持续发展基本计划相关的中长期行政计划时,应当向委员会汇报其内容。(修正 2010.1.13)

三、地方自治团体的首长制定或变更与地方履行计划相关的行政计划时,应当向该地方绿色发展委员会汇报其内容。(修正 2010.1.13)

---

① 本条在 2010 年 1 月 13 日的法律修改中被修正,于 2015 年 3 月 27 日的法律修改中再次修正。

四、关于第一款和第二款的汇报时间及汇报程序等必要事项,由总统令规定。

五、委员会或地方绿色发展委员会认为依照本条第一款到第三款规定的接受汇报的法令或行政计划的内容有检讨必要时,可以要求相关中央行政机关的首长或有关地方自治团体的首长(以下称有关机关的首长)提供相关资料。相关机关的首长若无特别理由应当履行要求。(修正 2010.1.13)

六、委员会或地方绿色发展委员会在完成本条第一款至第三款的规定接受汇报的法令或行政计划内容的检讨之后,应当向相关机关的首长汇报其检讨结果。(修正 2010.1.13)

七、相关机关的首长接受本条第六款规定的委员会或者地方绿色发展委员会的检讨结果时,认为可持续发展妥当,应将其检讨内容正确反映在该法令的制定、修正或行政计划的制定和变更之中。(修正 2010.1.13)

八、本条第六款涉及的委员会的检讨及汇报程序等必要事项,由总统令规定;地方绿色发展委员会的检讨汇报程序等必要事项,由条例规定。(修正 2010.1.13)

第十二条　删除(2010.1.13)

第三章　持续可能性评价

第十三条　可持续发展指标及持续可能性评价

一、国家应当制定并普及可持续发展指标。

二、本法第十五条规定的可持续发展委员会应当根据前款的可持续发展指标每两年对国家的持续发展可能性进行评价。

三、对于本条第一款及第二款的可持续发展指标的制定和普及以及持续可能性的必要事项,由总统令规定。

(全文修正 2010.1.13)

第十四条　持续可能性报告书

一、本法第十五条规定的可持续发展委员会应当每两年制定汇总本法第十三条第二款规定的关于持续可能性评价结果的报告书,向总统报告之后进行公布。

二、依据本条第一款制作的持续可能性报告书应当向国会报告。

三、本条第一款涉及的持续可能性报告书的制作等必要事项,由总统令规定。

（全文修正 2010.1.13）

第四章　可持续发展委员会

第十五条　可持续发展委员会的设立

为了有效促进国家的可持续发展，在环境部长官厅下设立可持续发展委员会。

（全文修正 2010.1.13）

第十六条　委员会的职能

委员会负责审查以下事项：

一、关于制定和变更《低碳绿色发展基本法》第五十条第二款的基本计划的事前审查。

二、关于协商和调整本法第七条规定的履行计划。

三、关于检验本法第九条第一款规定的国家履行计划的促进情况。

四、检讨或汇报本法第十一条规定的法令及行政计划。

五、关于本法第十三条规定的可持续发展指标的制定及持续可能性评价。

六、关于制作或公布本法第十四条第三款规定的持续可能性报告书。

七、关于普及本法第二十条的可持续发展知识、信息等。

八、关于本法第二十一条规定的教育宣传等事项。

九、关于本法第二十二条规定的国内外合作等事项。

十、为制定可持续发展的重要政策和解决与此相关的社会矛盾而需要向环境部长官进行咨询的其他事项。

（全文修正 2010.1.13）

第十七条　委员会的组成

一、委员会由一名委员长及五十名以内的委员组成；委员为当然职委员和委任委员；不属于公务员的委员应当占全体委员的一半以上。（修正 2010.1.13）

二、当然职委员是由总统令规定的属于中央行政机关高层公务员阶层的高级公务员；委任委员是由总统委任的在市民、社会团体、学界、业界等中有丰富的可持续发展知识和经验的人。（修正 2010.1.13）

三、委员长在委任委员中的环境部长官中产生。（修正 2010.1.13）

四、委任委员的任期为两年。

五、为了在不同领域中进行专业性研究和检讨,委员会应设立专门委员会审议事项。(修正 2010.1.13)

六、有关委员会及专门委员会的组成及运营等必要事项,由总统令规定。(修正 2010.1.13)

第十八条 对于政策的意见的提出

一、委员会认为可持续发展有必要,可以对相关中央行政机关或地方自治团体的政策提出意见。

二、根据本条第一款规定的接到意见的有关中央行政机关或有关地方公共团体的长官,应尊重意见,努力将其反映在相关法令的制定、修正或行政计划的制定、变更之中。(全文修正 2010.1.13)

第十九条 负责人的派遣要求

一、为完成工作,委员会在必要时可以向有关行政机关或法人团体等的首长要求派遣或兼任其所属公务员或负责人。(修正 2010.1.13)

二、为完成工作,委员会在必要时可以任用相关专家为《国家公务员法》第二十六条之五规定的任期制公务员。(修正 2010.1.13)

第五章 补 则

第二十条 可持续发展知识及信息的普及

一、政府努力向国民普及可持续发展的知识及信息,使国民容易接近关于可持续发展的知识及信息。

二、委员会为普及本条第一款规定的关于可持续发展的知识及信息,可以构筑和运营可持续发展信息网。(修正 2010.1.13)

三、委员会可以向有关行政机关的首长提出本条第二款规定的关于可持续发展信息网的构筑和运营的必要资料。相关行政机关的首长若无正当理由应当服从。(修正 2010.1.13)

四、委员会为了第二款的可持续发展信息网的有效构筑和运营,必要时可以向有关专门机关的首长进行可持续发展现况调查或委托其从事可持续发展信息网的构筑和运营。(修正 2010.1.13)

五、第二款至第四款规定的资料信息获取范围,向有关专门机关首长发起的可持续发展现况调查、可持续发展信息网的构筑及运营或其委托等必要事项，由总统令规定。

第二十一条　教育宣传

国家和地方自治团体为实现可持续发展，可以进行必要的调查、研究及教育项目，实施可持续发展相关宣传等工作，可以向可持续发展协会等民间合作团体进行委任或委托。（修正 2010.1.13）

第二十二条　国内外合作

一、为了可持续发展，国家和地方自治团体应紧密合作。（修正 2010.1.13）

二、国家和地方自治团体应当诚实履行和协助执行《21世纪议程》和《约翰内斯堡执行计划》等可持续发展的国际公约和规范。

三、国家和地方自治团体对于本法第二十一条规定的委任或委托的可持续发展协会等民间合作团体所进行的关于国家和地方可持续发展的国内外活动，在预算范围（包括运营费）应给予财政支持。（修正 2010.1.13）

附则（法律第 8612 号，2007.8.3）

本法自公布后六个月期满之后施行。

（许顺福　译　　曾亦诚　校）

低碳绿色发展基本法

(2010 年 1 月 13 日颁布)

第一章 总 则

第一条 目的

本法的目的在于,实现经济和环境的协调发展,打好低碳绿色发展的基础,灵活运用绿色技术、绿色产业为新的发展动力,谋求国民经济的发展,实现低碳社会并提高国民生活质量,从而致力于我国成为国际社会上有责任的成熟先进一流国家。

第二条 定义

本法所用概念的定义如下:(2013.7.30 修正)

(一)所谓低碳,是指通过降低对化石燃料的依赖性,扩大清洁能源的使用和普及,通过研究开发绿色技术、扩大碳吸收源等方式,将温室气体排放减少到适度标准以下。

(二)所谓绿色发展,是指通过节约并有效利用能源与资源,以此减少气候变化和环境损坏,通过研究开发清洁能源和绿色技术,确保新的发展动力并创建新的职业等,以此实现经济和环境的协调发展。

(三)所谓绿色技术,是指将温室气体减排技术、有效利用能源技术、清洁生产技术、清洁能源技术、循环资源及环境友好技术(包括相关融合技术)等贯穿于社会经济活动的全过程,节约并有效地利用能源和资源,使温室气体及污染物的排放达到最低限度的技术。

(四)所谓绿色产业,是指经济、金融、建设、交通物流、农林水产、观光等整个经济活动通过提高能源和资源的效率,以及改善环境的产品的生产及提供服务来实现低碳绿色发展的所有产业。

(五)所谓绿色产品,是指将能源、资源的投放和温室气体及污染物的排放降低到最低限度的产品。

（六）所谓绿色生活，是指认识到气候变化的严重性，在日常生活中节约能源，使温室气体和污染物的排放降低到最低限度的生活。

（七）所谓绿色经营，是指企业在经营活动中节约并有效利用能源和资源，将温室气体的排放及环境污染的发生降低到最低限度，从而承担社会、伦理上的责任的经营。

（八）所谓可持续发展，是指《可持续发展法》第二条第（二）项规定的可持续发展①。

（九）所谓温室气体，是指二氧化碳（CO_2）、甲烷（CH_4）、氧化亚氮（N_2O）、氢氟碳化合物（HFCs）、全氟碳化合物（PFCs）、六氟化硫（SF_6）及由总统令规定的吸收或再释放红外线辐射能量，诱发温室效应的大气中气体状态的物质。

（十）所谓排放温室气体，是指把随着人类活动所产生的温室气体排放、释放或泄漏在大气中的直接排放；因使用他人供应的电力或热能（只包括燃料或电力为热能的）而排放温室气体的间接排放。

（十一）所谓全球变暖，是指随着人类活动所产生的温室气体积累在大气中，增加温室气体的浓度，使得整个地球的地表及大气温度逐渐上升的现象。

（十二）所谓气候变化，是指因人类活动使温室气体的浓度发生变化，在一定期间内所观测的自然气候变化中追加出现的气候体系变化。

（十三）所谓资源循环，是指《关于节约资源和促进再利用的法律》第二条第（一）项规定的资源循环②。

（十四）所谓新再生能源，是指《新能源及可再生能源的开发、利用、普及之促进法》第二条第（一）项及第（二）项规定③的新能源及可再生能源。

---

① 《可持续发展法》第二条第（二）项规定：所谓可持续发展，是指以持续可能性为基础，使经济增长、社会的稳定以及环境保全保持平衡的发展。

② 《关于节约资源和促进再利用的法律》第二条第（一）项规定：所谓资源循环，是指为达到环境政策目的，以环境友好的方式利用并管理资源，把废弃物的产生抑制在必要的范围内，对于产生的废弃物进行适当的再利用或处理[是指《废弃物管理法》第二条第（六）项的最终处理。下同]等资源循环过程。《废弃物管理法》第二条第（六）项规定：所谓处理，是指废弃物的焚烧、消化分解、粉碎、固体化等中间处理和排放在海域等的最终处理。

③ 《新能源及可再生能源的开发、利用、普及之促进法》第二条第（一）项规定：所谓新能源，是指转换利用已有的化石燃料、通过化学反应利用电力或热力的下列能源：1. 氢能；2. 燃料电池；3. 以煤炭为液化、煤气化的能源以及重质残渣油为煤气化的能源，属于总统令所规定的标准和范围的能源；4. 其他不属于石油、煤炭、核能以及天然气的能源，由总统令规定的能源。第（二）项规定：所谓可再生能源，是指转变利用包括阳光、水、地热、降水、生物质等可再生的下列能源：1. 太阳能；2. 风能；3. 水力；4. 海洋能；5. 地热能；6. 转换利用生物资源的生物质能，属于总统令所决定的标准和范围的能源；7. 废弃物能源，属于总统令所决定的标准和范围的能源；8. 其他不属于石油、煤炭、核能或天然气的能源，属于总统令所决定的标准和范围的能源。

（十五）所谓能源自给度，是指在国内总能源消费量中，新能源与再生能源等国内生产的能源量及我国在国外开发（包括股份取得）的能源量合计所占的比率。

第三条 促进低碳绿色发展的基本原则

促进低碳绿色发展必须依照下列基本原则：

（一）政府促进解决气候变化、能源和资源问题、扩大发展动力、增强企业竞争力、有效利用国土及形成舒适环境等综合性国家发展战略；

（二）政府最大限度地灵活运用市场功能，推进以民间为主的低碳绿色发展；

（三）政府应把绿色技术与绿色产业作为经济增长的核心动力，构筑可以创设并扩充新职业的新经济体制；

（四）政府为了提高国家资源的有效利用，应加大对具有高度发展潜力和竞争力的绿色技术及绿色产业领域的重点投资及辅助；

（五）政府在社会、经济活动中提高利用能源与资源的效率，促进资源循环；

（六）政府在传承自然资源和环境价值的同时，适应低碳绿色发展，要合理地改进国土与城市、建筑与交通、公路、港口与上下水道等基础设施；

（七）政府改进征税体系与金融体系，使因环境污染或温室气体排放而引起的经济费用合理地反映在产品及服务的市场价格上，以此有效地分配资源，积极带领国民的消费及生活方式适应低碳绿色发展的要求。在这种情况下，应当考量不能减弱国内产业的国际竞争力；

（八）政府致力于全体国民参加，并且国家机关、地方自治团体、企业、经济团体及市民团体协力，共同实现低碳绿色发展；

（九）政府预先掌握并分析关于低碳绿色发展的最新国际动向，使其合理反映在国家政策上，诚实履行作为国际社会一员的责任和作用，提高国家的威信和品格。

第四条 国家职责

一、国家应当努力在政治、经济、社会、教育、文化等国事所有部门中反映低碳绿色发展的基本原则。

二、国家在制定各种政策时，要综合考虑经济与环境的协调发展及带给气候变化的影响等。

三、国家奖励并辅助地方自治团体的低碳绿色发展政策，可以为落实并扩展绿色发展向经营者和国民、民间团体采取提供信息及财政辅助等必要措施。

四、国家应定期检验能源与资源的危机及气候变化问题的对策,对其成果进行评价,并分析国际会谈的动向及主要国家的政策,准备妥善的对策。

五、国家应当积极参与国际社会的应对气候变化及能源、资源的开发合作,可以对发展中国家提供技术上、财政上的援助。

第五条　地方自治团体的职责

一、地方自治团体应当积极协助实现低碳绿色发展的国家政策。

二、地方自治团体在制定并实施低碳绿色发展对策时,应当考虑有关地方自治团体的地区特性和条件。

三、地方自治团体在所管辖的区域内建立各种计划与执行工作时,应当综合考虑该计划和工作对低碳绿色发展带来的影响,对当地住民加强低碳绿色发展的教育和宣传。

四、地方自治团体为奖励所管辖区域内的经营者、住民及民间团体的低碳绿色发展活动,应当采取提供信息、财政支持等必要措施。

第六条　经营者的职责

一、经营者应当逐步引导实施绿色经营,在企业活动的全过程中减少温室气体和污染物的排放,扩大对绿色技术的研究开发和对绿色产业的投资及雇佣等,对环境尽到社会、伦理上的责任。

二、经营者应当积极参与并协助政府和地方自治团体实施低碳绿色发展政策。

第七条　国民的职责

一、国民应当在家庭、学校、单位生活中积极实行绿色生活。

二、国民应当关注企业的绿色经营,更多地加大绿色产品的消费及服务的利用,以此促进企业的绿色经营。

三、国民应自觉认识到人类面临深刻的气候变化、能源、资源危机的最终解决的责任,为了将舒适的环境留给子孙,应当积极参与绿色生活运动。

第八条　与其他法律的关系

一、关于低碳绿色发展,优先适用本法。

二、制定或修订与绿色发展有关的其他法律时,应当符合本法的目的和基本原则。

三、国家和地方自治团体依照其他法规制定行政计划与政策时,应当与本法第三条规定的促进低碳绿色发展的基本原则及第九条规定的低碳绿色发展国家战略相协调。

第二章　低碳绿色发展国家战略

第九条　低碳绿色发展国家战略

一、政府应当确立并实施国家为低碳绿色发展设置的政策目标、促进战略、重点促进课题等低碳绿色发展国家战略(以下简称绿色发展国家战略)。

二、绿色发展国家战略应当包括下列事项：

(一) 本法第二十二条规定的体现绿色经济体制的事项；

(二) 关于绿色技术、绿色产业的事项；

(三) 关于气候变化应对政策、能源政策及可持续发展政策的事项；

(四) 关于绿色生活、本法第五十一条规定的绿色国土、本法第五十三条规定的低碳交通体系等事项；

(五) 关于气候变化等与低碳绿色发展有关联的国际协商及国际合作的事项；

(六) 其他财政筹措、租税与金融、人才培养、教育与宣传等对低碳绿色发展所必需的事项。

三、政府建立或改变绿色发展国家战略时,应当经过本法第十四条规定的绿色发展委员会和国务会议的审议。但是由总统令所规定的轻微变更事项除外。

第十条　中央行政机关促进计划的制定与实施

一、中央行政机关首长为有效、系统地实施绿色发展国家战略,应当依据总统令的决定来制定与实施相关领域的促进计划(以下称为中央促进计划)。

二、中央行政机关首长在制定或变更中央促进计划时,应当根据总统令的决定向本法第十四条规定的绿色发展委员会报告。但是由总统令所决定的轻微变更事项除外。

第十一条　地方自治团体促进计划的制定与实施

一、特别市市长、广域市市长、道知事以及特别自治团体知事(以下称为市道知事)为了促进该地方自治体的低碳绿色发展,应当依照总统令的规定制定和实施与绿色发展国家战略相协调的地方绿色发展促进计划(以下称为地方促进计划）。

二、市道知事在制定或变更地方促进计划时，应当经过本法第二十条规定的地方绿色发展委员会审议后，向地方议会报告，毫无迟延地向本法第十四条规定的绿色发展委员会提出本计划。由总统令所规定的轻微变更事项除外。

第十二条 促进情况的检查及评价

一、国务总理应当依据总统令的决定检查及评价绿色发展国家战略和中央促进计划的履行事项。此时，国务总理应当与本法第十四条规定的绿色发展委员会协商评价的程序、基准、结果等。

二、市道知事应当根据总统令的规定检查及评价地方促进计划的履行情况，应向地方议会报告其结果，毫无迟延地向本法第十四条规定的绿色发展委员会提出其结果。

第十三条 对政策提出意见

一、本法第十四条规定的绿色发展委员会对于本法第十二条规定的促进情况、检查及评价、结果等，认为有必要时，可以向有关中央行政机关首长或者市道知事提出意见。

二、收到本条第一款规定的意见的中央行政机关首长或者市道知事，应当努力把此意见体现在相关机关的政策中。

第三章　绿色发展委员会

第十四条 绿色发展委员会的组成及运营

一、为审议与国家低碳绿色发展相关的主要政策、计划及其履行等事项，设立隶属于国务总理的绿色发展委员会（以下简称委员会）。（修正 2013.3.23）

二、委员会的委员不能超过五十人，其中包括两名委员长。

三、委员会的委员长由国务总理和第四款第（二）项规定的委员中由总统指定者担任。

四、能成为委员会委员的人如下：（修正 2013.3.23）

（一）规划财政部部长、未来创造科学部部长、产业通商资源部部长、环境部部长、国土交通部部长等总统令所规定的公务员；

（二）气候变化、能源与资源、绿色技术与绿色产业、可持续发展等领域中低碳绿色发展方面具有丰富的知识和经验的人，由总统选任。

五、为处理委员会事务,委员会设置干事委员一名,干事委员的指名事项由总统令规定。

六、委员长代表各个委员会总结委员会的工作。

七、委员长因不得已的原因不能履行职务时,由作为国务总理的委员长事先指定的委员代理委员长职务。

八、本条第四款第(二)项中的委员任期一年,可以连任。

第十五条 委员会的职能

委员会审议下列事项:

(一)关于低碳绿色发展政策基本方向的事项;

(二)关于绿色发展国家战略的设立、变更、施行的事项;

(三)关于应对气候变化的基本计划、能源基本计划及可持续发展的基本计划的事项;

(四)关于促进低碳绿色发展的管理目标、检查、实况调查及评价的事项;

(五)相关中央行政机关及地方自治团体的低碳绿色发展政策调整及支持的事项;

(六)关于与低碳绿色发展有关的法律制度的事项;

(七)关于低碳绿色发展财源的分配方向及有效利用的事项;

(八)与低碳绿色发展有关的国际会谈和国际合作、教育和宣传、人才培养及基础建构等事项;

(九)与低碳绿色发展有关的企业等的困难调查、处理、更正劝告及表明意见;

(十)其他法律规定应由委员会审议的事项;

(十一)与低碳绿色发展相关且委员长认为有必要的其他事项。

第十六条 会议

一、委员长召集委员会会议,担任议长。

二、委员会会议分为定期会议和临时会议。委员长认为有必要时,并且召集五名以上委员时,由委员长召集临时会议。

三、委员会的会议由过半数委员出席方可召开,由半数以上的出席委员赞成方可议决。但是有总统令所规定的情形,可以用书面进行审议、议决。

四、除上述第一款至第三款规定的事项以外,定期会议的会期等对委员会运营有必要的事项由总统令决定。

第十七条 分科委员会

一、为保证有效履行、支持委员会的工作,检讨、调整或处理委员会所委任的工作,依据总统令决定,在委员会中可以设立分科委员会。

二、分科委员会由选任委员组成,分科委员会的委员长由分科委员会委员互选产生。

三、隶属于中央行政机关的高级公务员层次的公务员对相关领域的案件进行处理时,可以参加该分科委员会并提出意见。

四、除上述第一款至第三款规定的事项外,对分科委员会的运营必要的事项通过委员会的议决,由委员会的委员长决定。

第十八条 绿色发展规划团

一、为了提高委员会与分科委员会的运作效率,特设立绿色发展规划团(以下简称规划团)。

二、规划团相关的构成与运作事项由总统令规定。

(本条删除 2013.3.23)

第十九条 公务员等的派遣请求

为了自身的运营,必要时委员会可以要求派遣或兼任中央行政机关、地方自治团体隶属的公务员以及相关民间机关、团体、研究所、企业的职员等。(修正 2013.3.23)

第二十条 地方绿色发展委员会的组成及运营

一、为了审议地方自治团体与低碳绿色发展相关的主要政策、计划及其执行,可以设立隶属于市道知事的地方绿色发展委员会(以下简称地方绿色发展委员会)。

二、对地方绿色发展委员会的组成、运营及职能等必要事项由总统令规定。

第二十一条 绿色发展责任官的指定

为顺利促进低碳绿色发展,中央行政机关首长及市道知事可以在所属公务员中指定绿色发展责任官。

第四章 低碳绿色发展之促进

第二十二条 为体现绿色经济与绿色产业的基本原则

一、政府阶段性减少使用化石燃料,培育绿色技术和绿色产业,以此增强国家竞争力、追求可持续发展的经济(以下简称绿色经济)。

二、政府在制定、实施绿色经济政策时,用统筹观点平衡考虑金融、产业、科学技术、环境、国土、文化等多个领域。

三、政府通过创办新的绿色产业、现有产业转变为绿色产业及与相关产业的联系,努力使能源、资源高消耗性产业结构阶段性地转换为低碳绿色产业结构。

四、政府促进低碳绿色发展时,谋求地区间的均衡发展,支持并照顾低收入阶层。

第二十三条 绿色经济与绿色产业的培育和支持

一、政府为了实现绿色经济,应筹备措施,以增强国家经济的健全性和竞争力,并发掘、培育发展潜力较大的新的绿色产业。

二、本法第一款规定的培育支持绿色经济与绿色产业的措施中应该包括下列事项:

(一)关于国内外经济条件及展望的事项;

(二)关于现有产业结构阶段性地转变为绿色产业结构的事项;

(三)关于促进绿色产业的中长期和分阶段目标、促进战略的事项;

(四)关于绿色产业新发展动力的培养和支持的事项;

(五)关于电气、信息通讯、交通设施等现有国家基础设施转变为环境友好型的事项;

(六)关于培育绿色经营咨询服务产业的事项;

(七)关于绿色产业人才培养及创办职业的事项;

(八)促进绿色经济、绿色产业的其他事项。

第二十四条 促进资源循环利用

一、为了节约并有效利用资源,减少废弃物的产生,促进资源循环利用和提高资源生产性等,政府应当为培育和支持资源循环产业准备多种措施。

二、上述第一款的培育和支持资源循环产业的措施中应该包括下列事项:

(一)设定促进资源循环及提高资源生产性的目标;

(二)资源的供需及管理;

(三)抑制有害或难以再制造、再利用物质的使用;

(四)抑制废弃物的产生、再制造、再利用等再生资源化;

(五)收集、利用作为能源的木材、食物、农产品等生物资源;

（六）资源循环有关的技术开发及产业培育；

（七）为提高资源生产性的教育培训、人才培养等事项。

第二十五条　促进企业绿色经营

一、政府应当支持、促进企业的绿色经营。

二、政府为支持、促进企业的绿色经营,应当制定、实行包括下列事项的措施：

（一）转换为环境友好型生产体制的技术支持；

（二）公开企业的能源、资源利用效率、减少温室气体排放量、造林及保全自然环境、可持续发展信息等绿色经营成果；

（三）对中小企业绿色经营的支持；

（四）其他为低碳绿色发展而支持企业活动的事项。

第二十六条　绿色技术的研究开发及事业化等的促进

一、政府为促进绿色技术的研究开发及事业化等,可以制定、实施包括下列事项的措施：

（一）与绿色技术有关的信息的收集、分析及公开；

（二）绿色技术评价方法的开发及普及；

（三）为促进绿色技术研究开发及事业化等的金融支持；

（四）绿色技术专门人才的培养及国际合作等。

二、政府促进信息通讯、电子、生命科学技术等的融合,通过绿色技术的知识产权化,迅速推动向低碳知识经济转变。

三、依照《科学技术基本法》制定的科学技术基本计划中,如包含第一款规定的措施时,应当事先听取委员会的意见。

第二十七条　信息通信技术的普及和利用

一、政府为节约能源、有效利用能源及减少温室气体,制定、积极实行利用信息通信技术及服务业的下列措施：

（一）扩大广播通信网络等信息通讯的基础；

（二）开发、普及新的信息通信服务；

（三）促进信息通讯产业及机器等的绿色技术开发。

二、政府为了尽快宣传低碳绿色发展的生活文化,制定、实施有助于居家办公、视频会议、远程教育、远程诊疗等的广播通讯措施。

三、政府利用信息通信手段,全力促进网络智能化、高度化,以此提供高品质的服务,促进能源利用效率,可以划时代地减少温室气体。

第二十八条 金融支持及灵活运用

政府为推进低碳绿色发展,制定、实施包括下列事项的金融措施:

(一)支持绿色经济及绿色产业等的财源的形成及资金支持;

(二)开发支持低碳绿色发展的新金融产品;

(三)灵活运用低碳绿色发展的基础设施建构工作的民间投资;

(四)强化对企业绿色经营信息的公示制度等,加大对绿色经营企业的金融支持;

(五)开设碳排放交易市场(指交易可以排放温室气体的权利及温室气体的减少、吸收实绩等市场,下同)及推动交易等。

第二十九条 绿色产业投资公司的设立与支持

一、可以设立向绿色技术及绿色产业投资资产、向投资者分配其收益的绿色产业投资公司(指《关于资本市场与金融投资业的法律》第九条第八款中的集合投资机构,下同)。

二、绿色产业投资公司所投资的绿色技术及绿色产业为下列各项规定的事业或企业:

(一)本法第二条第(三)项规定的绿色技术研究、样品制造及常用技术开发或者技术支持行业;

(二)本法第二条第(四)项规定的绿色产业的行业;

(三)维持投资或经营绿色技术或者绿色产业的企业。

三、《关于运营公共机关的法律》第四条规定的公共机关对绿色产业投资公司出资时,政府可以在其预算范围内支持全部或部分的资金。

四、金融委员会可以要求上述第三款规定的公共机关投资的绿色产业投资公司(包括该公司的财产运营公司、财产保管公司及一般事务管理公司,下同)提交或报告该公司的业务及财产等资料,有关中央行政机关可以要求其向金融委员会提交该资料。

五、有关中央行政机关认为依照第四款提交的材料或报告内容需要检查时,可以向金融委员会要求检查该绿色产业投资公司的业务及财产,检查结果有重大问题时,金融委员会与有关中央行政机关协议后可以注销该绿色产业投资公司。

六、上述第一款至第五款的绿色产业投资公司的设立、经营及财政支持与其他必要的具体事项由总统令决定。

第三十条　租税制度的实施

为了有效应对能源、资源危机及气候变化问题，政府促进低碳绿色发展，应当减少导致温室气体和污染物产生及能源、资源利用率低的财源和服务，促进以环境友好型财源和服务为方向，实施国家租税制度。

第三十一条　对绿色技术、绿色产业的支持和特例

一、国家或地方自治团体可以对绿色技术与绿色产业给予发放补助金等必要的支持。

二、依照《信用保证基金法》设立的信用保证基金及依照《技术信用保证基金法》设立的技术信用保证基金，可以给予绿色技术与绿色产业优先信用保证或优惠保证条件等。

三、国家和地方自治团体为支持绿色技术与绿色产业相关的企业，根据《租税特例限制法》和《地方税法》的规定，可以减免所得税、法人税、取得税、财产税、注册税等。

四、与绿色技术与绿色产业有关的企业依照《外国人投资促进法》第二条第一款第四项规定招揽外国人投资时，国家和地方自治团体应当努力给予最大的支持。

第三十二条　绿色技术与绿色产业的标准化及认证

一、为使国内已开发或正在开发的绿色技术与绿色产业符合《国家标准基本法》第三条第（二）项规定的国际标准，政府可以构筑标准化基础，为绿色技术与绿色产业的标准化活动等给予必要的支持。

二、政府为促进绿色技术与绿色产业的发展，可以对绿色技术、绿色产业、绿色产品等给予适合性认证，确认绿色专门企业，明确公共机关对绿色专门企业的购买义务或技术指导。

三、政府认为有下列情形之一的，应当取消对第二款的适合性认证及绿色专门企业的确认：

（一）伪造或以其他不正当方式获得认证或确认的；

（二）有重大问题，认为认证或确认不适当的。

四、依照第一款至第三款的标准化、认证及取消等其他必要事项由总统令决定。

第三十三条　中小企业的支持

政府为促进中小企业的绿色技术及绿色经营可以制定下列措施：

一、优先支持大企业与中小企业共同合作；

二、支持大企业对中小企业的技术指导和技术转让及技术人员派遣；

三、促进中小企业绿色技术事业化；

四、促进利用绿色技术开发的公共设施；

五、关于绿色技术与绿色产业的专业人员的培养和供应及输出国外；

六、促进中小企业绿色技术及绿色经营的其他事项。

第三十四条 绿色技术与绿色产业的聚集地及园区的建立

一、政府可以建立或支持绿色技术共同研发、设施设备共用及构筑产、学、研一体化的聚集地和园区。

二、推进第一款规定的事业时应当考虑下列事项：

（一）关于各个产业园区的产业聚集现状的事项；

（二）关于企业、大学、研究所等的研究开发力量的强化及相互联系的事项；

（三）关于扩大产业聚集基础设施及招揽优秀绿色技术与绿色产业人才的事项；

（四）绿色技术与绿色产业的事业促进体系和财源筹措方案。

三、政府可以要求总统令所指定的机关或团体建立绿色技术与绿色产业的聚集地及园区。

四、政府应全部或部分出资负担依照第三款规定的机关或团体建立绿色技术与绿色产业的聚集地及园区时所需的费用。

第三十五条 创造与绿色技术与绿色产业相关的职业

一、政府应当创造、扩大与绿色技术、绿色产业相关的职业，使全体国民享受绿色产业的实惠。

二、政府在创造绿色技术与绿色产业的过程中，促进各个产业的劳动力的顺利调动、转化，扩大国民学习新技术的机会，为创造绿色技术与绿色产业的职业进行财政上、技术上的支持。

第三十六条 规制的先进化

一、政府在引导有效利用资源、减少温室气体和规制污染物产生时，应引导产生者自觉减少温室气体的排放或污染物的产生，努力减少社会、经济上的费用。

二、政府在规制温室气体的排放和污染物的产生时，不妨害民间的自律和创议,对企业规制的国内外实况进行调查,由此提高产业竞争力、避免规制的重复,使规制体系先进化。

第三十七条 国际规范的应对

一、政府应当收集、调查、分析外国政府或国际机构制定、引入低碳绿色发展有关制度、政策的动向和信息,合理地整顿关联制度与政策,建构财源体制等适当的对策。

二、政府应当充分地向企业与公民提供第一款规定的动向与信息,提高国内企业和国民的应对能力。

第五章 低碳社会的实现

第三十八条 应对气候变化的基本原则

政府为实现低碳社会应当依照下列原则,制定和实施应对气候变化的政策及相关计划:

(一)认识伴随地球变暖的气候变化问题的严重性,聚集国家、国民的力量整体应对,积极参与全球性努力。

(二)经济性分析减少温室气体的费用与便利,斟酌国内条件,设定国家温室气体中长期减少目标,引入以价格功能及市场原理为基础的费用有效性方式的合理限制体制,以此有效、有计划地促进温室气体的减少。

(三)为了划时代地减少温室气体,积极开发和利用信息通讯、电子、生命科学等尖端技术及融合技术。

(四)明确排放温室气体的权利和义务,允许对此的市场交易,可以自律性地选择多样的减排手段,优化国内碳市场,积极应对国际碳市场。

(五)将大规模的自然灾害、环境生态和作物状况的变化等因气候变化引起的影响最小化,在危险及灾难中保护国民的安全和财产。

第三十九条 能源政策等的基本原则

政府为促进低碳绿色发展应当依照下列原则,制定和施行能源政策及与能源有关的计划:

(一)阶段性地减少使用石油、煤炭等化石燃料,划时代地提高能源独立性。

(二)加强能源价格的合理化、节约能源、提高能源的有效利用等能源需求管理,在预防地球变暖的同时保全环境,从而向能源低消耗、资源循环型经济和社会结构转化。

（三）扩大环境友好型能源（如太阳能、废弃物与生物能源、风力、地热、潮能、燃料电池、氢能源等新能源与可再生能源）的开发、生产、利用及普及，使能源供给源多样化。

（四）扩大引入能源价格及能源产业的市场竞争因素，确立公平交易秩序，考虑国际规范及外国法律制度等，合理地引入、改善对能源产业的规制，创造新的市场。

（五）为使国民平均享受低碳绿色发展的实惠，扩大对低收入阶层的能源利用实惠、提高平衡性等与能源相关的福利。

（六）通过确保国外能源资源、能源的多样化引入和储备等，稳定能源供给，强化对能源的国家安全保障。

第四十条 应对气候变化的基本计划

一、政府应当根据应对气候变化的基本原则，每隔五年制定与实施以二十年为计划期间的应对气候变化基本计划。

二、制定或变更应对气候变化基本计划时，应当经过委员会的审议及国务会议的审议。但是变更总统令所决定的轻微事项除外。

三、应对气候变化的基本计划应当包括下列事项：

（一）国内外气候变化倾向、未来前景和大气中的温室气体浓度变化；

（二）温室气体排放、吸收的现状及前景；

（三）设定排放温室气体的中长期减少目标及各个部门、各个阶段的对策；

（四）为应对气候变化的国际合作事项；

（五）与应对气候变化的国家和地方自治团体合作的事项；

（六）关于应对气候变化的事项；

（七）关于应对气候变化的人才培养事项；

（八）关于应对气候变化的监测、预测、影响、脆弱性评价及防灾等对策的事项；

（九）关于应对气候变化的教育与宣传事项；

（十）促进应对气候变化的其他必要事项。

第四十一条 制定能源基本计划

一、政府应当根据能源政策的基本原则，每隔五年制定与实施以二十年为计划期间的能源基本计划（以下称为能源基本计划）。

二、制定或变更能源基本计划时,应当经过《能源法》第九条规定的能源委员会审议之后,再经委员会和国务会议的审议。但是变更总统令所决定的轻微事项除外。

三、能源基本计划应当包括下列事项:

(一)关于国内外能源需求和供给的趋势及前景的事项;

(二)关于为能源的安定性确保、引入、供给及管理对策的事项;

(三)关于能源需求的目标、能源结构、节约能源及提高利用能源效率的事项;

(四)关于新能源与可再生能源等环境友好型能源的供给及使用对策的事项;

(五)关于能源安全管理的对策的事项;

(六)能源相关的技术开发及普及、专业人才培养、国际合作、储存能源资源的开发及利用、能源福利等事项。

第四十二条 应对气候变化及能源的目标管理

一、政府为积极应对全球性减排温室气体,有效、有计划地推动低碳绿色发展,应当制定关于下列事项的中长期及阶段性目标,为实现目标寻求必要措施:

(一)温室气体减排的目标;

(二)节约能源的目标及能源有效利用的目标;

(三)能源自立的目标;

(四)新能源与可再生能源普及的目标。

二、政府依照第一款设立目标时应当考虑国内条件及各国的动向等。

三、为实现第一款规定的目标,对相关中央行政机关、地方自治团体及总统令所确定的公共机关等,政府应按照总统令的要求明确设定符合各个机关特点的能源节约及温室气体减排目标,并对其履行状况进行指导和监督。

四、政府为实现第一款第(一)项及第(二)项规定的目标,设定产业、交通、运输、家政、商业等不同部门的目标,为实现目标积极准备必要措施。

五、政府为实现第一款第(一)项及第(二)项规定的目标,对总统令所决定的基准量以上的温室气体排放企业及能源消费企业(以下称为管理企业)用测定、报告、检验的方式设定管理目标。在此情况下,政府应当事先与管理企业协商,应当考虑温室气体排放及能源利用等的履历、技术水平、国际竞争力、国家目标等。

六、管理企业应遵守本条第五款规定的目标,其实绩应当依照总统令的规定向政府报告。

七、政府收到依照本条第六款规定的实绩报告后应当做成登记簿,并进行系统的管理。

八、管理企业的实绩未达到本条第五款规定的目标时,政府可以责令其进行必要的改善以达到目标。在此情况下,管理企业制定依照改善命令的履行计划,并诚实地履行。

九、管理企业应当用测定、报告、检验等可能的方式草拟本条第八款规定的履行结果,由总统令规定的有公信力的外部专业机关验证后,向政府报告并公开。

十、政府为了管理企业达成本条第五款规定的目标、正确无误地履行本条第八款规定的履行计划,必要时可以进行财政、税制、经营、技术、实况调查及判断、提供资料及信息等方面的支持。

十一、除本条第五款至第九款规定的事项以外,对于登记簿管理、管理企业的支持等必要的事项由总统令决定。

第四十三条　促进减少温室气体的早期行动

一、政府对于管理企业接受本法第四十二条第五款规定的目标之前的自发性实绩,应将其认定为目标管理实绩或允许可以交易其实绩等,促进自发性事先减少温室气体的行动。

二、交易本条第一款规定的实绩的方法及程序等必要事项由总统令决定。

第四十四条　温室气体排放量与能源使用量等的报告

一、管理企业应当对每个工厂每年的温室气体排放量及能源消费量,采用测定、报告、检验等可能的方式草拟明细单,向政府报告。

二、管理企业依照本条第一款的规定进行报告时,明细单的可信度应当经过总统令所指定的有公信力的外部专业机关验证。在此情况下,政府对明细单的瑕疵或遗漏之处可以进行更正或补充。

三、政府对明细单进行系统管理,可以公开各管理企业明细单里包含的主要信息。但是管理企业如果因为信息公开会明显侵害自己的权利或商业秘密时,则可以请求不公开。

四、政府收到管理企业依照本条第三款规定的信息不公开的请求时,应组成审查委员会进行审查,三十日内通知其结果。

五、明细单中的内容、报告、管理、公开方式及审查委员会的组成和运作等必要事项由总统令决定。

第四十五条 温室气体综合信息管理体系的建构

一、政府应当建构开发、验证、管理国家温室气体排放量、吸入量、排放和吸收系数、温室气体关联各款信息及统计的温室气体综合信息管理体系。

二、有关中央行政机关的首长为顺利推进第一款规定的综合信息管理体系,应当积极协助草拟并提供能源、产业工程、农业、排放物、山林等各个部门所管辖领域的信息及统计数据。

三、政府制定与管理本条第一款规定的各种信息及统计或建构综合信息管理体系时,应当尽量反映国际标准,由此提高专业性、透明性及可信度。

四、政府应当分析、验证本条第一款规定的各种信息及统计,每年必须公布其结果。

五、本条第一款至第四款规定事项之外的详细信息及统计管理方法、管理机关及方法等由总统令决定。

第四十六条 限制总量的排放权交易制度等的引入

一、为发挥市场功能,有效达到国家温室气体缩减目标,政府可以制定交易温室气体排放权的制度。

二、本条第一款规定的制度设定包括温室气体排放容许量、交易排放权的制度及其他国际上被承认的交易制度。

三、政府实施本条第二款规定的制度时,应当考虑有关气候变化的国际协商,存在国际竞争力可能显著削弱顾虑的本法第四十二条第五款规定中的管理企业,可以寻求必要的措施。

四、为实施本条第二款规定制度的排放容许量的分配方法、注册和管理方法及交易所设置和运营等问题,另由法律规定。

第四十七条 交通部门的温室气体管理

一、汽车等交通工具的制造商应准备减少温室气体排放的方案,并积极努力响应减少温室气体的国际竞争体制。

二、政府通过改善汽车的平均能源消耗比率以此谋求节约能源,减少汽车的温室气体排放并以此维持舒适而适当的大气环境,为此分别规定汽车平均能源消耗比率基准及汽车温室气体排放容许量,同时为了不使其成为双重限制,让汽车制造企业(包括进口企业)选择其中一种基准遵守,避免检测方法等的重复。

三、政府可以制定方案,对温室气体排放量少的汽车购买者加强财政支持,对温室气体排放量大的汽车购买者赋予负担金等。

四、政府为促进混合动力汽车、氢气燃料电池汽车等低碳、高效率交通工具的生产、普及,可以制定财政、税制的支持、研究开发及改善有关制度等方案。

第四十八条 气候变化影响评价及适应对策的促进

一、政府提高对气象的观测、预测、公布、提供、利用的能力,持续地分析、评价地区间、圈域间的太阳能、风能、潮能等可再生能源的潜力,建构和运营气象信息管理体系。

二、提高对气候变化的监测、预测的准确性,政府应当推进关于生物资源和水资源等的变化状况及给国民健康带来的影响的调查研究、技术开发、有关专门机关的支持及国内外协助体系的建构等措施。

三、政府应与相关中央行政机关首长协议,调查评价因气候变化所带来的生态系、生物多样性、大气、水资源与水质、保健、农水产食品、山林、海洋、产业、防灾等方面的影响以及脆弱性,公布其结果。

四、政府为减少来自气候变化的影响,应当倾注于事先预防管理,依照总统令决定制定、施行缓和气候变化的影响或应对健康、自然灾害等的适当措施。

五、国民、企业等依照气候变化对策进行活动时,政府可以对此给予必要的技术及财政上的支持。

第六章　绿色生活及可持续发展的实现

第四十九条 绿色生活及可持续发展的基本原则

实施促进绿色生活及可持续发展的国家措施,应当遵照下列基本原则:

(一)应当认识国土是绿色发展的基础,是其结果的展示场,应当为使当代及未来世代过上舒适的生活,协调国土的开发及安全管理。

(二)国土、城市空间结构和建筑、交通体制转型为低碳绿色发展结构,形成生产者和消费者自发地、积极地生产并购买的条件。

(三)国家、地方自治团体、企业及国民诚实履行与可持续发展有关的国际协定,应当使绿色生活存在于国民的日常生活中,绿色文化植根于全体社会。

(四)国家、地方自治团体及企业以保护作为经济发展之基础的生态来开发、整治土地利用和生产系统,以此促进环境保全。

第五十条 可持续发展基本计划的设立及实行

一、政府诚实履行 1992 年在巴西举行的联合国环境发展大会通过的《21 世纪议程》、2002 年南非共和国举行的世界可持续发展首脑会议中通过的履行计划等与可持续发展有关的国际协议，为促进可持续发展，每五年制定、实施以二十年为计划期间的可持续发展基本计划。

二、制定或变更可持续发展基本计划时，应当经过《可持续发展法》第十五条规定的可持续发展委员会审议后，再经过委员会和国务会议审议。但是变更总统令决定的轻微事项除外。

三、可持续发展基本计划应当包括下列内容：

（一）关于可持续发展的现状、条件变化和展望的事项；

（二）关于可持续发展的蓝图、目标、促进战略和原则、基本政策方向、主要指标的事项；

（三）与可持续发展有关的履行国际协议的状况；

（四）可持续发展的其他必要事项。

四、中央行政机关首长应当将本条第一款的可持续发展基本计划和与此相协调的所管领域的中央可持续发展基本计划包含在中央促进计划的制定、实施中。

五、市道知事在制定和实施地方可持续发展计划（包括地方促进计划）中，应当与本条第一款的可持续发展基本计划相协调，考虑该地方自治团体的地域特征和条件。

第五十一条 绿色国土的管理

一、政府为建设健康舒适的环境和美丽景观，以及与经济发展和社会开发相协调的国土（以下称绿色国土），应当根据本法第四十九条规定的绿色生活及可持续发展基本原则制定、实施国土综合计划，城市、郡基本计划等总统令决定的计划。（修正 2011.4.14）

二、政府为建设绿色国土应当准备包括下列事项的措施：

（一）建设能源、资源自立型低碳城市；

（二）扩大山林、绿地的面积及保全广域生态轴；

（三）海洋的亲环境开发、利用、保存；

（四）建设低碳港口及现存港口向低碳港口的转换；

（五）扩大环境友好型交通体系；

（六）缓解自然灾害带来的国土危害；

（七）关于建设绿色国土的其他事项。

三、政府在依据《国土基本法》制定国土综合计划、依据《国家均衡发展特别法》制定地域发展计划等总统令决定的计划时，应当事先听取委员会的意见。

第五十二条　为应对气候变化的水管理

政府为有效应对因气候变化带来的干旱等自然灾害缺水、水质恶化、水生态系统变化，使所有国民共享水的恩惠，应当制定和实施包括下列事项的措施：

（一）供给既干净又安全的饮用水及确保应对干旱等的安定水资源；

（二）保护、管理水生态系统及改善水质；

（三）节约用水等需求管理、利用雨水和再利用废水等循环体系的整治及预防水害；

（四）亲自然环境的河川的保全、复原；

（五）为预防、处理水质污染的技术开发及提供相关服务等。

第五十三条　建构低碳交通体系

一、政府为使交通部门减少温室气体的排放，有效管理温室气体排放及能源，应当依照总统令决定设定、管理温室气体减少目标等。

二、政府为建构能源消费量和温室气体排出量最小化的低碳交通体系，应当设定、管理关于大众交通分担率、铁路运输分担率等的中长期及分段性目标。

三、政府为使铁路成为国家基本交通网的根基，应当持续扩大对铁路的投资，扩大公交车、地铁、轻轨铁路等大众交通工具，优化自行车等的利用及沿岸海运。

四、政府为使温室气体和大气污染最小化，显著地减少因交通拥堵引起的社会费用，从根本上解决大都市、首都圈等的交通拥堵，应当准备包括下列事项的交通需求管理对策：

（一）改善拥挤通行费及交通诱发负担费制度；

（二）扩大公交车、低污染车辆专用车道和汽车驶入限制地区；

（三）扩大和构建有效分散通行量的智能交通信息体系。

第五十四条　扩张绿色建筑物

一、政府为扩张能源利用率及新能源与可再生能源的使用率高且使温室气体排放最小化的建筑物（以下称绿色建筑物），应当制定和实施绿色建筑物等级制等政策。

二、政府为降低建筑物使用的能源消费量和温室气体排放量,应当设定、管理总统令决定标准以上的建筑物的中长期及各期间的目标。

三、政府在建筑物的设计、建设、维持管理、拆毁等全过程中,使能源、资源消费最小化,减少温室气体的排放,应当准备并实施强化设计标准及许可、审议等的设计、建设、维持管理、拆毁等不同阶段的对策及基准。

四、政府为使现有建筑物转化为绿色建筑物,应当持续促进能源诊断及《能源利用合理化法》第二十五条规定的节约能源事业和以此减少温室气体的工作。

五、政府对新建或改建的建筑物应当安装、管理可以调节、节约电力消费量等能源消费量的智能型仪表。

六、政府为使中央行政机关、地方自治团体、总统令规定的公共机关及教育机关等的建筑物履行绿色建筑物的先导性作用,应当适用本条第一款至第五款规定的措施,并检查、管理其履行事项。

七、政府在进行依照总统令决定的一定规模以上的新城市开发或城市再开发时,应当努力扩张、普及绿色建筑物。

八、政府为扩张绿色建筑物,必要时可以依照总统令决定提供资金支持,减免租税等。

第五十五条　促进亲环境农林水产及扩大碳吸收源

一、政府应当开发节约能源及生产生物能源的农业技术、开发应对气候变化的亲环境农产物生产技术,最大限度地抑制化学肥料、资材和农药的使用,扩散环境友好型、有机农作物、水产物及木制品的生产、流通及消费。

二、政府应当通过保全、建造农地及建造海底丛林(指为吸收温室气体,在海底建造的安曼司石花菜等海藻类群),扩大碳吸收源。

三、政府应当保全及建造山林,大幅扩大碳吸收源,促进山林生物资源利用。

四、政府应当通过积极应对气候变化的改良新品种等,制定和实施可以提高粮食自给度的措施。

第五十六条　促进生态观光

政府应当协调保全、复原及利用动、植物栖息地、优秀生态的自然环境资产、有地域特色的文化资产等,推动资源观光化,优化地域经济,以此推进生态观光,保证它成为全体公民利用的生态体验和教育的场所。

第五十七条　扩大绿色发展的生产与消费文化

一、为在产品生产、消费、搬运及废弃（以下简称为生产等）的全过程中，节约并有效利用能源和资源，减少温室气体和污染物的产生，政府应当制定和实施相关措施。

二、在产品及服务价格中，政府应当合理地体现资源消费量及碳排出量等的相关性，并向消费者真实地公开和传达此信息。

三、在产品的生产等全过程中，政府应当分析、评价能源和资源的使用量、温室气体和污染物质的排放量等，在汇总此类信息后建构完整的信息管理体系。

四、为了促进、扩大绿色产品的使用、消费，政府应建立、实施产品生产者及销售者等的告示制度，公开其产品生产等过程中产生的温室气体和污染物数量的信息或者等级，以便消费者知晓和理解。

第五十八条　促进绿色生活运动

一、政府积极推行让国民及企业熟知绿色生活的措施，建构地方自治团体、企业、民间团体及机构等之间的合作体系，强化全民性绿色生活运动的教育、宣传等。

二、政府为使绿色生活运动发展成为民间主导的自发性实践运动，可以对相关民间团体及机构等进行必要的财政和行政上的支持。

第五十九条　绿色生活实践的教育与宣传

一、政府应当通过加强低碳绿色发展的教育、宣传，使各产业组织和国民等自发参与低碳绿色发展政策的活动，在日常生活中实践绿色生活文化。

二、为使国民从小自然地进行绿色生活实践，政府应当强化包括教科图书在内的教材开发及教员研修等低碳绿色发展的学校教育，加强与普通教养教育、职业教育、基础终生教育课程等融合的综合教育体系建设。

三、政府为促进绿色生活文化的植根与推广，应当加强新闻、广播、网络等大众媒体的宣传教育活动。

四、公营广播电台、电视台等应积极制作并放映地球变暖及能源相关的节目，包括公益广告。

第七章　补　　则

第六十条　提交资料等要求

一、委员会在执行公务上认为有必要时，可以向中央行政机关、地方自治团体、公共机关的首长要求提交关于低碳绿色发展的信息或资料。

二、接受本条第一款规定的要求的相关机关首长,若无涉及国防或国家安全保障机密事项等正当理由,应当提交。

第六十一条 增进国际合作

一、政府参与与外国及国际机构等交流低碳绿色发展的信息、技术合作及标准化、共同调查、研究等活动,准备寻求国际合作、增进国际化的各种措施。

二、国家应当积极诚实地履行帮助发展中国家有效应对气候变化、促进可持续发展的财政支持等符合国际社会期待的国家职责,提高国家的外交威信。

三、政府要积极促进气候变化应对机制的完善,强化国际合作并充分提供所需信息,在国家机构和相关机关发表的具有公信力的气候变化应对评价中积极提升自身的国际地位和威望。

第六十二条 国会报告

一、政府制定本法第九条第一款规定的绿色发展国家战略时,应当毫无迟延地向国会报告。

二、中央行政机关首长制定中央促进计划时,应当毫无迟延地向相关常任委员会(或者相关特别委员会)报告,其履行结果应在第二年二月末之前向相关常任委员会(或者相关特别委员会)报告。

第六十三条 国家报告书的拟定

一、政府依照《联合国气候变化框架公约》规定的内容,可以拟定国家报告书。

二、政府为拟定本条第一款规定的国家报告书时,在必要情况下可以向相关中央行政机关首长请求提供相关材料。在此情况下,相关中央行政机关首长若无特殊事由应当依照请求办理。

三、政府将本条第一款规定的国家报告书向《联合国气候变化框架公约》的缔约方大会提交时,应当经过委员会审议。

第六十四条 罚款

一、有下列行为之一的,处以一千万韩元以下罚款:

(一)没有依照本法第四十二条第六款、第九款或第四十四条第一款进行报告或进行虚假报告的;

(二)没有依照本法第四十二条第八款的规定履行改善命令的;

(三)没有依照本法第四十二条第九款的规定履行公开要求的;

（四）没有依照本法第四十四条第二款的规定履行更正或补充命令的。

二、本条第一款规定的罚款，依照总统令的规定，由相关行政机关的首长实施赋课和征收。

附则 （第11676号，2013.3.23）

第一条 执行日

本法自公布之日起实行。

第二条 绿色增长委员会的历史沿革措施

依据本法施行前的相关规定，总统直接对绿色增长委员会负责。现依据第十四条第一款的修订规则，由国务总理直接管理绿色增长委员会。

（许顺福 译　曾亦诚 校）

低碳绿色发展基本法施行令

(2010年4月13日颁布)

第一章 总 则

第一条 目的

本施行令规定的是《低碳绿色发展基本法》中委任的事项以及该法实施的必要事项。

第二条 温室气体

依照《低碳绿色发展基本法》(以下简称为《基本法》)第二条第九款的氢氟碳化物(HFCs)和全氟碳化物(PFCs)与"表1"相同。

第二章 低碳绿色发展国家战略

第三条 低碳绿色发展国家战略的变更

《基本法》第九条第三款但书中"总统令所规定的轻微变更事项",是指该条第一款规定的低碳绿色发展国家战略(以下简称为国家战略)中不影响实质性内容的事项,在政策方向的范围内变更实践课题和细节课题的构成及内容、年度促进计划、主管机关或有关机关等的局部事项的情况。

第四条 低碳绿色发展国家战略五年计划的制定

政府为有效地、系统地履行国家战略,每五年制定低碳绿色发展国家战略五年计划(以下称为五年计划)。该计划必须经过《基本法》第十四条规定的绿色发展委员会(以下称为绿委会)的审议及国务会议的审议。

第五条 中央促进计划的制定

一、中央行政机关首长应在《基本法》第十条第一款规定的国家战略或五年计划制定或变更之日起三个月以内履行国家战略及五年计划,应每五年制定促

进计划(以下称为中央促进计划),中央促进计划应该包括下列关联领域的事项:

(一)关联领域的促进绿色发展的相关现况分析、国内外动态、促进经过及促进实绩;

(二)关联领域的绿色发展愿景和政策方向、政策课题的事项;

(三)关联领域的年度促进计划;

(四)其他为履行国家战略及五年计划的必要事项。

二、绿委会为有效地支持中央促进计划的制定,应规定相关方针,汇报给中央行政机关首长。

第六条 中央促进计划的报告

一、中央行政机关首长在制定和变更中央促进计划时,应当依照《基本法》第十条第二款之规定,在二个月以内报告给绿委会。

二、绿委会收到本条第一款规定的中央促进计划后,应审议其与国家战略及五年计划是否具有整合性等问题,可向该中央行政机关首长提出意见。

三、中央行政机关首长在接到本条第二款规定的意见后,如果无特别事由,应当在中央促进计划及相关政策中"变更总统令所规定的轻微事项",即在不影响中央推进计划的实质性内容的情形下,中央行政机关首长可以在政策方向的范围内局部变更课题内容。

第七条 地方促进计划的制定

一、特别市市长、广域市市长、道或特别自治道①知事(以下统称为市道知事)依照《基本法》第十一条第一款的规定,应在制定或变更国家战略及五年计划之日起六个月之内,每五年制定地方绿色发展促进计划(以下称为地方促进计划),地方促进计划应该包括下列事项:

(一)各个特别市、广域市、道或特别自治道(以下称为市道)绿色发展的相关现况分析、促进经过及促进实绩;

---

① 这些是韩国不同层次的行政区划。韩国的行政区域划分为道(特别市、直辖市)、郡(市、区)、面(邑、洞)、里(统)四级。截至 2017 年年底,韩国共有 1 个特别市,1 个特别自治市,6 个广域市(相当于我国的直辖市)。除首尔特别市、世宗特别自治市外,6 个广域市分别为釜山广域市、大邱广域市、仁川广域市、光州广域市、大田广域市、蔚山广域市。道设有 9 个,其中,济州道是特别自治道,其他 8 个道是京畿道、江原道、忠清北道、忠清南道、全罗北道、全罗南道、庆尚北道、庆尚南道。道相当于我国的省,下辖市、郡、区、面、邑、洞、里、统。郡相当于我国的县,面相当于我国的乡,邑相当于我国的镇,洞相当于我国城市的街道,里相当于我国农村的村,统相当于我国城市的里弄、胡同。

（二）与国家战略、五年计划及中央促进计划相联系并体现地方自治团体的愿景和战略、政策方向及政策课题的事项；

（三）每个年度促进计划；

（四）对履行地方促进计划的未来展望及期待效果；

（五）与管辖基层自治团体相联系的地方绿色发展促进体系；

（六）地方自治团体应履行的其他低碳绿色发展必要事项。

二、绿委会为有效支持特定地方促进计划，应规定相关方针，并向相关市道知事汇报。

三、本条第一款、第二款规定事项以外的地方促进计划的制定方法、促进程序等的必要事项由条例规定。

四、《基本法》第十一条第二款规定中的但书"总统令所规定的轻微变更事项"，是指不影响地方促进计划实质性内容的事项，可以在政策方向的范围内局部变更政策课题内容的情况。

第八条 国家战略促进情况的检验与评价

一、国务总理依照《基本法》第十二条第一款关于政府工作评价的规定，每年检验与评价国家战略、中央促进计划的履行事项。

二、相关中央行政首长根据第一款规定的检验与评价结果，制定或变更关联领域的中央促进计划，促进相关政策。

第九条 地方促进计划促进状况的检验和评价

一、市道知事应当根据《基本法》第十二条第二款的规定，每年检验和评价地方促进计划的履行情况。

二、市道知事根据本条第一款规定的检验与评价结果，制定或变更市道的地方促进计划和促进相关政策的落实。

三、本条第一款的评价原则、对象机关、程序等事项由条例规定。

第三章 绿色发展委员会

第十条 绿色发展委员会的组成及运营

一、《基本法》第十四条第四款第（一）项中的"规划财政部长官、未来创造科学部长官、产业通商资源部长官、环境部长官、国土交通部长官等总统令所规定的公务员"，是指规划财政部长官、教育部长官、未来创造科学部长官、外交部长官、行政自治部长官、文化体育观光部长官、农林畜产食品部长官、产业通商资源部长官、保健福利部长官、环境部长官、女性家族部长官、国土交通部长官,海洋水产部长官、广播通信委员会委员长、金融委员会委员长及国务调整室室长。（修正 2013.3.23,2014.11.19）

二、《基本法》第十四条第五款的干事委员为国务调整室室长。（修正 2013.3.23）

三、若中央行政机关首长与关联领域的事件相关,委员长认为有必要时,可以参加绿委会,提出意见或邀请相关专家参加并听取意见。

第十一条　绿色技术相关财务的分配方向等的审议

一、绿委会审议《基本法》第十五条第七款规定的低碳绿色发展技术研究开发工作的财物分配及使用事项时,可以向未来创造科学部长官提出意见。（修正 2013.3.23）

二、绿委会为支持本条第一款的审议,可以指定相关专门机关。

第十二条　会议

一、《基本法》第十六条第二款规定的绿委会的定期会议,原则上每半年举行一次。

二、委员长在举办会议七天前向各委员通知会议的日程及事案。有特殊情形的除外。

三、《基本法》第十六条第三款但书中的"有总统令所规定的情形",是指有下列情形之一的,委员长拟定协议书,在下次的委员会中报告其结果。

（一）由于紧急事由没有举办会议的；

（二）由于出现天灾地变或其他不得已事由,无法满足委员出席率等情况,委员长认为特别需要的。

第十三条　分科委员会

一、《基本法》第十七条第一款规定的分科委员会的设置,需要经过绿色发展战略与制度、气候变化、能源技术产业、绿色生活等的不同领域的委员会的议决通过。

二、分科委员会的委员长认为必要时,在本条第一款规定的分科委员会会议中应让相关公务员和相关领域的专家参加,听取意见。

第十四条　删除（2013.3.23）

第十五条　地方绿色发展委员会的组成及运营

一、《基本法》第二十条规定的地方绿色发展委员会由两名委员长以及五十名委员组成。

二、地方绿色发展委员会的委员长由下列人员担任。（修正）

（一）《地方自治法施行令》第七十三条第二款规定的行政部首长或者长官（有两名以上的行政部首长或长官的，由有关市道知事指定）。依《地方自治法施行令》第七十三条第四款的但书规定，专门主管部门首长或者长官分担执行行政部长官的低碳绿色发展工作的，由专门主管部门首长或者长官（包括依照该法第七十三条第五款规定的名为"专门主管部门首长或长官"的情况）担任。

（二）本条第三款第（二）项的委员中的市道知事指定之人。

三、地方绿色发展委员会的委员由下列人员担任：

（一）市道所属室长和局长及公务员中市道知事任命之人；

（二）气候变化、能源和资源、绿色技术和绿色产业、可持续发展等领域中低碳绿色发展方面具有丰富知识和经验的、市道知事委托之人。

四、地方绿色发展委员会审议下列事项：

（一）关于地方自治团体的低碳绿色发展基本方向的事项；

（二）关于地方促进计划制定、变更的事项；

（三）为履行促进计划的重点促进课题及实行计划；

（四）与其他地方自治团体的低碳绿色发展相关联的，且地方绿色发展委员会委员长认为有必要的事项。

五、第一款至第四款规定事项之外的关于地方绿色发展委员会的组成、运营所必要的事项由地方自治团体的条例规定。

第四章　低碳绿色发展的促进

第十六条　绿色产业投资公司的成立

一、《基本法》第二十九条第一款中的绿色产业投资公司是以出资总额、信托总额或百分之六十以上的资本金对绿色技术及绿色产业的集合投资机构（《基本法》第二十九条第二款）进行出资。（集合投资机构是指《关于资本市场和金融投资业法》第九条第十八款规定的集合投资机构。）

二、《基本法》第二十九条第二款第（一）项和第（二）项的绿色产业相关技术及事业，是指第十九条第六款规定的告示中绿色技术或绿色事业的各个认证对象。

三、《基本法》第二十九条第二款第(三)项规定的绿色技术或绿色产业相关企业,是指符合本条第二款规定的其相关制品的销售额以申请认证之日所属年度的上一年为基准,占总销售额的百分之三十以上的绿色技术或绿色产业企业。

四、金融委员会依据《基本法》第二十九条第三款的规定,若接受由公共机关出资的绿色产业投资公司的注册申请,可以向有关中央行政机关首长汇报其内容,并就注册决定进行协商。

第十七条 绿色产业投资公司的财政支持及运营

一、根据《基本法》第二十九条第三款的规定,相关中央行政机关的首长为支持公共机关向绿色产业投资公司出资时,考虑事业的适当性等,规定财政支援规模、支援方法及支援条件等必要事项。

二、根据《基本法》第二十九条第三款的规定,公共机关认为出资的绿色产业投资公司不满足第十六条第三款规定的必要条件或无法持续进行正常营业时,可以采取限制追加出资或撤回出资等必要的措施。

三、根据《基本法》第二十九条第三款的规定,接受政府支持的公共机关,区分出资会计和有关机关的会计,另外设定存款;区分按照出资的收入和支出,进行会计处理。

第十八条 绿色技术与绿色产业的标准化

一、为建构关联领域绿色技术与绿色产业的标准化基础,未来创造科学部长官、文化体育观光部长官、农村畜产食品部长官、产业通商资源部长官、环境部长官、国土交通部长官、海洋水产部长官及广播通信委员会委员长可以依照《基本法》第三十二条第一款的规定,对下列事业进行必要的支援:(修正 2013.3.23)

(一)与国际标准相联系的标准化基础及适合性评价体系建构事业;

(二)被开发的绿色技术的标准化事业;

(三)在国内研究和开发中的绿色技术与绿色产业的标准化事业;

(四)标准化专门人才的培养事业;

(五)其他建构标准化基础的必要事业。

二、本条第一款规定的建构绿色技术与绿色产业的标准化基础事业,由产业通商资源部长官综合管理,并准备必要的措施,迅速向国民提供相关信息。(修正 2013.3.23)

第十九条 绿色技术与绿色产业的适合性认证及绿色专门企业的确认

一、依照《基本法》第三十二条第二款的规定,由中央行政机关首长对关联领域的绿色技术与绿色产业(指绿色产业设备及基础设施的设置、绿色技术与绿色产业的应用、普及、扩散等与绿色发展相关的经济活动,以及对经济、技术的扩散效果很大的事业)进行适合性认证(包括对适用被认证的绿色技术的产品的确认)及绿色专门企业的确认(以下简称为绿色认证)。(修正 2012.12.27)

二、绿色认证者可以向相关中央行政机关首长申请绿色认证,由接受申请的中央行政机关(以下简称为评价机关)首长对申请内容制定评价标准,进行绿色认证。

三、评价机关进行绿色认证的决定时,应联合相关中央行政机关设置绿色认证审议委员会(以下称为认证委员会)。

四、根据本条第二款的规定,相关中央行政机关的首长接受绿色认证的申请及支持评价机关的评价业务时,应委托给《产业技术革新促进法》第三十八条规定的韩国产业技术振兴院。

五、相关中央行政机关的首长可以根据本条第二款的规定,让绿色认证申请人承担认证所需的费用。

六、本条第一款至第五款规定的事项之外的绿色认证对象及其基准、程序、方法、评价机关的组成和认证委员会的运营等绿色认证的必要事项,由规划财政部长官、未来创造科学部长官、文化体育观光部长官、农林畜产食品部长官、产业通商资源部长官、环境部长官、国土交通部长官、海洋水产部长官及广博通信委员会委员长共同形成规定告示及官报。(修正 2013.3.23)

第二十条 公共机关对绿色产品的促进销售

一、调配厅长为促进《基本法》第三十二条第二款规定的公共机关绿色产品的购买指定并告示必要的品目,准备依照此品目的调配基准。

二、调配厅长对公共机关首长所要求购买和发标的产品与工程,应与相关公共机关的首长协商,进行代理购买或于工程设计中反映。

第二十一条 中小企业的绿色技术与绿色经营的支持

中小企业厅长为促进《基本法》第三十三条规定的中小企业绿色经营,应制定年度促进计划,经绿委会审议后实行。(修正 2012.12.27)

第二十二条 绿色技术与绿色产业的聚集地及团体形成事业促进机关

《基本法》第三十四条第三款规定的"总统令所指定的机关或团体"是指下列

机关或团体：(修正 2011.6.24,2011.10.28,2013.3.23)

（一）《产业技术团体支持的特例法》第四条规定的事业施行者；

（二）《关于产业聚集和工厂设立的法律》第四十五条之三规定的韩国产业园区的工厂集团；

（三）《特定研究机关培育法》第二条规定的特定研究机关及第十一条规定的共同管理机构；

（四）《高等教育法》规定的大学、产业大学、专门大学及技术大学；

（五）《关于科学技术领域政府参与研究机关等的设立与运营、育成的法律》规定的科学技术领域政府参与研究机关；

（六）《民法》第三十二条及《关于公益法人的设立与运营的法律》规定的得到未来创造科学部长官的许可而设立的韩国产业技术振兴协会；

（七）《韩国环境公团法》规定的韩国环境公团；

（八）《环境技术及环境产业支援法》第五条之二规定的韩国环境产业技术人员；

（九）《交通安全公团法》规定的交通安全公团；

（十）《关于产业用地及开发的法律》第十六条第一款第（一）项规定的事业实行者。

第五章　低碳社会的体现

第二十三条　变更气候变化应对基本计划

《基本法》第四十条第二款但书中"变更总统令所决定的轻微事项"是指下列内容：

（一）根据国内外条件变更《基本法》第四十条第三款第（一）项及第（二）项（限制温室气体的排放和吸收）的情况；

（二）不影响《基本法》第四十条第三款第（六）项、第（七）项及第（九）项规定的关于应对气候变化基本计划的实质性内容的事项，其所需的总财源控制在百分之十以内，只涉及变更部分气候变化基本计划的状况。

第二十四条　变更能源基本计划

《基本法》第四十一条第二款但书中"变更总统令所决定的轻微事项的情况"，是指不影响该条第三款关于各项计划规定的能源基本计划的实质内容的事项,其事项所需的总财源控制在百分之十以内,只涉及变更部分能源基本计划的状况。

第二十五条 温室气体的减排国家目标的设定及管理

一、《基本法》第四十二条第一款第(一)项规定的温室气体减排目标,是将2020年的国家温室气体总排放量减少至2020年温室气体排放预算量的百分之三十。

二、绿委会审议本条第一款规定的温室气体减排目标中的细节减排目标设定和《基本法》第四十二条第四款规定的不同部门的目标设定,以及实施必要支持措施时,须经过《中长期战略委员会规定》第二条规定的中长期战略委员会的审议。

三、绿委会审议低碳绿色发展政策的基本方向是,为达到本条第一款规定的减排目标,应当优先考虑国家战略、中央促进计划及地方促进计划之间的整合性,以及《基本法》第四十条规定的应对气候变化基本计划、《基本法》第四十一条规定的能源基本计划及《基本法》第五十条规定的可持续发展基本计划。

第二十六条 温室气体及能源目标管理的原则及作用

一、环境部长官负责温室气体减排目标的设定、管理及必要措施的总结、调整。

二、环境部长官考虑温室气体及能源目标管理的合并及其内部联系,促进国内产业条件、国际动态、双重规制的防止等相关规定的与时俱进,准备《基本法》第四十二条第五款规定的目标设定、管理及验证等综合性指标,并在官报公告,公告内容须经本条第三款规定的若干相关不同部门的中央行政首长(以下称为不同的主管部门)的协议及绿委会的审议。

三、不同的主管部门在其相关职权范围内,依照下列各项的区分,主管《基本法》第四十二条第五款规定的目标设定与管理及必要措施的事项。在符合《基本法》第四十二条第五款规定的目标与第二十五条第一款规定的温室气体减排目标的细节减排目标及《基本法》第四十二条第四款规定的不同部门的目标的情况下,不同的主管部门应当最大限度地协助第一款规定的环境部长官的总结,调整业务。(修正 2012.12.27,2013.3.23)

(一)农林畜产食品部:农业、林业、畜产领域;

(二)产业通商资源部:产业、发电领域;

(三)环境部:废弃物领域;

（四）国土交通部：建筑、交通领域。

四、环境部长官为提高《基本法》第四十二条第五款规定的目标管理的可信赖性，必要时可比对本条第三款规定的不同的主管部门的有关失误进行综合性检验与评价，并根据其结果向不同主管的部门采取《基本法》第四十二条第五款规定的温室气体排放及能源消费企业（以下称为管理企业）的改善命令等必要措施，不同主管部门的长官若无特殊事由，应当服从。

五、环境部长官认为管理行业的温室气体减排及能源节约目标履行实绩、第三十四条规定的明细书的可信赖性等有重大问题时，可以与不同部门的主管机关共同对管理行业进行实况调查。

六、环境部长官为进行本条第四款规定的检验和评价，可以向不同部门的主管机关要求必要的资料。

第二十七条 目标管理对象：公共机关

《基本法》第四十二条第三款的"总统令所确定的公共机关等"是指下列机关：

（一）《关于公共机关的运营的法律》第四条规定的公共机关；

（二）《地方公有企业法》第四十九条规定的地方工程及第七十六条规定的地方工业园区；

（三）《国立大学医院设置法》《国立大学齿科医院设置法》《汉城大学医院设置法》及《汉城大学校齿科医院设置法》规定的医院；

（四）《高等教育法》第三条规定的国立大学及公立大学。

第二十八条 中央行政机关等的目标管理方法及程序

一、《基本法》第四十二条第三款规定的中央行政机关、地方自治团体和本法第二十七条规定的公共机关（以下称为中央行政机关等）的首长，应于每年1月31日前以电子文件的方式向中央①提交年度温室气体减排和节约能源的目标履行计划，计划应包括下列事项：（修正 2012.12.27）

（一）年度温室气体减排和节约能源目标及其履行计划；

（二）温室气体排放量和能量使用量；

（三）温室气体排放设施和能源使用设施；

---

① 即专门负责低碳事宜的中央行政机关。中央行政机关、地方自治团体以及其他公共机关都有义务将各自单位的减排及节能目标履行计划向中央提交。

（四）不同设施的温室气体排放量和能源使用量；

（五）环境部长官规定的为达到温室气体减排和节约能源目标的其他事项。

二、环境部长官认为第一款规定的履行计划不恰当时，可与自治行政部长官、产业通商资源部长官及国土交通部部长协商，向中央行政机关等的长官要求改善和补充履行计划。（修正 2012.12.27,2013.3.23,2014.11.19）

三、根据本条第二款的规定，中央行政机关等的首长接到改善和补充履行计划的要求之日起一个月内向中央提交变更的履行计划。

四、中央行政机关等的首长于第二年 3 月 31 日前以电子文件的方式向中央提交本条第一款规定的履行计划的履行结果报告书。

五、自治行政部长官、产业通商资源部长官、环境部长官及国土交通部长官自收到第四款规定的履行结果报告书之日起三个月内对此进行共同评价并将结果报告给国务总理。（修正 2012.12.27,2013.3.23,2014.11.19）

六、国务总理依照第五款规定的评价结果，可以命中央行政机关等的首长采取温室气体减排和节约能源的措施。

七、中央行政机关的首长可以与其他中央行政机关等的首长共同履行。（新设 2012.12.27）

八、中央行政机关等在有关机关之外（即《关于温室气体排放权的分配及交易的法律》第八条及第九条规定的温室气体排放权的分配对象企业以外的管理企业）实施温室气体减排和能源节约工作的实际成果可以认定为《基本法》第四十二条第三款规定的目标履行成绩。（新设 2012.12.27）

九、相关中央行政机关的首长为中央行政机关等毫无迟延地履行《基本法》第四十二条第三款规定的目标，必要时可以对实况调查、诊断、资料及信息的提供等进行财政及技术上的支持。（新设 2012.12.27）

十、第一款至第九款规定事项之外的中央行政机关等的履行计划的提出、改善、补充，履行结果报告书的提出及其评价，履行情况的检验及事后措施，目标的共同履行及外部工作的范围，履行实绩认证管理等细节事项，应与行政自治部长官、产业通商资源部长官及国土交通部长官相协商，经环境部长官决定，在官报上公告。（新设 2012.12.27,修正 2013.3.23,2014.11.19）

第二十九条　管理企业指定基准

一、《基本法》第四十二条第五款中"总统令所决定的基准量以上的温室气体排放企业及能源消费企业"是指下列企业：

（一）以本年度1月1日为基准,最近三年内企业的所有工厂排出的温室气体与消费能源的年平均总量符合表2及表3中所有基准的企业。

（二）最近三年内企业的工厂的温室气体排放量与能源消费量的平均总量符合表4及表5的所有基准的企业。

二、不同部门的主管机关把属于本条第一款规定的企业选定为管理的对象,附相关资料,于每年四月三十日前向环境部长官汇报。（修改2012.12.27）

三、根据本条第二款的规定,接受汇报的环境部长官应向各个不同部门的主管机关通报管理企业选定的重复、淘汰、规制的适当性等,接受通报的不同部门的主管机关应于每年六月三十日前指定管理企业,并在官报上公告。

四、管理企业对本条第三款规定的指定结果有异议时,可自公告之日起三十天内向不同部门的主管机关提出异议,并提交理由与相关资料。

五、不同部门的主管机关接到本条第四款规定的异议申请后应进行再审查,经环境部长官的审议,自接到异议申请之日起三十日内向有关管理企业通报其结果,不同部门的主管机关对管理企业的指定有变更时应在官报上公告。

六、根据本法第三款的规定,环境部长官可以综合不同的主管部门指定、通告的管理企业,并对此进行公告。

第三十条 对管理企业的目标管理方法及程序

一、不同的主管部门根据《基本法》第四十二条第五款的规定,于每年九月三十日前设定管理企业的下个年度温室气体减排、节约能源及有效利用能源的目标,并向管理企业及中央通报。

二、不同部门的主管机关在管理企业已存设施的废置及未启动设施的新设或增设,以及履行、组织变更等时,修正根据第一款规定的目标,向管理企业及中央进行通报。（新设2012.12.27）

三、不同的主管部门依照本条第一款设定管理企业的温室气体减排、节约能源及能源利用效率目标时,应根据《基本法》第四十二条第五款的规定,设立运营由相关中央行政机关所属公务员、民间专家等组成的协议体。（修正2012.12.27）

四、本条第一款规定的被通报的管理企业应把下列事项的下个年度履行计划以电子文件的方式于每年十二月三十一日前向不同的主管部门提交,不同的主管部门确认后于下年度一月三十一日前向中央提出。但是,本条第二款规定的被通报修正目标的管理企业应在履行计划中修正相应事项,以电子文件的方

式在一个月内向不同的主管部门提交,不同的主管部门确认后应在十五日内向中央提交。(修正 2012.12.27)

（一）以三年为单位的各年度目标和履行计划；

（二）各工厂的生产设备的现况及可使用率；

（三）各工厂排放温室气体的种类、排放量,以及使用能源的种类、使用量现状；

（四）各工厂温室气体减排、节约能源及能源利用效率目标的履行方法；

（五）各主要生产工程的温室气体排放现状及能源消费量；

（六）各主要生产工程温室气体减排、节约能源及能源利用率目标与履行方法；

（七）各工厂温室气体排放量及能源消费量算定方法（包括计算方式及测定方式）；

（八）《基本法》第四十二条第五款规定的由环境部长官所决定的目标履行的其他事项。

五、管理企业应当以电子文件的方式将第四款履行计划的业绩（包括在设定第一款目标时没有考虑到的设施新建、增建的业绩）报告在下个年度三月三十一日前向不同的主管部门进行报告,由不同的主管部门确认业绩报告书的准确性以及是否可测定、验证、报告,并向中央提交报告书。(修正 2012.12.27)

六、根据本条第五款管理企业履行业绩的规定（在设定第一款目标时未考虑到设施新建、增建所取得的业绩,主管部门认为不适合评价为该年度业绩的除外）,不同的主管部门评价其履行业绩未达到目标,或在报告的内容测定中认为其使用的检测、报告、验证方法可疑时,应采取《基本法》第四十二条第八款规定的改善命令等必要措施,并向环境部长官通报。(修正 2012.12.27)

七、根据本条第六款的规定,接受改善命令的管理企业制定依照第四款规定的履行计划。(修正 2012.12.27)

第三十一条　登记簿的管理

一、中央根据本法第三十条第五款的规定,如收到不同的主管部门提交的履行业绩,就应按照《绿色发展基本法》第四十二条第七款规定为其制作登记簿,以电子文件的方式进行综合管理和运营。(修正 2012.12.27)

二、本条第一款规定的登记簿应包括下列事项：(修正 2012.12.27)

（一）管理企业的商号或名称；

(二)管理企业的代表;

(三)管理企业的本店及工厂所在地;

(四)关于管理企业指定的事项;

(五)根据本法第三十条第四款至第六款规定的履行计划、实绩报告及改善命令等事项;

(六)关于本法第三十四条规定的明细书中的事项。

第三十二条　验证机关

一、《基本法》第四十二条第九款中"总统令规定的具有公信力的外部专业机关",是指由不同的主管部门协商、由环境部长官指定并公示的机关,并应具备下列所有条件:(修正 2012.12.27)

(一)应当具备可以专门履行温室气体排放量及能源消费的测定、报告、验证业务的专门人力、设施、装备等;

(二)与温室气体排放量、能源消费量的验证相关,并具有赔偿额 10 亿韩元以上的责任保险;

(三)其他还需要符合本条第四款规定的条件。

二、本条第一款指定的外部专业机关(以下称为验证机关)出现下列情形之一时,环境部长官可以取消验证机关的指定;出现下列第一项及第三项(第三项只属于故意)时,应当取消指定。(新设 2012.12.27)

(一)利用虚假或其他不正当的方法被指定为验证机关的;

(二)不具备本条第一款规定的指定条件;

(三)存在故意或重大过失时等重大错误的验证结果的。

三、环境部长官为提高对管理企业的测定、报告、验证业务的公信力,在必要时可以要求验证机关提供相关资料,验证机关若无特别事由,应当服从。(修正 2012.12.27)

四、除本条第一款至第三款规定的事项外,对指定及取消指定的基准与程序、选定管理企业的验证机关等的事项,经过不同的主管部门协商后,由环境部长官决定并在官报上公告。(修正 2012.12.27)

五、环境部长官根据本条第二款规定取消验证机关的指定时应当进行听证。(新设 2012.12.27)

第三十三条　早期减排实绩的认定

一、根据《基本法》第四十三条的规定,管理企业接受目标管理时自发性地接受验证机关验证的实绩(以下称为早期减排实绩),可以认定为《基本法》第四十二条第六款规定的实绩。

二、根据本条第一款的规定,就早期减排实绩的认证基准、申请程序、对象事业的基准及范围、评价方法等细节事项,环境部长官应与不同的主管部门协商后决定并在官报上公告。(全文修正 2012.12.27)

第三十三条之二　外部减排实绩的认定

一、管理企业在企业之外用符合国际基准的方式履行温室气体减排、节约能源及提高能源利用效率事业的实绩(以下称为外部减排实绩),应认定为《基本法》第四十二条第六款规定的实绩。

二、根据本条第一款的规定,就外部减排实绩的认证基准、申请程序、对象事业的基准及范围、评价方法等细节事项,环境部长官应与不同主管部门协商后决定,并在官报上公告。(本条新设 2012.12.27)

第三十四条　明细书的报告及管理程序

一、管理企业应根据《基本法》第四十四条第一款的规定制定该年度(根据第二十九条第三款,指定管理行业的最初年度是指过去的三年)温室气体排放量及能源消费量的明细单,关于有关验证机关与验证结果的添附应在下个年度三月三十一日前以电子文件的方式向不同的主管部门提出。(修正 2012.12.27)

二、本条第一款规定的明细单应当包括下列事项:

(一)企业的规模、生产设备、产品原料及生产量;

(二)各工厂排放温室气体的种类及排放量,温室气体排放设施的种类、规模、数量及可使用时间;

(三)各工厂使用能源的种类及使用量,使用燃料的成分,能源使用设施的种类、规模、数量及可使用时间;

(四)区分生产工程与生产设备的温室气体排放量、种类及规模;

(五)在生产工程中使用的温室气体排放防止设施的种类、规模、处理效率、数量及可使用时间;

(六)捕捉、处理的温室气体的种类及数量;

(七)第二款至第六款规定的不同种类温室气体排放量及能源使用量的计算、测定方法;

(八)关于明细单的品质管理程序;

(九)(删除 2012.12.27)

（十）为了管理企业的温室气体排放量及能源消费量的管理，各部门主管机关与环境部部长协商后认为的其他必要事项。

三、根据本条第一款的规定，不同主管部门在接到明细单后，在确认其内容之后应及时向中央提交明细单及相关资料，中央应将其置于第三十一条第一款规定的登记簿中进行管理。

四、根据《基本法》第四十四条第二款的规定，明细单的可信度由具有公信力的外部专业机关验证，援用第三十二条的规定。

五、除本条第一款至第四款规定的事项以外，明细单的制作方法、报告程序等事项应经不同主管部门协商，由环境部部长决定并在官报上公告。

第三十五条　明细单的公开

一、根据本法第三十四条的规定，若无特别事由，明细单应以公开为原则。根据《关于行政机关及公共机关运营法》第四条的规定，如果公共机关提出不公开的要求，可以通过委员会审议后提出明细表。

二、根据《资本市场与金融投资业法》第一百六十三条的规定，如果金融委员会或韩国交易所要求公布股票上市法人的事业报告书，中央可以公布相关管理企业单位的账单。

三、根据《基本法》第四十四条第三款的规定，明细单应通过不同主管部门的网站及中央的温室气体综合信息管理体系以电子文件的方式公开。

四、根据《基本法》第四十四条第三款但书的规定，请求不公开明细单的管理企业提交明细单时应同时提交不公开理由书。

五、根据第四款的规定，存在明细单的非公开请求时，为了决定非公开请求对象之信息的全部或部分的公开与否，在中心设置《基本法》第四十四条第四款规定的明细单公开审查委员会（以下称为审查委员会）

六、审查委员会由一名委员长及六名以内的委员组成。

七、委员中应有来自不同主管部门所属的公务员，同时还需有不同主管部门首长各自指定的四名在绿色发展与信息公开方面学识广博和经验丰富之人，还应包括环境部长官与不同主管部门协商委托的民间委员，委员长由环境部长官从委员中指定。

八、召开会议须半数以上的在任委员出席，决议须经半数以上出席委员的同意方可通过。

九、本条第六款至第八款规定的事项之外，关于审查委员会的组成、运营的必要事项经审查委员会审议,由委员长决定。

第三十六条 国家温室气体综合信息管理体系的建构及管理

一、为建构并管理《基本法》第四十五条第一款规定的国家温室气体综合信息管理体系,设立隶属环境部长官的温室气体综合信息中心(以下简称中心)。

二、中心主管下列事项:

(一)对国家及不同部门的温室气体减排目标设定的支持;

(二)根据国际基准的国家温室气体综合信息管理的运营;

(三)第二十六条至第三十五条规定的业务协作支持及对应中央行政机关的信息提供;

(四)为了支持国内外温室气体减排的调查研究;

(五)与低碳绿色发展相关的国际机构、团体及第三世界国家的协作。

三、为了有效、系统地执行中心业务,环境部长官将成立和运营由企划财政部、自治行政部、农林畜产食品部、产业通商资源部、国土交通部、国务调整室等相关中央行政机关高层级公务员组成的协议体。(修正 2013.3.23,2014.11.19)

四、根据《基本法》第四十五条第二款的规定,不同部门主管机关应于每年六月三十日前向中心提交上一年度温室气体的信息及统计:(修正 2012.12.27, 2013.3.23)

(一)农林畜产食品部长官:农业、畜产、山林;

(二)产业通商资源部长官:能源、产业工程;

(三)环境部长官:废弃物;

(四)国土交通部长官:建筑、交通。

五、为确保国家温室气体综合信息管理体系的国际信赖性,由环境部长官对第四款规定的温室气体信息及统计进行验证,该体系对外拥有国家温室气体综合信息和管理机关的地位。在此情况下,环境部长官为确保温室气体统计的公正性及可信赖性,应当与统计厅长协商。

六、中心为有效完成工作,必要时可与相关中央行政机关的首长协商,向气候变化、能源、可持续发展等与低碳绿色发展相关的下列机关要求提供人力、信息等必要支持:

(一)《关于政府参与研究机关等设立运营及培育等的法律》第八条第一款规定的研究机关;

(二)《关于科学技术领域政府参与研究机关等的设立、运营及培育的法律》第十一条第一款规定的研究机关;

(三)《关于公共机关的运营的法律》第四条规定的公共机关。

第三十七条 汽车平均能源消费效率及温室气体排放许可管理

一、根据《基本法》第四十七条第二款的规定,促进交通部门的温室气体管理业务时,汽车平均能源消费效率基准由产业通商资源部长官决定,汽车温室气体排放许可基准由环境部长官决定,汽车制造业(包括进口业,下同)的汽车平均能源消费效率基准及汽车温室气体排放许可基准的适用管理由环境部长官主管。在此情况下,环境部长官应当向产业通商资源部长官提供该基准适用管理的资料。

二、考虑到国内外汽车产业的条件,国际限制动态、测定方法、程序及制裁单一化等因素,环境部长官将与产业通商资源部长官协商后在官报上公告汽车制造业企业的汽车平均能源消费效率标准和汽车温室气体排放标准等,汽车制造企业可根据情况选择性地遵守第一款规定。(修正 2013.3.23)

第三十八条 气候变化适应对策的制定及实行

一、根据《基本法》第四十八条第四款的规定,环境部长官应就下列气候变化适应对策的相关事项与相关中央行政机关的首长协商,经委员会的审议,以五年为单位制定之并实行。(修正 2012.12.27)

(一)关于适应气候变化的国际协议等的事项。

(二)对于提高气候变化的监测、预测、提供、灵活运用能力的事项。

(三)关于不同部门、不同地区气候变化的影响和脆弱性评价事项。

(四)关于不同部门、不同地区气候变化适应对策的事项。

(五)关于气候变化的脆弱阶层、地区等的灾害预防的事项。

(六)关于《基本法》第五十八条规定的促进绿色生活和适应气候变化对策的相关事项。

(七)环境部长官认为应对气候变化的其他必要事项。

二、有关中央行政机关的首长、市道知事及市长、郡首、区厅长①(指自治区的区厅长,下同)根据本条第一款规定的气候变化适应对策,对关联事项制定并实施气候变化适应对策的细节施行计划。

---

① 二级行政区包括市、郡、区。

三、为确认根据第二款的细节施行计划的适应性等的情况,环境部长官可对相关中央行政机关的首长、市道知事及市长、郡首、区厅长的实绩实行年检。(新设 2012.12.27)

四、为制定施行本条第一款规定的气候变化适应对策及本条第二款规定的细节实施计划,环境部长官可以设立和运营由相关中央行政机关的高级公务员组成的协议体。(新设 2012.12.27)

五、为制定并施行本条第二款规定的细节施行计划及检验本条第三款规定的实绩,环境部长官必要时可要求相关中央行政机关的首长、市道知事及市长、郡首、区厅长提供必要资料。(新设 2012.12.27)(题目修正 2012.12.27)

(施行日期 2015.1.1)(第三十八条的修正规定市长、郡首、区厅长部分。)

第六章　实现绿色生活及可持续发展

第三十九条　可持续发展基本计划的变更

《基本法》第五十条第二款但书中"变更总统令决定的轻微事项"是指下列事项:

(一)变更《基本法》第五十条第三款第(一)项及(四)项的事项;

(二)不影响可持续发展基本计划实质内容的事项,变更部分可持续发展基本计划时所需资金在总财务的百分之十以内。

第四十条　绿色国土的管理

一、《基本法》第五十一条第一款中"国土综合计划,城市、郡基本计划等总统令决定的计划"是指表6的计划。(修正 2012.4.10)

二、根据《基本法》第五十一条第三款的规定,制定下列计划前应听取委员会的意见,包括:

(一)《国土基本法》第九条第一款规定的国土综合计划及该法第十三条第一款规定的道综合计划;

(二)《国家均衡发展特别法》第四条第一款规定的地域发展五年计划;

(三)《首都圈建设计划法》第四条第一款规定的首都圈建设计划;

(四)其他经委员会审议、委员长认为有必要的计划。

第四十一条　交通部门的温室气体减排目标

国土交通部长官根据《基本法》第五十三条第一款的规定,经相关中央行政机关的首长的协商及审议,应当制定并实施下列各项交通部门温室气体减排、节约能源及能源利用效率目标。(修正 2012.12.27,2013.3.23)

(一)汽车、火车、飞机、船舶等各种交通工具的温室气体排放现状及能源消费率;

(二)各种能源种类的温室气体排放现状;

(三)以五年为单位的温室气体减排、节约能源及能源利用效率目标及其履行计划;

(四)每年度温室气体减排、节约能源及能源利用效率目标及其履行计划。

第四十二条　绿色建筑物的基准

一、《基本法》第五十四条第二款规定的"总统令决定标准以上的建筑物"是指《建筑法施行令》第九十一条第二款规定的建筑物。

二、国土交通部长官根据《基本法》第五十四条第二款的规定,设定、管理本条第一款规定的建筑物的能源消费量及温室气体减排目标时,应经委员会的审议,制定施行计划,必要时可以规定关于能源消费及温室气体减排的细节基准。(修正 2012.12.27,2013.3.23)

第四十三条　绿色建筑物的扩大

一、《基本法》第五十四条第六款中"总统令规定的公共机关及教育机关"是指下列机关:

(一)《关于公共机关的运营的法律》第四条规定的公共机关;

(二)《地方公企业法》第四十九条规定的地方工程及该法第七十六条规定的地方工业园地;

(三)《关于政府参与研究机关等设立运营及培育的法律》第八条规定的研究机关及该法第十八条规定的研究会;

(四)《关于科学技术领域政府参与研究机关等的设立运营及培育的法律》第八条规定的研究机关及第十八条规定的研究会;

(五)《关于地方自治团体参与研究院的设立及运营的法律》第四条规定的地方自治团体参与研究院;

(六)《国立大学医院设置法》《国立大学齿科医院设置法》《首尔大学校医院设置法》及《首尔大学校齿科医院设置法》规定的医院;

(七)《高等教育法》第三条规定的国立大学及公立大学。

二、《基本法》第五十四条第七款中"总统令决定的一定规模以上的新城市开发及城市再开发",是指下列内容：

（一）根据《宅地开发促进法》，宅基地开发面积为 330 万平方米以上的；

（二）根据《新行政首都后续对策燕岐公州地区行政中心复合城市建设特别法》实施的行政中心复合城市建设事业；

（三）根据《企业城市开发特别法》实施的企业城市开发事业；

（四）根据《关于公共机关向地方转移建设和扶持创新城市特别法》实施的创新城市开发工作；

（五）其他超过 100 万平方米的城市开发项目。

三、政府根据《基本法》第五十四条第八款的规定，为扩张绿色建筑物，出现下列其中一项情形时，可进行资金支持或租税减免等支持。（修正 2012.12.27，2013.3.23）

（一）根据《绿色建筑物建造支援法》第十四条，若建筑主提出的节能计划书的能源性能指标分数之和，按照国土交通部长官制定并公告的标准计算，结果可超 80 分的建筑物；

（二）经《绿色建筑物建造支援法》第十六条规定的绿色建筑认证的建筑物；

（三）经《绿色建筑物建造支援法》第十七条规定的建筑物能源效率等级认证的建筑物；

（四）根据《建筑法》第二十二条，在获得使用许可五年以上，且被国土交通部长官认定为可改善能源效率、需要被支援的建筑物；

（五）为扩建绿色建筑物，国土交通部长官认为需要资金支持或租税减免的其他必要情形。

第七章　罚　　则

第四十四条　罚款的科处及征收

一、《基本法》第六十四条第一款规定的罚款由不同部门的主管机关与环境部长官协商制定并征收。

二、本条第一款罚款的基准与附件 7 相同。

三、不同部门的主管机关应衡量违法行为的程度、动机及结果，在表 7 罚款金额的二分之一的范围内可加重或减轻金额，但在加重时，不能超过《基本法》第六十四条第一款规定的罚款金额上限。

附　　则

（总统令第 22124 号，2010.4.13）

第一条　实施日期

本令自 2010 年 4 月 14 日起施行。

附件 1　氢氟碳化物、全氟碳化物的物质（第二条相关）

氢氟碳化物（HFCs）	HFC-23, HFC-32, HFC-41, HFC-43-10mee, HFC-125, HFC-134, HFC-134a, HFC-143, HFC-143a, HFC-152a, HFC-227ea, HFC-236fa, HFC-245ca
全氟碳化物（PFCs）	PFC-14, PFC-116, PFC-218, PFC-31-10, PFC-c318, PFC-41-12, PFC-51-14

附件 2　管理企业指定温室气体排放量基准［第二十九条第一款第（一）项相关］

1. 2011 年 12 月 31 日为止，适用的基准：125 kilotonnes CO_2-eq 以上；
2. 2012 年 1 月 1 日开始，适用的基准：87.5 kilotonnes CO_2-eq 以上；
3. 2014 年 1 月 1 日开始，适用的基准：50 kilotonnes CO_2-eq 以上。

附件 3　管理企业指定能源消费量基准［第二十九条第一款第（一）项相关］

1. 2011 年 12 月 31 日为止，适用的基准：500 terajoules 以上；
2. 2012 年 1 月 1 日开始，适用的基准：350 terajoules 以上；
3. 2014 年 1 月 1 日开始，适用的基准：200 terajoules 以上。

附件 4　管理企业指定工厂温室气体排放量基准［第二十九条第一款第（二）项相关］

1. 2011 年 12 月 31 日为止，适用的基准：25 kilotonnes CO_2-eq；
2. 2012 年 1 月 1 日开始，适用的基准：20 kilotonnes CO_2-eq；
3. 2014 年 1 月 1 日开始，适用的基准：15 kilotonnes CO_2-eq。

附件 5　管理企业指定工厂能源消费量基准［第二十九条第一款第（二）项相关］

1. 2011 年 12 月 31 日为止，适用的基准：100 terajoules 以上；
2. 2012 年 1 月 1 日开始，适用的基准：90 terajoules 以上；
3. 2014 年 1 月 1 日开始，适用的基准：80 terajoules 以上。

附件6　修正绿色国土相关计划(第四十条第一款相关)

1.《生命工程培育法》第四条第二款规定的生命工程培育基本计划;

2.《核能法》第八条之二第一款规定的核能振兴综合计划;

3.《核融合能源开发振兴法》第四条第一款规定的核融合能源开发振兴基本计划;

4.《放射性废物管理法》第四条第一款规定的放射性废物管理的基本计划;

5.《旅游基本法》第三条第一款规定的旅游振兴长期计划;

6.《旅游振兴法》第四十九条第一款规定的旅游开发基本计划;

7.《农渔村健全法》第四条第一款规定的农渔村健全综合计划及同法第十五条第一款规定的农渔村用水利用合理化计划;

8.《农渔村、农渔杆及食品产业发展计划》规定的农渔村、农渔杆及食品产业发展计划;

9.《防沙事业法》第三条之二第一款规定的防沙事业基本计划;

10.《山林基本法》第十一条第一款规定的山林基本计划;

11.《环境友好型农业培育法》第六条第一款规定的环境友好型农业培育计划;

12.《国家均衡发展特别法》第四条第一款规定的地域发展五年计划中有关同条第二款第(九)项及第(十)项的计划;

13.《产业发展法》第十九条第一款规定的可持续经营综合措施;

14.《产业聚集推进及工场设立法》第三条第一款规定的产业推进基本计划;

15.《新能源及可再生能源的开发、利用、普及促进法》第五条第一款规定的新能源及再生能源的技术开发及利用普及的基本计划;

16.《能源利用合理化法》第四条第一款规定的能源利用合理化的基本计划;

17.《电力事业法》第二十五条第一款规定的电力供需基本计划;

18.《环境友好型产业结构转换促进的法》第三条第一款规定的综合措施;

19.《大气环境保全法》第十一条第一款规定的大气环境改善综合计划及同法第十三条第一款规定的防止黄沙灾害综合对策;

20.《保全独岛等岛屿地区的生态系统的特别法》第五条第一款;

21.《有关长白山脉保护的法律》第四条第二款规定的长白山脉保护基本计划;

22.《关于首都圈大气环境友好的特别法》第八条第一款规定的首都圈大气

环境管理基本计划；

23.《水道法》第四条第一款规定的水道建设基本计划及同法第五条第一款规定的全国水道综合计划；

24.《关于水质及水生态系统保全的法律》第二十四条第一款规定的不同区域的水质及水生态系统保全的基本计划；

25.《沼泽地保全法》第五条第一款规定的沼泽地保全基本计划；

26.《野生动植物保护法》第五条第一款规定的野生动植物保护基本计划；

27.《有害化学物质管理法》第六条第一款规定的关于有害化学物质管理的基本计划；

28.《自然公园法》第十一条第一款规定的公园基本计划；

29.《自然环境保全法》第八条第一款规定的自然环境保全的基本计划；

30.《关于节约资源与再利用促进的法律》第七条第一款规定的资源循环基本计划；

31.《关于促进购买环境友好型产品的法律》第四条第一款规定的为促进购买环境友好型产品的基本计划；

32.《废弃物管理法》第十条第一款规定的国家废弃物管理综合计划；

33.《土壤环境保全法》第四条第一款规定的关于土壤保全基本计划；

34.《环境政策基本法》第十二条第一款规定的国家环境综合计划及同法第十四条第一款规定的环境保全中期综合计划；

35.《关于环境技术开发支援的法律》第三条第一款规定的环境技术开发综合计划；

36.《骨材采取法》第五条第一款规定的骨材供需基本计划；

37.《交通安全法》第十五条第一款规定的国家交通安全基本计划；

38.《国家集中交通体系效率化法》第四条第四款规定的国家基本交通计划；

39.《国土基本法》第九条第一款规定的国土综合计划；

40.《国土的计划及利用法》第十一条第一款规定的广域城市计划及同法第十八条第一款规定的城市基本计划；

41.《大城市圈广域交通管理基本法》第三条第一款规定的大城市圈广域交通基本计划；

42.《新堤坝建设及周围地区支援等法律》第四条第一款规定的堤坝建设长期计划；

43.《道路法》第二十二条第一款规定的道路建设基本计划；

44.《首都圈建设基本法》第四条第一款规定的首都圈建设计划；

45.《住宅法》第七条第一款规定的住宅综合计划；

46.《区域均衡开发及地方中小企业培育的法律》第五条第一款及第二款规定的区域开发事业计划；

47.《地下水法》第六条第一款规定的地下水管理基本计划；

48.《铁道建设法》第四条第一款规定的国家铁道网建构计划；

49.《河川法》第二十三条第一款规定的水资源长期综合治理计划及同法第二十四条第一款规定的流域综合治理计划；

50.《公有水面及开垦法》第二十二条第一款规定的公有水面开垦基本计划；

51.《渔场管理法》第三条第一款规定的渔场管理基本计划；

52.《沿岸管理法》第六条第一款规定的沿岸合并管理计划及同法第二十一条规定的沿岸建设基本计划；

53.《港湾法》第五条第一款规定的港湾基本计划；

54.《关于海洋生态的保全及管理的法律》第九条第一款规定的海洋生态保全、管理基本计划；

55.《海洋水产发展基本法》第六条第一项规定的发电基本计划；

56.《海洋环境管理法》第十四条第一款规定的海洋环境管理综合计划；

57.《可持续交通物流发展法》第七条第一款规定的可持续国家交通物流发展基本计划；

58.《城市及住宅环境整合法》第三条第一款规定的城市、住宅环境建设基本计划；

59.其他经过委员会的决议、委员长选定的主要中长期行政计划。

附件7 过失惩罚标准（第四十四条第二款相关）

违 法 行 为	法律依据	过失罚款金额
当受控单位未按照本法案第42条第6款的规定提出报告或作出虚假报告时： (a) 时间间隔不超过一个月 (b) 时间间隔超过一个月但未超过三个月 (c) 时间间隔超过三个月 (d) 提交虚假报告	该法案第64条第1款第1项	300万韩元 500万韩元 700万韩元 1000万韩元

续 表

违 法 行 为	法律依据	过失罚款金额
当受控单位未按照本法案第 42 条第 9 款的规定提出报告或作出虚假报告时： (a) 时间间隔不超过一个月 (b) 时间间隔超过一个月但未超过三个月 (c) 时间间隔超过三个月 (d) 提交虚假代表侵权行为	该法案第 64 条第 1 款第 1 项	300 万韩元 500 万韩元 700 万韩元 1 000 万韩元
当受控单位未按照本法案第 44 条第 1 款的规定提出报告或作出虚假报告时： (a) 时间间隔不超过一个月 (b) 时间间隔超过一个月但未超过三个月 (c) 时间间隔超过三个月 (d) 提交虚假报告	该法案第 64 条第 1 款第 1 项	300 万韩元 500 万韩元 700 万韩元 1 000 万韩元
当受控单位未能按照该法案第 42 条第 9 款的规定进行披露时	该法案第 64 条第 1 款第 3 项	1 000 万韩元
受控单位未能按照法案第 44 条第 2 款的规定执行纠正或补充命令 (a) 第一次违规行为 (b) 第二次违规行为 (c) 第三次或更多次的违反行为	该法案第 64 条第 1 款第 4 项	300 万韩元 600 万韩元 1 000 万韩元

注：根据违反行为的次数实施过失处罚的标准，适用于受控单位因过去一年同一违反行为而发生过失处罚的情况。

（许顺福 译　曾亦诚 校）

德国

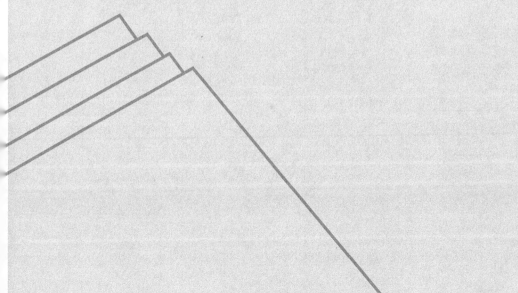

二氧化碳捕集、运输与永久封存技术示范与应用法

(2012年8月17日颁布)

目　录

第一部分　二氧化碳永久封存示范法
 第一章　一般规定
  第一条　立法目的
  第二条　适用范围、地方法律的区域规定
  第三条　概念界定
 第二章　运输
  第四条　二氧化碳运输管道规划许可及法律授权
 第三章　永久封存
  第一节　全国范围内的评估与登记
  第五条　永久封存潜能的分析与评估
  第六条　登记备案、授权、执行情况报告
  第二节　审批与运营
  第一分节　调查
  第七条　地质调查的审批
  第八条　调查程序和形式规定
  第九条　附加规定与批准撤销
  第十条　使用他人土地
  第二分节　建设与运营
  第十一条　二氧化碳储存体建设与运营的计划确立
  第十二条　申请计划的确立
  第十三条　计划确立

第十四条　容忍义务

第十五条　征收土地的预先效力

第十六条　计划确立决议的撤销

第三分节　关停与善后

第十七条　关停

第十八条　善后

第四分节　证明与方案

第十九条　安全证明

第二十条　监控纲要

第五分节　运营者的义务

第二十一条　适应

第二十二条　自主监控

第二十三条　发生泄漏或重大过失时的措施

第二十四条　对二氧化碳气体的要求

第六分节　法定授权

第二十五条　对二氧化碳储存体要求的调整

第二十六条　对办理手续的要求的调整

第三节　主管部门的检查与监督

第二十七条　检查

第二十八条　监督

第四章　责任与预防措施

第二十九条　责任

第三十条　预付保证金

第三十一条　责任移交

第三十二条　预付保证金和责任移交的立法授权

第五章　第三方的连接与开通

第三十三条　连接与开通、法定授权

第三十四条　联邦能源网络管理局的权限、法定授权

第三十五条　第三方连接与开通的官方及法律程序、法定授权

第六章　用于研究的储存体

第三十六条　法规的适用范围

第三十七条　用于研究的储存体的审批
第三十八条　法规的适用
第七章　最后条款
第三十九条　主管部门
第四十条　信息交流、法定授权
第四十一条　费用与垫付款、法定授权
第四十二条　国家封存税
第四十三条　罚款规定
第四十四条　评估报告
第四十五条　过渡性条款
第四十六条　排除地方法中的不一致
附件1　用于描述与评估潜在二氧化碳储存体、储存体群及其周边环境的准则
附件2　用于建立和更新监控纲要以及用于善后措施的准则

第二部分　《有关环境容忍度检测法》的修改
第三部分　《环境损害法》的修改
第四部分　《循环经济和垃圾法》的修改
第五部分　《诉讼费用法》的修改
第六部分　《律师酬劳法》的修改
第七部分　《有关需审批的设备建设法令》的修改
第八部分　《有关大型火力及涡轮设备法令》的修改
第九部分　法律生效

第一部分　二氧化碳永久封存示范法[①]

第一章　一般规定

第一条　立法目的

[①]　本法第一部分用于落实欧洲议会和欧洲理事会于2009年4月23日就二氧化碳的地下封存而作出的2009/31/EG号准则，同时用于修改参议会的85/337/EWG号准则，以及欧盟两会的2000/60/EG号、2001/80/EG号、2004/35/EG号、2006/12/EG号，以及2008/1/EG号准则，还修改1013/2006号（ABl.L 140 vom 5.6.2009, S.114）欧共体指令。

为了保护气候、环境与人类的繁衍生息，使人类尽可能安全、有效、环保地获得能源供应，同时规范在地下岩石层永久封存二氧化碳的行为，特制定本法。本法旨在便于二氧化碳地质封存技术的研究、试验和示范。

第二条 适用范围、地方法律的区域规定

一、本法适用于二氧化碳地质封存技术的研究、试验和示范，相关设施设备的关停和修理以及运输二氧化碳涉及的技术行为。

二、只允许申请建设符合以下条件的二氧化碳封存体：

（一）在 2016 年 12 月 30 日前提交完整的申请材料；

（二）单个设备的年度封存量不得超过 300 万吨；

（三）全国年度二氧化碳封存总量不得超过 800 万吨。

对于符合要求的送审材料，各联邦州政府的主管部门按呈送顺序自行批复。

三、本法也适用于以研究为目的的二氧化碳封存。

四、本法还适用于《联合国海洋法公约》(1982 年 12 月 10 日通过)规定下的专属经济区和大陆架范围。

五、各州可以通过各自州法确定在哪些区域允许进行二氧化碳永久封存的某项试验或示范。在根据此规定确定区域时，必须权衡其他备选地点、各地区地质特点以及其他公众利益等因素。

第三条 概念界定

本法涉及下列概念：

1. 永久封存，指在不使用容器的情况下，将二氧化碳气体及其组成成分注入并封存在地下岩石层内，永久性地防止其泄漏。

2. 不可预测性，指注入及封存操作过程中的各种不确定性，均会产生泄漏风险或危及人类与环境的风险。

3. 用于研究的储存体，指用于研究、开发以及试验（试验新材料、新产品、新工艺）的二氧化碳封存区域，其总注入量不超过 10 万吨。

4. 岩石层，指位于地底深处可限定的、由一种或多种岩石组成的范围。

5. 水力水压单位，指空间上可限定的、包含一层或多层岩石的、其空隙可由水压填补的范围。

6. 二氧化碳管道，指用于运输二氧化碳气体至储存体的管道和助推泵站。

7. 二氧化碳储存体，指用于永久封存目的的、空间上可以限定的地下范围，包含一层或多层岩石。储存体还包括地下和地上必有的设施（从安装在注入设

备上的气体供应装置开始算起)。

8. 二氧化碳气体,指产自以二氧化碳形式从排放源中分离、捕集、运输至储存场所封存的所有物质。

9. 永久安全,指一种状态,该状态保证了被封存的二氧化碳气体及其次生成分被完全、无期限地封存在储存体内,期间采取必要的预防措施避免人类与环境受到损害。

10. 泄漏,指二氧化碳气体及其次生成分从储存总体中泄露。

11. 迁移,指二氧化碳气体及其次生成分在储存总体内扩散(或运动)。

12. 综合储存,指二氧化碳储存体以及周围的岩石层部分,这些作为自然的扩散障碍对封存体的完整性和安全性起到积极的作用。

13. 关停,指停止注入二氧化碳气体及其次生成分,拆除注入时必需的设施,永久封存储存体。

14. 环境,指动物、植物、各种生物、土地、水、空气、天气、风景、文化产物、物质资产以及这些环境、事物之间和环境、事物与人之间的相互影响。

15. 研究,指以寻找、发现适合永久封存的岩石层为目的的工作,统计数据,描述适合永久封存气体的岩石层,建设运营为此必需的设施。

16. 研究区域,指在地球表面通过直线、在地底通过垂直平面,可以界定的地质断面。

17. 本质变化,指二氧化碳封存体及其运输管道的变化,或会对人类和环境产生影响的变化。

第二章 运　　输

第四条　二氧化碳运输管道规划许可及法律授权

一、二氧化碳运输管道的建设、运营以及重大变化均须由主管部门审批。主管部门应在审批申请计划之前向公众告知管道位置、规模及工艺等信息,使其有机会参与商讨与表态;同时,还应组织申请人参与公开对话以调解纷争。各地可以对这一程序作进一步的细化规定。

二、《行政程序法》第七十二条至第七十八条,《能源经济法》第四十三 a 条第(一)至(四)项、第(六)项、第(七)项,第四十三 b 条第(三)至(五)项以及第四十三 e 条均适用于二氧化碳运输管道的规划审批程序。根据本法第十一条第二款的规定,如果该运输管道用于本法有效区域以外的地下储存体输送二氧化碳,规划审批的正确性则至关重要,需要审核位于别国二氧化碳储存体的建设和运营,是否符合欧洲议会和欧洲理事会于 2009 年 4 月 23 日就封存二氧化碳确立的欧盟指令"2009/31/EG"。

三、关于准备工作、修改禁令、优先购买权、前期产权证明等内容的规定,应按照《能源经济法》第四十三 a 条至第四十四 b 条的规定执行。关于二氧化碳运输管道的规定,应按照《能源经济法》第四十九条第一款、第二款第(二)项、第三款、第五款、第六款以及第七款执行。对于《能源经济法》第四十九条第六款负有提供信息义务的人员,应按照《刑事诉讼法》第五十五条执行。

四、为了维护公众利益以及遵守公开的法律规定,在必要情况下可以将规划的确定和审批与规定的义务联系在一起。可以根据规划的确定和审批,接受、更改或补充规定的义务。

五、如果二氧化碳运输管道的建设与运营有益于公众利益,并且征用土地对于规划的实施具有必要性,则允许征用土地,但鉴于二氧化碳储存体所在的地理限制、某些方式或特定地点的原因,可能导致土地无法被征用。如果在德国实行二氧化碳永久封存示范是必需的,同时能够永久减少德国二氧化碳的排放量,则规划符合公众利益。主管部门应将上述规定作为规划审批时的前提条件。本法第十五条第二款和第三款适用于此。

六、联邦议会,联邦经济与技术部,联邦环境、自然保护和核反应堆安全部共同对下列情况作出规定:

(一)关于规划审批的细节参照本条第二款;关于准备工作、修改禁令、优先购买权、前期产权证明等内容的规定参照本条第三款。

(二)关于二氧化碳运输管道的安全要求参照本条第三款。

第三章 永久封存

第一节 全国范围内的评估与登记

第五条 永久封存潜能的分析与评估

一、联邦经济与技术部同联邦环境、自然保护和核反应堆安全部共同对位于本法效力范围内的、被视为适合封存二氧化碳的岩层的封存潜能作出评估。

二、联邦地球科学与自然资源研究所同联邦州的相关部门协调一致,负责为评估提供有关地质的基本材料,主要涉及如下问题:

(一)界定适合永久封存的岩层与其他周边的岩层;

（二）描述可用岩层的地质特点,包括相应的岩石参数;

（三）描述其他周边岩层的地质特点;

（四）估算每个适合封存岩层的可用容积;

（五）描述岩层中的岩层水的特点及其潜在的迁移路线和压力情况;

（六）估算岩层内由于二氧化碳永久封存而产生的压力变化情况;

（七）分析由于在适合封存的岩层的区域内进行的其他地质勘探、原料开采、地热利用、地下水开发、封存其他的气体、液体或固体物质、科学钻探等活动而可能产生的使用冲突。

三、联邦环境署负责为评估提供关于有效预防环境破坏措施的基本材料,并须调查、估算与封存二氧化碳相关联的环境效应。

四、各州主管部门负责为联邦地质科学与原材料研究院提供各地现有的有效潜能分析评估所必需的数据,具体事宜通过协商解决。

五、联邦经济与技术部负责公布潜能评估与相关发展变化,公开发表前须征求各州的意见。

第六条 登记备案、授权、执行情况报告

一、联邦地球科学与自然资源研究所(官方登记机关)与联邦环境署协调一致,就二氧化碳管道和封存建立和使用对外公开的登记备案,具体内容包括:

（一）关于现存的和计划中的二氧化碳管道说明;

（二）所有与本法相关的批文、有待确立的决议以及与此相关的申请材料;

（三）关于所有关停的二氧化碳储存体的说明,以及所有依照本法第三十一条发生了责任转移的二氧化碳储存体的说明。

二、对于提出申请的、获得批准的以及关停的二氧化碳储存体,登记须包含以下信息内容:

（一）借助现有的地质数据对被用作二氧化碳储存体的岩层及其他周边岩层的特点的说明,包括关于扩展的地质图和断面图示;

（二）存在于岩层中的岩层水的特点描述以及其压力情况;

（三）调查、估算岩层内由于二氧化碳永久封存而产生的压力变化;

（四）用于判断封存的二氧化碳有无发生泄漏、是否能够永久封存的其他信息;

（五）调查、评估与二氧化碳永久封存相关联的环境影响;

（六）其他能源利用的可能性，尤其是地热能源；

（七）一幅二氧化碳扩散分布三维图，以及（如果有可能的话）分布范围内的集中图。

三、需定期更新登记备案。对于建立、实行登记及遵照本法第二条第二款作抉择时所必需的信息，各州主管部门要及时地向负责登记的部门传达。对于登记的公开透明性，应遵照《环境信息法》第七条至第九条执行。

四、联邦经济与技术部同联邦环境、自然保护和核反应堆安全部协调一致，遵照由联邦参议院认可的法令，建立并进行备忘登记，保存、处理必要的数据，删除个人数据，确保登记的公开透明性，以及为开展各项必不可少的工作提供指引。

五、对于跨国界的二氧化碳储存体及其周边岩层，联邦地球科学与自然资源研究所负责联系邻国主管部门共同为其作出特性描述。

六、联邦地球科学与自然资源研究所应在2011年6月30日之前，通过联邦政府的主管部门给欧盟委员会提交有关适用欧盟指令"2009/31/EG"、对应指令第一款第（三）项与第二款第（一）项、第（四）项的情况报告，并且每三年报告一次。

第二节 审批与运营
第一分节 调　　查

第七条 地质调查的审批

一、调查地下岩层是否适合建立二氧化碳储存体必须获得批准后方可进行。当具备下列条件时，主管部门可以批准调查申请：

（一）申请人具备依法实施调查所应有的财政能力。

（二）申请检查项目的实施时间合适且符合本法第一部分附件1的各项要求。

（三）涉及公众利益的地下矿藏及其开采可能性不受损害，符合采矿法和水利法的其他被批准的项目不受损害。

（四）不存在以下情况：

1. 申请者（根据法律法规或公司合同被授权出任代表的人员）不具备足够的信用度；

2. 在被委托管理或监督调查的检查人员中，发现不具备足够信用度或专业能力的人员；

3. 申请者（根据法律法规或公司合同被授权出任代表的人员）不具备足够的专业能力。

（五）已采取保护受雇人和第三方生命、健康及财产等方面的预防措施。

（六）对公众利益和周边环境的保护做到以下两点或已采取预防措施：

1. 有效地保护或有秩序地修复了周边环境；

2. 避免增加垃圾，并对已产生了的废弃物进行无害利用或清理。

（七）在沿海地区、专属经济区以及大陆架范围做到以下两点：

1. 近海环境及海上交通的安全性和便利性不受影响；

2. 水下管道线缆的铺设、维护、运营，海洋地质以及其他学科的研究工作不受损害，渔业不受过度的影响。

（八）不会与其他公开的法律规定或公众利益发生冲突。

本条第一款第（四）项的第 2 点和第 3 点、第（五）项和第（六）项不针对那些既不深入地下也不运用通过爆破材料产生的机械动力的检查。

二、地质调查必须满足本条第一款第（三）至（八）项的要求。

三、对于二氧化碳储存体潜能的检查结果，须按照本法第一部分附件 1 中的原则和适宜的方式进行核查，核查该储存体是否适合长时间储存气体，并对此作出评价。检查结果和地质描述要由获得检查权的人员归档并在主管部门需要时及时呈送。

四、在德意志联邦共和国《联邦法律报》（Teil III, Gliederungsnummer 750-1）上颁布的《矿山法》于 2001 年 11 月 10 日根据联邦法典（BGBl. I S. 2992）第二十二章进行了修订。按照修订版本的第三条第一款，地质调查数据应交由负责地质调查的主管部门保管，自上交之日起满五年后，该部门就可以将该数据提供给有需要且获得授权的单位使用，用于不危害公众利益的目的。联邦政府以及各联邦州政府不得干预环境信息公开化的决定。

五、获得授权的调查单位有权单独对批文中调查范围内的岩层，就其是否适合永久封存二氧化碳实施地质调查。在调查批文的有效期限内，不得进行其他影响二氧化碳封存的岩层开发利用。

第八条 调查程序和形式规定

一、地质调查申请必须以书面形式呈递，作出相应的说明，并附带审批程序所必需的材料。申请人必须用比例尺适中的地图精确说明调查目标的地点和岩层位置。按本法第七条第一款第（一）项和第（四）项的要求，准备的说明与图纸资料以及包含商务及企业秘密的说明与图纸资料分别提交。如果同一个地点的同一个岩层有两个及以上的申请人申请调查的，最符合本法第七条第一款先决条件的调查申请将得到优先审核；如果无法以此区分先后，则优先审核先提交的调查申请。

二、根据主管部门的要求，区域部门应在接到辖区内呈送申请的一个月内给出处理意见，并在规定的三个月内报送主管部门。主管部门收到材料后须在一个月内作出安排，在相关调查地点范围内开放的公共建筑设施内公示申请材料（符合本条第一款的材料除外），公示期为一个月。主管部门在公示前至少提前一周，通过三个渠道公开申请材料：（1）主管部门编辑的出版物，（2）至少一份当地主流的报纸，（3）主管部门的官方网站。公示的内容包括：

（1）遵照本条第一款说明申请材料公示的时间和地点；

（2）说明如对公示内容有异议，须在规定期限内向指定的部门反映。

三、应在公告内容中注明，任何因地质调查行为而使自身利益受到侵害的个人，均可在公示期结束后的两周内向主管部门提出书面申诉；当异议期限届满后，主管部门将不再受理任何不涉及特殊个人利益保护的申诉请求。

四、当一项根据本条第一款的调查申请提交后，另一项根据《矿山法》的申请也提交上来，而两项申请涉及同一个调查点或同一个调查点中的部分，在这种情况下，后提交的调查申请须等到第一项申请得到批复后才能得到批准，如果此项批准会影响岩层作为储存体的适合程度，申请则可能只获得部分批准。

五、地质调查的申请必须以书面形式呈递。该申请中须准确标明相关调查区域及岩层。

六、地质调查的申请批准与否，其结果都会投递给申请人或申诉人。批准或否决的文件都会连同原因说明和法律决议在本条第二款确定的地点进行为期两周的公示。公示前两周，主管部门要将批准或否决文件的核心部分通过以下渠道公告：（1）主管部门编辑的出版物，（2）至少一份当地主流的报纸，（3）主管部门的官方网站。根据本条第二款，公告时还要注明公示的时间、地点；根据本条第二款的规定，除投递给申请人外，还需投递50份以上的文件，依照本条第二款，这些投递可以用公告替代。应在公告内容中注明，在公示期结束后，材料就被视为已经送达了提出异议者和未提出异议者。

第九条 附加规定与批准撤销

一、为确保遵守本法第七条第一款至第三款所提的要求,应当允许对现有内容进行增加及补充修改。批准期限仅限于满足正常的调查需要,允许延长一次,但不得延长至 2015 年 12 月 31 日以后。

二、在下列两种情况中,批准可能被撤销:

(一)由于地质调查申请人的原因,在一年内没有进行调查或者调查中断了一年以上;

(二)获得批准时所具备的条件发生缺损且没有及时采取补救措施。

第十条 使用他人土地

一、为了地质调查而需在他人土地上进行必要的地表、地下以及地下水测量工作的人员,在工作开始前必须:

(一)取得土地所有权人和使用权授权用户的同意;

(二)如果该土地依法或在法律的基础上被用于其他公开的目的,则要取得维护该目的的责任官方的同意。

《民法》第九百零五条的规定不容侵犯。

二、获得调查权的一方要在调查工作结束后立即恢复他人土地的原状。但在两种情况下可以不必恢复:一是责任官方决定为了将来二氧化碳的封存,有必要保持对这些土地的变更;二是责任官方出于环境重建和地面重新利用的考虑,对于地质调查前后的状况偏差已经有所安排。

三、由于地质调查而造成的财产损失,由调查方向土地所有权人和使用权授权用户提供货币补偿。由于恢复原状和遵照本条第二款规定的"不必恢复原状"而造成的财产损失,则无须提供货币补偿。根据《民法施行法》第五十二章和第五十三章,土地的物权享有者有权要求补偿。

四、为了保证本条第二款和第三款给予的权利,土地所有权人和使用权授权用户可根据《民法》第二百二十三条的规定要求一定数量的支付担保。

五、如果本条第一款第(一)项所提及的土地所有权人拒不同意,则由主管部门进行调查,就建筑物、花园及围墙以外的范围作出裁定,其先决条件是地质调查符合绝大多数公众的利益。

六、主管部门根据调查申请来裁定本条第三款中提出的补偿数量,或者裁定(在双方不能达成一致时)本条第四款中提出的担保数量。裁定过程中产生的费用由获得调查权利的一方承担,只有在补偿或担保到位的情况下,调查才可以开始或继续。

第二分节 建设与运营

第十一条 二氧化碳储存体建设与运营的计划确立

一、二氧化碳储存体、二氧化碳运输管道的建设、运营以及重大变化均须由主管部门审批。主管部门应在审批申请计划之前,向公众告知管道位置、规模及工艺等信息,使其有机会参与商讨与表态;同时,还应组织申请人参与公开对话以调解纷争。各地可以对这一程序作进一步的细化规定。

二、依照《行政程序法》第七十四条第六款决定计划能否得以批准时,计划须符合以下条件方可获得批准:

(一)申请目的是对二氧化碳储存体进行重大改动;

(二)计划建设的二氧化碳储存体不损害他人权利,或已经取得相关者书面同意使用其财产或其他权利;

(三)已与公众利益的代表磋商过,该代表应是其利益区域与二氧化碳储存体位置相关联的人;

(四)计划实施前不必进行环境影响评估。

三、不允许二氧化碳封存在法定储存体之外,也不允许封存在水柱内。

第十二条 申请计划的确立

一、为计划确定或计划批准而提出的申请必须包括以下内容:

(一)申请人的姓名及住所;

(二)申请人的资格证明(申请人是法人或合伙企业,根据法律法规或公司章程的授权代表,或者是负责建设、领导、管理整个设施的人);

(三)申请人的财政能力及信用度的证明;

(四)对申请内容进行说明,是申请建设运营,还是申请重大改动;

(五)申请建设二氧化碳储存体的地点和名称,并配有适中的比例尺和详细的地图说明;

(六)对设施和将采取的工艺技术的描述;

(七)对年储存量和总储存量的说明,对计划储存的气体的来源地、构成成分、注入速度、注入压力以及最大储存压力的说明;

(八)对储存总体内预计压力变化的说明,对物质的溶解与施放的说明,对注入过程中以及注入后地层水位移的说明;

（九）对设施投产运营时间的说明。

二、申请人要在申请材料中附带对于审核计划必不可少的材料，尤其是：

（一）安全证明（见本法第十九条）；

（二）监控纲要（见本法第二十条）；

（三）关停和善后草案（见本法第十七条第二款）；

（四）依照环境容忍度法律所必需的文件材料。

三、根据本法第十一条确立计划时，若涉及重大改动，申请必须包含本条第一款中的各项说明以及本条第二款中的各项附件材料。

四、如果出现多个二氧化碳储存体建设运营申请涉及相同地点，根据本法第七条，已获调查批准的申请人较其他申请人享有优先权。

第十三条　计划确立

一、只有在以下条件下，计划才得以确立或批准：

（一）确保所计划的二氧化碳储存体的建设和运营不会损害周边的公众利益，不影响私人利益；

（二）确保二氧化碳储存体永久安全；

（三）不给人类和环境造成危害；

（四）对于可能发生的危险采取必要的预防措施，特别是防止运营过程中发生突发事件，本法第二条第二款所要求的必要的预防措施取决于当前的科学技术水平；

（五）本法第十二条第二款中所要求呈送的材料须符合本法的要求和以本法为基础的其他法律要求；

（六）申请人须确保二氧化碳气体符合本法第二十四条的要求；

（七）根据本法第三十条第二款，申请人须为第一年的运营采取了由主管部门制定的担保措施；

（八）不得违背其他公开发布的法律规定。

本法第七条第一款第（一）项、第（三）至（七）项所要求的先决条件适用于本条第一款。在确立计划或批准计划时，要遵守国家土地规划中的基本原则和要求。作出批准决定时要充分考虑本法第十二条提及的环境承载度评价结果，不得忽视行之有效的环境保护措施，还要重视农业和林业方面的利益诉求。

二、计划确立决议或计划批准决议中必须包括：

（一）申请人的姓名及住所；

（二）二氧化碳储存体、储存总体以及相关的液压设施的精确位置及其延伸；

（三）对设施以及将采取的工艺技术的详细描述；

（四）确定最高年储存量和总储存量，确定计划储存的气体的构成成分、最大注入速度以及最大注入压力；

（五）确定应对运营过程中发生泄漏情况和过失行为的预防措施，特别要关注溶解物质和地层水位移过程中产生的风险。

三、计划确立决议或计划批准决议的颁布可附加期限、条件、义务和撤回权。为遵守本法的规定或基于本法已公布的其他法律的规定，允许在依据本法第三十一条规定的"责任转移"之前接受、更改、完善各种义务。

四、主管部门将完整的申请材料、对于决定至关重要的数据以及计划确立决议草案提交联邦政府的主管部门；主管部门在收到完整的申请文件副本后的一个月内呈递欧盟委员会。欧盟委员会须在收到计划草案四个月内作出批复决议。主管部门通过联邦政府的权威部门向欧盟委员会呈递最终确定的计划决议，如最终的计划决议与欧盟委员会的批复有偏差，则须陈明原委。

五、对于计划确立或计划批准程序中涉及他国领土范围的项目，须与相关国家的主管部门协商一致。

第十四条　容忍义务

土地所有权人和使用权授权用户应遵守《行政程序法》第七十五条第二款的规定，如持续运输并封存气体的行为涉及其土地的地下土质，土地所有权人和使用权授权用户应对因此产生的影响予以容忍。《民法》第九百零五条不容违背。土地所有权人和使用权授权用户对由于容忍封存行为而导致的不利影响不担负任何责任。

第十五条　征收土地的预先效力

一、若建设运营的二氧化碳储存体有益于公众利益，则允许国家征收该储存体所处的土地，前提条件是：无法通过其他方式、其他地点实现征收目的，而征收土地对于计划的实施又是必不可少的措施。有益于公众利益是指，此计划对于在德国示范永久封存是必要的，且以此可以持续降低德国的二氧化碳排放量，实现保护气候的目的。

二、征收土地的先决条件是，申请人曾力争与土地业主协商以获得土地使用权，但未取得结果。征收的规模不得超过为达到征收目的所必需的规模。如果土地只被部分征收,其剩余部分不再具备经济价值,不能用于开发利用,则原土地业主可以要求拥有该剩余部分以及征收部分向剩余部分延伸的地段。

三、主管部门根据本条第一款在计划确定决议中订立前提条件,计划确定决议要以征收程序为基础,征收机关受该决议的约束。此外,土地所处的联邦州的征收法也有效力。

第十六条 计划确立决议的撤销

一、如果任何一个至关重要的先决条件在作出决定后缺失且未得到及时补救,发出的计划确立或计划批准决议就可以撤销。由于本法第十三条第一款第(一)项所提及的先决条件的缺失而引起的撤销以及由于其他原因而引起的撤销,均依照《行政程序法》第四十九条规定执行。按照本法第十七条和第十八条所应履行的义务不受撤销令的影响。

二、主管部门撤销计划确立决议后,应勒令运营者立即关停储存体,不得延迟。主管部门有权要求运营者关停并自费采取善后措施。如果运营者在当局规定的合理的期限内未执行命令,主管部门有权委托第三方完成任务,费用由运营者承担。

三、如果二氧化碳储存体将由第三方接替运营,且主管部门在临时检查后能够按照本法第十三条确定一个有利于第三方的计划,则不适用本条第二款的规定。在计划确立决议作出之前,二氧化碳储存体由主管部门自己运营,或由其委托其他部门运营,其间的费用由原运营者承担。

第三分节 关停与善后

第十七条 关停

一、关停须得到批准。

二、申请关停许可需要提交关停原因和关停及善后纲要。善后纲要内容包括:依照本法第十九条更新的安全证明;依照本法第二十条更新的监控纲要,监控纲要需遵循本法第一部分附件2的第二款善后监控中的规定。

三、准许关停的条件是:

(一)关停及善后纲要均符合法律法规要求;

(二)确保关停后的善后工作能严格遵守本法第十三条第一款第(二)至(四)项;

(三)其他公共利益不受侵害。

主管部门可采取必要的措施,勒令关停。

四、当主管部门基于本法的规定或基于某官方决定而要求储存体运营者关停设备时,运营者应即刻停止二氧化碳注入,与此同时,还应该主动向主管部门递交申请,申请批准关停设备,同时附带本法第十七条第二款要求的材料。

五、如果二氧化碳存储体的气体注入量已达到本法第十三条第二款第(四)项(计划确立)规定的储存量,则运营者有义务关停设备。如果运营者申请增加封存量,主管部门以决议能够有利于申请者为前提,可以解除本条第四款所规定的义务,直至对该增加封存量的申请的审理程序结束为止。

六、当关停批准下达后,运营者应自费实施设备关停。关停不包括拆除善后所需的设施设备,主管部门根据申请确定封存储存体的关停。

第十八条　善后

根据关停及善后纲要,二氧化碳储存体关停后,运营者有义务采取针对泄漏和损害环境的预防措施,其义务见本法第二十二条和第二十三条的规定。

第四分节　证明与方案

第十九条　安全证明

二氧化碳储存体运营者有义务开具安全证明,证明已对储存体的特点进行描述和评价,描述和评价须按照本法第七条第三款进行。安全证明的作用是为主管部门提供必需的证据,用以检查本法第十三条第一款第(二)至(四)项所要求的先决条件是否成立。安全证明中还须说明针对防止和排除泄漏以及重大过失可采取的应对措施。安全证明还须附带联邦地球科学与自然资源研究所和联邦环境署两个机构的官方意见。

第二十条　监控纲要

一、从建设储存体到根据本法第三十一条规定移交责任的时间段内,运营者有义务遵照本法第二十二条第一款和第二款,特别是依照本法第一部分附件2制订监控纲要计划和实施监控,该纲要须附带本法第四十五条第四款所要求的说明。

二、为确保永久安全、预测泄漏危害的风险,新数据至关重要。在不妨碍本法第二十一条第二款的前提下,根据本法第一部分附件2,监控纲要必须每五年更新一次。根据本法第十三条第一款第(五)项,旧版本是计划确立决议的先决条件,须获主管部门的批准,方可对本法第二十一条第二款所提及的适应过程的组成部分进行更新。

第五分节　运营者的义务

第二十一条　适应

一、运营者有义务将所有的用于永久封存的业务活动与设备保持在一定标准,该标准可以确保本法第十三条第一款第(二)项至第(四)项先决条件的实现。主管部门根据第十三条第一款第(一)项规定的具体义务,并依照第十三条第三款通过附加要求明确具体义务。主管部门每隔五年要检查本法第十三条第一款第(二)项至第(四)项所规定的先决条件是否完整。

二、遵循本法须制定的方案、证明和纲要,应按主管部门的要求在合理的时间间隔内按照第十三条第一款第(四)项的预防标准,与主管部门共同调整该适应状态,并且从储存体投入运营之日到第三十一条规定的责任移交之时始终保持该状态。

第二十二条　自主监控

一、基于本法第二十条的监控纲要,二氧化碳储存体运营者要实施持续监控,监控对象是:储存体、储存总体设施、注入设备、已封存气体的动态及其对储存体、总体设施和周边环境的影响。

二、对下列情况进行监控:

(一)将实际注入沉积的二氧化碳的状态与本法第一部分附件1模式中的二氧化碳的状态进行对比;

(二)识别二氧化碳的泄漏、异常以及迁移的形式与规模;

(三)确认对附近居民与环境潜在的负面影响,以及对第三方利益的负面影响;

(四)评价依照本法第二十三条制定的补救措施的效果;

(五)在运营过程中持续监测,尤其重视监测本法第十三条第一款第(一)项至第(四)项的先决条件在实施所选择的运营方式中能否得以满足。

三、根据主管部门的要求,储存体运营者有义务每年至少呈交一次以下说明:

(一)持续监控的结果,包括所获得的数据和运用的技术;

(二)用于检查是否遵守获得运营许可的先决条件的说明,以及用于扩大对储存体内的二氧化碳状态的认识的说明。

第二十三条 发生泄漏或重大过失时的措施

一、当发生泄漏或重大过失时,运营者应当立即:

(一)向主管部门汇报状况与规模;

(二)采取适当的措施排除并防止事故再次发生,特别是按本法第十九条的要求采取的安全措施;

(三)向主管部门、土地业主和使用权授权用户汇报已经采取的措施及其取得的效果。

二、土地业主和使用权授权用户须容忍为了实施本条第一款第(二)项涉及的措施而产生不可避免的影响。根据本法第十条第二款至第四款以及第六款允许因此使用土地。在措施不当的状况下,或者土地业主和使用权授权用户受到不被认可的影响时,主管部门将终止实施该措施。

第二十四条 对二氧化碳气体的要求

一、二氧化碳气体只有在以下条件下方可被接受并被注入储存体:

(一)气体中的二氧化碳含量浓度在现场设备的技术水平所能达到的程度之内;

(二)气体中除了为提高安全和改善监控而添加的物质外,只含有一些来源于原料以及在捕集、运输和永久封存处理过程中产生的不可避免的杂质;

(三)本条第一款第(二)项所提及的杂质对人与环境、对储存体的永久安全、对注入及运输设备的损害可以被排除;

(四)气体中不含废物或其他须排除的物质。

二、为确保本条第一款中的要求,运营者有义务在封存前持续监控并定时向主管部门证明二氧化碳气体的成分构成,至少每半年一次。其中须特别说明二氧化碳气体的来源和捕集气体的企业名称。运营者要通过一项风险评估证明本条第一款第(二)项至第(四)项的先决条件能得到满足。

三、运营者必须记录运营日志,日志包含关于二氧化碳气体的数量、特性、成分和来源的信息,包括捕集气体的企业名称与地址,以及关于运输、运输管道及其所有者的信息。

第六分节 法定授权

第二十五条 对二氧化碳储存体要求的调整

一、经联邦议会批准,联邦环境、自然保护及反应堆安全部有权与联邦经济与技术部共同通过法令。为达到本法第一款所述目的,落实欧盟的法规,实现本法第七条第一款和第二款的内容,地质调查必须满足相关的要求;为实现本法第十三条第一款第(一)项至第(四)项和第(六)项、第二款以及第二十一条第一款的内容,建设、运营、监控、关停、善后以及储存体的状态都必须满足相关的要求。两部门通过立法对如下问题作出规定:

(一)二氧化碳储存体必须满足何种运营、组织以及技术要求,这些要求针对永久封存和必要的技术设施;

(二)运营者只有通过主管部门验收储存体后才允许开启或关停设施,发生重大改变的情况同样适用;

(三)必须采取哪些措施以防止事故发生或限制事故的影响;

(四)对于本法第二十二条的自主监控提出哪些要求;

(五)为了在大陆架和沿海水域建设二氧化碳储存体,应设置哪些安全区以及如何开辟、安排、标示安全区;

(六)为保护自然资源,再造优美环境,预防、利用及处置废弃物,根据本法第七条第一款第(六)项以及第十三条第一款第(一)项至第(四)项,在地质调查以及在储存体的建设、运营、监控、关停和善后过程中,应该采取哪些预防和实施措施;

(七)相关负责人根据自己承担的业务和拥有的权限,必须具备哪些专业技术和法律知识,必须出具哪些证书,主管部门应如何检查他们的业务知识与技能;

(八)根据本法第二十三条,在发生泄漏或重大过失时应采取哪些措施以及如何向主管部门报告;

(九)根据本法第二十四条,二氧化碳气体必须具有哪些成分,源于程序或有利于改善监控的添加物允许的最高浓度为多少;

(十)为了使用和出示第二十四条第二款和第三款所述的证明应该遵守哪些手续。

鉴于以上本条第一款第(一)项、第(三)项、第(四)项、第(六)项的要求,两个联邦部门订立的法令可以引用业内的通告,法令中要说明通告的日期及其出处。根据以上本条第一款第(五)项对安全区的调整不得触及基于其他法律的有关安全区的调整。

二、根据本条第一款制定的法令须定期检查,检查其与本法第十三条第一款所涉及的预防标准的吻合度，必要时可对法令进行调整。

第二十六条　对办理手续的要求的调整

一、经联邦议会批准的法令授权，联邦经济与技术部有权与联邦环境、自然保护及反应堆安全部共同对地质调查审批、计划确立、计划批准以及关停批准的手续给予调整，调整对象是本法第十二条第一款要求的详细申请内容和第十二条第二款要求的文件材料，调整中还要确定其他的申请内容的要求以及对所需出具材料的要求；同时，还要进一步明确"计划确立决议"或第十三条第二款所述的"计划批准"的内容。

二、经联邦议会批准的法令授权，联邦经济与技术部有权与联邦环境、自然保护和核反应堆安全部进一步明确对内容、形式及办理开具、补充及出示安全证明（根据本法第十九条）、监控纲要（根据本法第二十条）和关停以及善后纲要（根据本法第十七条第二款）手续等方面的要求。

第三节　主管部门的检查与监督

第二十七条　检查

在下列三种情况下，主管部门须检查是否必须制定、更改、补充或者撤销对封存运营规定的义务：

（一）主管部门获悉已发生泄漏或重大过失；

（二）主管部门怀疑运营者违反了本法中的规定，违背了基于本法的其他规定或许可，或违背了后续增补的规定；

（三）在科学技术领域已出现对人类与环境意义重大的新认识、新发展，因此需要对封存运营规定的义务进行更改、补充或撤销。

即使未发生本条第（一）项所述的情况，也应该至少每五年进行一次检查。

第二十八条　监督

一、根据本法，主管部门要监控二氧化碳封存体的建设、运营、关停、善后以及地质调查工作，特别是关注本法中的规定和基于本法颁布的法令及官方指令是否得到执行，地质调查审批、计划确立决议或计划批准是否遭到违背，增补的规定义务是否得以遵守。

二、责任当局的成员部门及其授权人以及邀请参与的其他成员部门及其授权人，有权在正常工作时间以外的任何时间进入以下地点（运营场地、厂房除外），为完成其任务实施必要的各种检查：

（一）各种依照本法被用于建设、运营储存体或地质调查的设备装置所处地点；

（二）能够为是否遵守本法规定提供证据的地点。

遵照《设备与产品安全法》第十六条，检查部门可以要求现场负责人积极配合，并提供必要的信息。为确保公共安全与秩序，在紧急情况下，检查部门有权在正常工作时间以外的任何时间进入厂房和住宅进行必要的检查。《宪法》第十三部分第一款给予公民的住宅不容侵犯的基本权利，受到第十三部分第四款（即为确保公共安全与秩序，在紧急情况下，检查部门有权在正常工作时间以外的任何时间进入厂房和住宅进行必要的检查）的限制。《刑事诉讼法》第五十五条规定，当事人负有提供信息的义务。

三、主管部门要定期检查储存体及所属设备，目的是监控它们对周边居民及环境的影响，监控本法的规定以及基于本法颁布的其他法规政令是否得到遵守，监控地质调查审批、计划确立决议或计划批准，监控增补的规定义务是否得到遵守。每年至少检查一次。在下列情况下应实施附加检查：

（一）如果主管部门获悉发生泄漏或存在重大过失，或有违背本法以及基于本法颁布的其他法规的规定，以及有违背计划确立决议或计划批准程序或违背增补的规定义务的情况发生；

（二）如果发生本条第三款第（一）项所述的情况，有必要向第三方调查其对环境的负面影响。

四、如果运营者出现违反本法的规定或违反基于本法颁布的其他法规法令的规定，违反地质调查审批、计划确立决议、计划批准程序或增补的规定义务等情况，在不损害运营者义务的情况下，主管部门可以命令其整改该现状。如果某种基于其他原因的现状损害了公共利益，主管部门也可以勒令运营者整改，尤其针对以下规定：

（一）所需实施的保护措施；

（二）中断注入二氧化碳；

（三）关停二氧化碳储存体；

（四）为满足第三十一条第（二）款中的先决条件而实施的措施。

当怀疑发生泄漏或出现异常现象时，主管部门必须作出适宜的指令以预防或排除问题。

五、本条第四款提及的官方指令不得拖延。若运营者在限定的时间内未遵守本条第四款的规定,主管部门可以自行或委托第三方采取必要的措施,其间产生的费用由违令者承担。

六、根据本法第二十八条第三款进行检查后,主管部门须呈交一份报告,内容包括:

(一)检查结果;

(二)对各指令(本法的规定以及基于本法颁布的其他法规政令,地质调查审批、计划确立决议、计划批准程序或增补的规定义务)的执行情况;

(三)评估是否有必要采取进一步的措施。

检查报告需告知运营者,并在检查结束后的两个月内根据当地联邦州的法规通过环境媒体公开发布。

七、主管部门根据其他的法规所拥有进一步的权限不受影响。

第四章 责任与预防措施

第二十九条 责任

一、如果因完成本法规定的某项事务或使用本法许可的设备装置,造成人员伤亡或机器损坏,则获得许可者、事务责任人或设备装置操作者须向受害方赔偿由此造成的损失。

二、根据特定的实际情况,判断是否因完成本法规定的某项事务或使用本法许可的设备装置而造成人员伤亡或机器损坏,判断的根据有:运营的过程、使用的装置、投入以及排放物质的品种和浓度、气候情况、损失产生的时间和地点、损失的外部形态以及说明是否属实。若没有违规操作设备,而发生了不符合本条第一款所限定的行为或因使用其他设备,或发生《矿山法》第一百二十条第一款第(二)项提及的事件,则不适用本条第一款的规定。

三、如果在个案中有若干个符合本条第一款所提及的行为或设备装置值得怀疑,却无法判断造成损害的原因,则需将其全都视为产生损害的原因。涉事人员与设备构成责任主体群,赔偿义务和赔偿规模取决于损失来源判定和损失程度。

四、《环境责任法》第八条至第十六条、第十八条第一款也适用于此种情况。

第三十条 预付保证金

一、二氧化碳储存体运营者须履行以下义务:

(一)承担由本法产生的所有义务,包括关停和善后义务;

（二）承担损失赔偿的义务；

（三）《温室气体排放交易法》所规定的义务；

（四）《环境损害法》第五条和第六条所规定的义务。

责任移交前须遵照本法第三十一条采取担保预防措施。

二、主管部门负责确定预付保证金的种类与额度、预付保证金的证明和实施日期，必须确保保证金可以随时全额使用和不延迟履行本条第一款所述的义务，保证即使在本法第十六条第二款和第三款、第三十一条第二款第（三）项所提及的情况下也能及时到位。在安排分配保证金用于履行本条第一款第（一）项、第（二）项和第（四）项的义务时，须考虑到可能出现的重大异常情况。用于履行本条第一款第（三）项义务的额度标准为下一年度预测的封存量，还须预测可能发生的泄漏风险。主管部门每年对保证金总额进行调整。

三、预付保证金可以通过以下方式提供：

（一）在本法效力范围内，由有经营权（开展责任保险业务的）的保险公司提供；

（二）通过依照《民法》第二百三十二条安全支付或抵押某种同等价值的保险介质。

只要预付保证金到位，并保证能够有效使用，主管部门则可以确定并允许与其相关的担保措施。运营者有义务每年最少一次按要求出示预付保证金证明。

四、根据本法第三十一条第二款，善后保险金在预付保证金范围内，为《温室气体排放交易法》第三条第四款规定的平均权限的 3%，权限额度参照年运营封存气量，每年年底将善后保险金交付给主管部门。交付的款项按《民法》第一千八百零七条有息存储，利息成为保险金的附加部分。保险金用于履行本条第一款的义务和要求，需要时运营者须立即支付。

第三十一条 责任移交

一、运营者最早可在二氧化碳储存体关停后 30 年向主管部门要求将其义务移交给主管部门安排的联邦州。这些义务源于本法第十八条规定的合法的损失补偿要求，以及《温室气体排放交易法》和《环境损失法》的规定。

二、根据当时的科技水平，在储存体的永久安全得到保证且运营者遵照本法第三十条第四款支付了善后保险金的情况下，主管部门可以办理责任移交。如果这两个先决条件在本条第一款要求的时间以前已经具备，主管部门可以根据运营者的申请提前办理责任移交。在已具备先决条件的情况下，主管部门可在任何时间以官方名义对已经关停的储存体办理责任移交,参见本法第十三条第四款。责任移交应以书面形式向运营者确认。

三、在责任移交前,运营者在签署的证明中须就永久安全问题凭证据证明以下几点:

(一)封存二氧化碳的当前状态与模拟状态一致;

(二)用于永久封存的储存体在建筑结构上的完备;

(三)不存在泄漏情况和重大异常现象;

(四)储存体将具备长期稳定性。

证明内容要包含关停后监控到的所有与储存体内气体状态相关的情况,以及所有与泄漏和重大异常现象相关的情况。若已发生本法第十六条第二款提及的情况,要以本条为标准,由主管部门或其委托者提供永久安全证明,而运营者则须承担由此产生的费用。如果运营者不能在官方规定的期限内提供证明,则适用本条第二款的规定。

四、善后保险金数额以本法第三十条第四款提及的数额加利息之和为准。保险金至少要足以承担责任移交后30年间可预见的监控成本。金额按照本法第三十条第四款明确计算。联邦州可以单独或联合建立一个责任移交后的财政保障系统。

五、责任移交之后可以终止本法第二十八条第三款所提及的检查。监控也可降低至能够识别泄漏和重大异常现象的程度。在发现这些情况时,须加强监控力度,目的是能够调查问题的原因、类型和程度,以及判断对应措施的效果。

六、出现以下行为时,运营者需承担因责任移交所产生的费用:

运营者根据本条第三款提供证明时,蓄意或因疏忽大意作出错误的或不完整的说明;在责任移交之后方发现,运营者在责任移交前有违背本法规定或违背基于本法而颁布的其他法规的行为,有违背地质调查批准程序、计划确立决议或计划批准程序的行为。

第三十二条 预付保证金和责任移交的立法授权

一、经联邦议会批准的法令授权,联邦环境、自然保护和核反应堆安全部有权与联邦经济与技术部共同就以下几点颁布进一步的规定:

(一)二氧化碳储存体运营者依照本法第三十条收取预付保证金的时间;

(二)要求的范围、规模,允许类型,预付保证金额度;

(三)对各个保险环节的要求,特别是对担保人的要求,对信用机构承担担保义务及豁免的要求；

（四）负责确定和监控预付保证金的部门的工作方法和权限；

（五）各义务方均面对主管部门履行各自的义务，包括运营者的义务、保险企业的义务、保人的义务、承担及豁免担保义务者的义务。

二、经联邦议会批准的法令授权，联邦环境、自然保护和核反应堆安全部有权与联邦经济与技术部共同就本法第三十一条的责任移交颁布进一步的法令，详细确定执行程序和针对第三十一条第三款的永久安全证明的要求。

第五章 第三方的连接与开通

第三十三条 连接与开通、法定授权

一、二氧化碳管道网和储存体的运营者不得歧视其他公司，应在科技、经济方面提供有利、实惠的条件，建立其他企业与其二氧化碳管道网和封存体的连接并予以开通。为了保障有效连接与开通，二氧化碳管道网和储存体的运营者须在一定范围内与其他企业开展合作，并在此后提供必要的信息。

二、在二氧化碳管道网和储存体的运营者能够证明，由于储存量限制或其他紧急的法律原因而无法保证连接与开通的情况下，运营者可以拒绝本条第一款要求的连接与开通。拒绝要以书面的形式陈述理由，并及时呈送给申请接通方以及负责全国电力、燃气、电讯、邮政以及铁路调度的联邦能源网络管理局。应申请方要求，在储存量不足或连接条件不足的情况下，书面说明中须提供合理的数据支持，并说明若要实施进气，必须采取哪些具体措施方可扩大气体管道网络，以及由此产生的相关费用。被拒绝的申请接通方可以在事后要求提供此说明。如果在提供书面说明前已经声明制作需要成本费用，则提供说明时可要求支付酬金，但酬金不得超过成本费用的一半。

三、当二氧化碳管道网运营者因储存量不足而拒绝连接与开通时，运营者有义务在下列情况下采取扩建措施：

（一）二氧化碳管道网运营者具备经济能力；

（二）申请接通方承担扩建措施的费用；并且扩建措施将不影响气体运输和封存的安全性。

四、联邦经济与技术部获得授权，无须征得联邦议会同意，即可通过以下法令：

（一）颁布本条第一款有关管道网络连接、开通的技术经济条件的规定；

(二)规定联邦能源网络管理局在何种情况、何种条件下,以何种程序确立根据本条第四款第(一)项所述的规定,或批准由二氧化碳管道网及储存体运营者提出的申请。

第三十四条 联邦能源网络管理局的权限、法定授权

一、联邦能源网络管理局有权规定二氧化碳管道网和储存体运营者的义务,责令其停止与本法第三十三条至第三十五条以及基于第三十三条和第三十四条的法令相抵触的行为。若有运营者违背这些法规,联邦能源网络管理局可采取措施使其遵守义务。

二、联邦能源网络管理局基于本法第三十三条第四款所颁布的规定作出关于连接与开通的相关条件的决定,该决定通过明确针对运营者个体或针对某运营者群体或所有二氧化碳管道网和储存体运营者而作出,也可通过批准某申请者的申请而作出。

三、为确保以上条件能够继续成为获得确立和批准的先决条件,联邦能源网络管理局在必要的情况下有权对已经确立或批准的条件进行补充修订,但不得违反《行政程序法》第四十八条和第四十九条的规定。

四、联邦能源网络管理局在根据本条第一款和第二款作出决定时须考虑以下问题:

(一)根据本法第十三条第二款第(四)项所规定的二氧化碳最大可储存量,或根据本法第五条估算出的理想条件下的可容量,以及管道容量为已可供使用的容量或理想条件下方可具备的容量;

(二)德意志联邦共和国通过捕集和永久封存可完成的二氧化碳减排义务份额(根据国际法和欧盟法德意志联邦共和国所承担的二氧化碳减排义务份额);

(三)各项技术规格在理想条件下无法兼容的情况下,拒绝接通的必要性;

(四)认可管道网络或储存体的运营者或所有者(被充分证明了的)需求的必要性,以及维护所有其他相关管道网络或储存体及其他诸如预备或转运设备的使用者的利益的必要性;

(五)联邦经济与技术部被授权,无须征得联邦议会同意,即可通过法令确定本条第二款所述的明确规定义务或批准申请的程序,并且确定本条第三款所述的补充修订的程序。

第三十五条 第三方连接与开通的官方及法律程序、法定授权

一、联邦能源网络管理局应就第三方连接与开通,根据职权或应申请接通方的要求,领导制定官方程序。

二、面对联邦能源网络管理局,该程序的参与者为:

(一)申请提出程序者;

(二)程序所针对的企业;

(三)联邦能源网络管理局根据程序申请邀请加入的利益相关者(个人或集体)。

三、如对联邦能源网络管理局的决定有异议,可以提出起诉申请。起诉申请由赋予联邦能源网络管理局引领地位的州高级法院裁决,州高级法院是唯一决定联邦能源网络管理局引领地位的机构。

四、如对州高级法院的裁决有异议,可在州高级法院许可下向联邦最高法院提起上诉。如果最高法院允许上诉,则案件将作为"上诉案"在联邦法院开庭;如果最高法院不允许上诉,则该案件将作为"不可上诉案"被撤销。

五、依照《反竞争限制法》第九十一条,由州高级法院组建的联合裁决委员会裁定本条第三款所述分派给州高级法院的法律事务。依照《反竞争限制法》第九十四条,由联邦最高法院组建的联合裁决委员会裁定本条第四款所述的法律事务。

六、在本法无另外规定的情况下,《能源经济法》第六十七条至第九十a条以及第九十四条适用于此规定。在涉及《能源经济法》第六十九条第四款"搜查"时,"住宅不容侵犯"这项基本权利(《宪法》第十三条)受到限制。

七、联邦能源网络管理局将对下列三项事务征收费用:第一,根据本法第三十四条第一款所进行的安排、指令;第二,发布或批准第三十四条第二款所述的先决条件;第三,裁定第三十四条第三款中所述的补充修订。费用额度标准是能够包含相关公务活动产生的成本。该费用缴纳方为:向联邦能源网络管理局提交申请并获受理,或收到联邦能源网络管理局指令的个人或企业。联邦经济技术部被授权,在联邦议会的同意下通过法令调整费用额度。

八、联合裁决委员会机构的任务与权力不容侵犯。

第六章 用于研究的储存体

第三十六条 法规的适用范围

为查明某地是否适合建立储存体,要进行地质调查和建立用于研究的储存体。在本法第三十七条和第三十八条中无其他规定的情况下,上述工作须遵循本法第一章、第三章、第四章、第七章的法规(第七章第四十三条除外)。

第三十七条　用于研究的储存体的审批

一、用于研究的储存体的建设、运营、重大改动或变更该储存体研究目的,都必须获得主管部门的批准。申请必须具备本法第十三条第一款第(一)项至第(八)项及其随后提及的先决条件方可批准;申请与批准均须说明研究目的。

二、当出现下列研究目的时,主管部门可视具体情况免除本法第十三条第一款第(二)项和第(四)项至第(六)项要求的先决条件:

(一)为了确保储存体的永久安全;

(二)为了预防储存体对人类与环境的损害;

(三)为了确保注入设备的安全。

当以上目的通过其他途径均无法达到时,主管部门可免除上文所述的先决条件,但免除行为不得引起对人类与环境的危害。

第三十八条　法规的适用

一、本法的第九条第一款、第十一条第一款和第二款、第十四条、第十五条、第十九条、第二十条第一款以及第三十条第一款第(三)项,不适用于以研究为目的的储存体以及为查明是否适合建立储存体而进行的地质调查。

二、在适用本法以下法条时,要考虑研究是否具有重要性和紧迫性:第七条第一款、第十九条、第二十一条第一款、第二十三条第一款第(二)项、第二十八条第四款第(三)项、第三十一条,根据第二十五条、第二十六条、第三十二条、第三十三条颁布的诸项法令。适用本法第十七条第五款的附带要求,运营者在达到研究目的结束工作后有义务关停用于研究的储存体;研究结果须呈送联邦地球科学与自然资源研究所。

第七章　最　后　条　款

第三十九条　主管部门

一、在本法无其他说明的情况下,负责执行本法的主管部门受国家法律制约。

二、在遵照本法第七条、第十三条、第十七条和第三十七条作出裁定之前,主管部门要听取并考虑联邦地球科学与自然资源研究所以及联邦环境署的意见和建议。在主管部门的决定与上述两个机构的建议出现差异的情况下,须在裁决中对差异作出说明。在仅裁定一项旨在检查建立用于研究的储存体合适与否的申请时,主管部门作出裁定时不受本款规定的约束。

三、在遵照本法第三十四条第一款至第三款对接通储存体作裁决之前,主管部门应与联邦能源网络管理局共同根据本条第一款和第二款的规定从事相关活动。在有特殊需求的情况下,主管部门可根据本条第二款的规定征求联邦地球科学与自然资源研究所的意见。

第四十条 信息交流、法定授权

一、凡是获准在 2017 年 12 月 31 日之前运营的二氧化碳捕集、管道网络的运营者,须与相关人员或部门交流信息,包括业务同行,主管部门,联邦地球科学与自然资源研究所,联邦环境署,从事捕集、运输、永久封存技术的科研机构。每年应就以下信息进行交流:

(一)本法第二十二条所规定的自主监控;

(二)能源生产和工业生产中每单位能源中的二氧化碳在捕集、运输和封存中的减少度;

(三)各储存体的封存潜力;

(四)计划中的研发、发展与试验项目。

该项目由本条第一款规定的相关人员及部门提供。

二、经联邦议会批准的法令授权,联邦经济与技术部有权与联邦环境、自然保护和核反应堆安全部共同对信息交流的目的和详细内容,以及根据本法第四十四条撰写评估报告所必需的数据作出确定,并规定交流程序。在其过程之中务必重视可能涉及的运营和商业机密。

三、主管部门将检查数据的内容和范围用于信息交流和本法第四十四条所规定的评估报告。主管部门能够决定吸收哪些科研机构参与交流并按本条第一款要求提供所需交流的数据。

第四十一条 费用与垫付款、法定授权

一、依据本法第七条、第十三条和第十七条实施的公务行为,可按照国家法律收取费用。本法第三十九条规定的有关主管部门须从该收入中提取一定比例于联邦收费处纳税,提取比例由本条第二款确定。

二、联邦经济与技术部被授权,协同联邦环境、自然保护和核反应堆安全部以及联邦财政部,经联邦议会同意,可通过联邦议会批准的法令授权给联邦经济与技术部与联邦环境、自然保护及核反应堆安全部以及联邦财政部,共同确定各

州纳税的比例。

第四十二条 国家封存税

由各州决定，是否将永久封存税纳入国家法定税种。

第四十三条 罚款规定

一、违法行为包括以下蓄意或因疏忽引起的行为：

（一）未根据本法第四条第一款或第二款，按照经确认或已获批准的计划而建设、运营二氧化碳管道，或擅自明显更改二氧化碳管道。

（二）违反以下规定：

1. 本法第四条第四款的规定；

2. 本法第九条第一款或第十三条第三款的规定。

（三）未根据本法第七条第一款的规定获得批准便已进行地质调查。

（四）违反本法第七条第三款的规定，未报告或未及时报告调查结果。

（五）未根据本法第十一条第一款或第二款，按照经确认或得到批准的计划而建设、运营储存体或擅自明显更改储存体。

（六）违反本法第十一条第三款的规定进行二氧化碳封存。

（七）违反本法第十七条第三款第（二）项中任何一项可执行的命令。

（八）违反本法第十七条第四款的规定，未停止或未及时停止注入、未呈送或未及时呈送申请材料。

（九）违反本法第二十二条第一款或第二款［同时与基于第二十五条第一款第（四）项某项法令相关］，未实施或未正确、未完整地实施监控。

（十）违反本法第二十二条第三款［同时与基于第二十五条第一款第（四）项的某项法令相关］，未呈送、未正确呈送、未完整呈送或未及时呈送说明材料。

（十一）违反本法第二十三条第一款第（一）项或第（三）项［同时与基于第二十五条第一款第（八）项的某项法令相关］，未告发或未正确、未完整、未及时告发某些违法行为。

（十二）违反本法第二十三条第一款第（二）项［同时与基于第二十五条第一款第（八）项的某项法令相关］，未采取或未及时采取某项措施。

（十三）违反本法第二十四条第一款［同时与基于第二十五条第一款第（九）项的某项法令相关］，接受二氧化碳气体或向储存体注入二氧化碳。

（十四）违反本法第二十四条第二款［同时与基于第二十五条第一款第（十）项的某项法令相关］；

1. 未监控二氧化碳气体；

2. 未提供或未及时提供一份关于二氧化碳气体的证明。

（十五）违反本法第二十四条第三款[同时与基于第二十五条第一款第（十）项的某项法令相关]未书写或未正确、未完整地书写运营日志。

（十六）违反根据以下法令中某项可执行的规定：

1. 本法第二十八条第二款；

2. 本法第二十八条第四款。

（十七）未经本法第三十七条第一款所规定的批准而：

1. 建设、运营或明显更改某个用于研究的储存体；

2. 变更研究目的。

（十八）违反以下法令：

1. 本法第二十五条第一款第（一）项至第（三）项，或第（五）项和第（六）项，或第（七）项，或第三十二条；

2. 本法第四条第六款第（二）项、第三十三条第四款。

或违反了基于这些法令中某项可执行的且针对某种情况要求罚款的规定。

二、本条第一款第（二）项第二点、第（三）项、第（六）项至第（十一）项、第（十三）项至第（十六）项、第（十八）项第一点，同时适用于第三十六条所规定的用于研究的储存体。

三、以下违规现象将被处以金额高达五万欧元的罚款：

（一）违反本条第一款第（二）项第二点、第（三）项、第（六）项、第（七）项、第（九）项、第（十三）项、第（十四）项第一点、第（十六）项第二点、第（十八）项第一点，同时与本条第二款相关；

（二）违反本条第一款第（一）项、第（二）项第一点、第（五）项、第（十二）项、第（十七）项第一点、第（十八）项第二点。

其他违规行为将被处以数额高达一万欧元的罚款。

第四十四条　评估报告

一、联邦政府于2017年12月31日前向联邦议会报告本法的实施以及国际合作中获取的经验。报告中应描述在建设、运营用于研究与示范二氧化碳捕集、运输和封存项目中取得了哪些经验与结果，报告应关注技术进步和科学认识以及根据欧盟指令"2009/31/EG"第三十八部分第二款撰写的内容。

二、联邦政府的报告应特别研究和评估以下几点：

（一）二氧化碳的捕集、运输、永久封存对气候保护及安全、有效、环保的能源供应以及工业生产等方面作出的贡献；

（二）二氧化碳的捕集、运输、永久封存等技术工艺对环境的积极影响；

（三）二氧化碳的捕集、运输、永久封存等技术工艺的经济效应；

（四）统一标准的可行性与必要性；

（五）为解决气体封存与其他利用可能性之间的竞争，确立地下土地利用规划的目标、基本原则以及可行性与必要性；

（六）在欧洲范围内进行二氧化碳运输和封存方面的国际合作的可能性与机遇。

三、在报告中已阐明立法紧迫性的情况下，联邦政府应提出具体建议。如果储存体的建设在本条第一款规定的期限后才获批准，联邦政府则应将安排的预防措施标准呈送联邦议会，预防标准要与研究示范（依照本法第二条第二款）达到的标准保持一致。

第四十五条　过渡性条款

一、根据《矿山法》第七条已进入批准程序的项目（特别是与封存有潜在关联的项目，如寻找盐泉），在已提出申请并提交了申请材料的情况下，可根据本法第七条继续进行。

二、根据《矿山法》第七条进行的地质调查成果，可用于本法第七条的调查申请。如勘探第一阶段所述项目的矿产资源，已经满足了《矿山法》第七条与第五十一条第一款中提及的先决条件，并于企业计划程序中获得证明，可忽略本法第七条的规定。且在申请者于该法律生效一年内提出申请的情况下，主管部门无须再次审查本法第七条中提及的各先决条件。

三、当州政府表明须根据本法第二条第五款提出立法草案，或该州议会半数以上倡议相关立法，则主管部门必须遵照本法第二条第五款，放弃或搁置对根据本法第七条和第十二条提出的申请的裁定，直至该州法律生效，但不得拖延至自该申请提出之日起三年。

四、本法第二十条第一款所要求的说明源于欧盟委员会于 2007 年 7 月 18 日在 2007/589/EG 决议中作出的决定，该决议的目的是确定温室气体排放的监控和报告的准则，监控和报告均为欧盟议会和欧盟理事会 2003/87/EG 决议（Monitoring-Leitlinien）（Abl.L 229,2007 年 8 月 31 日,第 1 页）的准则所要求，该准则在 2010 年 6 月 8 日的决议中得以修改（Abl.L 155,2010 年 6 月 22 日,第

34 页)。根据欧盟议会和欧盟理事会于 2003 年 10 月 13 日作出的决议 2003/87/EG[①]中的准则(第十四部分第一款),委员会政令的确定与监控准则的确定均具有权威性。

五、本法第六章不适用于在本法生效前根据其他法律获得批准的用于研究的封存体。

第四十六条 排除地方法中的不一致

除本法第四条第一款和第十一条第一款另有规定外,地方法律须与本法或基于本法的规定保持一致。

附件 1 用于描述与评估潜在二氧化碳储存体、储存体群及其周边环境的准则

［对本法第七条第一款第(二)项、第三款、第二十二条
第二款第(一)项的说明］

对潜在二氧化碳储存体、储存体群及其周边环境的描述与评估,须根据评估时被证明为正确的程序进行,并按照下列准则分三个步骤进行。在与以下某准则或某些准则发生差异的情况下,只要运营者能够证明其效力不会对依据本法第七条第三款而作出的抉择造成负面影响,主管部门可以允许差异存在。

一、数据采集(第一步)

(一)为了进行储存体和储存体群的容量分析,必须采集相关资料,以创建静态与三维地质模型[②]。资料至少要包含下列用于描述储存体群专有特性的内容:

(1)地质学和地球物理学;
(2)水文地质学,尤其是可用的地下水;
(3)储存体特性和已规划储存体的开发方式,包括为注入制作的细孔容积计算和最终封存量计算;
(4)地球化学(溶出速率和矿化速率);
(5)地质力学和其他岩石特性(渗透率、裂缝和阻隔压力);

[①] 该决议的内容是:为欧洲共同体内温室气体排放资格证的贸易建立一个系统。该决议的目的是:修改欧洲议会的 96/61/EG 准则(ABl. L275,2003 年 10 月 25 日,第 32 页),该准则通过 2009/29/EG(ABl. L 140,2009 年 6 月 5 日,第 63 页)得到最新修改。
[②] 该模型包括岩层表面和周边岩层,以及由于水力原因而彼此相关的地区。

(6) 地震学；

(7) 天然通道和人造通道的存在与现状，包括有可能用作渗漏通道的井和钻孔。

（二）必须用资料证明储存体群周围环境的以下特点：

(1) 储存体群周围可能由于封存二氧化碳而受到负面影响的岩层；

(2) 储存体上方地面的居民分布、地貌以及各种基础设施；

(3) 邻近的各种有价值的物产和原材料，特别是符合《联邦自然保护法》第二十二条和第五十七条第二款的环境保护地区，以及被列入"欧盟自然2000保护区"(Natura-2000-Gebiete①)的地区、饮用水保护区、适用于饮用及温泉浴的地下水和碳氢化合物；

(4) 周围诸如对碳氢化合物的勘察、生产、地下封存，对潜在的岩层地热利用和蕴藏地下水的开发利用等活动，与储存体群之间可能发生的相互影响；

(5) 与潜在的二氧化碳产生源头的距离，对产生总量的估计，估计经济上能够承受的需封存总量，还有能配属使用的管道网络。

二、创建三维地质模型（第二步）

借助第一步中所述资料以及计算机存储模拟器，创建一个储存体群的三维地质模型或一系列相关模型。该模型包含岩层顶端并涉及相应液压关联地区。模型从以下方面对储存体群进行描述：

(1) 地质结构情况和保持机制；

(2) 储存体及其上方和周边的岩层②的地球力学、地球化学和流体技术方面的特征；

(3) 断裂纹路和人造路径；

(4) 储存体群的空间延伸；

(5) 细孔空间容积，包括细孔分布；

(6) 现有岩层的流体构成与特征；

(7) 其他相关的特征。

创建模型涉及的任何参数都具有不确定性，应对每一个参数制订一系列的情景，并确定合适的信任区间。另外，还须对模型自身的不确定性作出评估。

---

① Natura 2000 is an ecological network of protected areas in the territory of the European Union.

② 顶端岩层，密实岩石和透水岩石。

三、描述储存体的动态特性、敏感性以及风险评估(第三步)

特性描述与风险估计依赖于创建一个动态模型。该模型基于第二步中创建的储存体群的三维地质模型,包括多个向储存体注入的模拟步骤。

(一)描述储存体的动态特性(步骤 3.1)

1. 至少要注意以下因素

(1)可能的注入速率和二氧化碳气体特性;

(2)有效耦合建模的方法,即如何将多个单一功能的模型彼此有机地连接在一起的方法;

(3)反应过程,即考虑模型中实际存在的矿物质与注入气体之间如何反应;

(4)投入使用的存储模拟器(为了证明某些结果,可能要求多重模拟);

(5)通过短期模拟和长期模拟确定二氧化碳在数十年、数百年甚至数千年后的滞留情况和状态,以及在水中和其他被排挤在岩层的液体中的溶解速度。

2. 动态模型应提供下列信息

(1)注入期内储存体岩层内的压力和温度作为注入速率和封存量的函数;

(2)随着时间流逝,二氧化碳在空间和垂直方向的扩散情况;

(3)二氧化碳在储存体内的状态,包括受压力与温度影响的阶段状态;

(4)二氧化碳保持机制和保持率,包括横向和纵向密封、溢流阻碍以及潜在的溢流点;

(5)储存体群内及其周围的二级封闭系统;

(6)储存体的封存能量和内部压力梯度;

(7)储存体内和储存体群内形成缝隙的风险,尤其是在密封的岩层内;

(8)二氧化碳进入密闭的覆盖岩层的风险;

(9)二氧化碳泄漏的风险,如由于违规关停或未完全密封钻孔造成的泄露风险;

(10)可能发生的气体迁移;

(11)缝隙封堵的概率和速度;

(12)储存体内含有岩层水的化学成分可能发生变化和化学反应,如 pH 值的变化、矿化以及出于考虑钻孔封堵的安全性,为了预计后果而将这些情况纳入动态模型中;

(13)排挤原有的岩层液体;

(14)可能增加地震活动和由其导致的地层或地表隆起。

(二)描述封存体的敏感性(步骤3.2)

通过多重模拟确定某些参数在不同假设情况下的敏感程度。这些模拟依赖于单个三维模型或多个动态模型中的各种函数和不同的假设参数。风险评估中应关注各种明显的敏感参数。

(三)风险评估(步骤3.3)

风险评估应包括以下内容：

1. 危害描述

危害描述采取的方式是,通过上文描述的动态特性和敏感性确认储存体群泄漏的可能性,其中考虑以下几点：

(1)潜在的泄漏路径；

(2)通过这些路径的潜在的泄漏量(流动速率)；

(3)影响泄漏潜能的可疑参数,如用于不同假设条件下的三维模型或不同三维模型(地质屏障特性)中的储存体内最大压力、最大注入速率、最高温度、最大敏感度等；

(4)封存二氧化碳的继发效应,包括岩层液体的迁移和储存体内因封存二氧化碳而产生的新物质；

(5)地下水尤其是饮用地下水资源的使用风险；

(6)凡是有可能影响人类健康和环境安全的其他因素,诸如人为干预和对环境可能造成的影响。

危害描述应涵盖所有潜在的运营条件,以此检测、评价储存体群的安全性。

2. 危害评价

危害评价应基于以下方面进行：环境特征,储存体群地表上方的居民分布和日常活动,通过本附件第三条第(三)项第一点所述潜在的泄漏路径及泄漏气体的漏出、残留状况。

3. 影响评价

影响评价应基于以下方面进行：在本附件第三条第(三)项第一点中所述潜在的泄漏相关联的共同点和生存空间,以确定不同物种、群落或环境的敏感性评定。这些有可能涉及高浓度的二氧化碳对地表生物圈(包括土地、海洋沉积物、海水水域)产生的影响,如导致水中缺氧,pH值降低等。除此之外,影响评价还应包括发生泄漏时离开储存体的其他物质(注入气体中的杂质或封存过程中产生的新物质)的影响。由于所处时间和空间的差异,导致泄漏的规模程度有所不同,进行评价时应关注这些影响。

4. 风险描述

风险描述是对储存体的短期安全和长期安全的评估,包括对在建议条件下的泄漏风险预测和对潜在最严重的人类健康与环境的危害预测。风险描述基于风险和危害预测,并进行影响评价。它既应描述可能产生危险的不确定因素(这些危险因素已在各步骤描述中作出说明),也应描述降低这些危险因素的不确定性。

附件2 用于建立和更新监控纲要以及用于善后措施的准则

(对本法第十七条第二款、第二十条第一款及第二款的说明)

一、建立和更新监控纲要

附件1第三步中实施的风险评估是本法第二十条第一款中提及的监控纲要的基础,在此基础上建立并更新监控纲要,目的是依照本法第二十二条履行自主(自我)监控。纲要范围如下:

(一)建立监控纲要

1. 监控纲要规划了项目主要阶段的监控,包括项目开始、运营和善后。每个阶段都要规定并详细说明以下内容:

(1)监控的参数;

(2)采用的监控技术以及选择这种技术的原因说明;

(3)监控地点以及选择这些地点的原因说明;

(4)实施监控的频率以及确定该频率的原因说明。

2. 为确保监控效果,须判断对哪些参数进行监控。监控纲要须连续或定期监测以下几个方面:

(1)二氧化碳注入时的扩散情况;

(2)二氧化碳注入钻孔时的容量分析;

(3)二氧化碳注入钻孔顶端处的气体压力与温度;

(4)二氧化碳气体的化学分析;

(5)二氧化碳的活动状态和化学及物理状况,以确定储存体内部的温度与压力;

(6) 地下水的化学及物理特性。

3. 监控方式的选择立足于做计划时现有最好的处理方法。以下的技术可能被使用：

(1) 能够确定二氧化碳在地下、地表出现的地点及迁移路径的技术；

(2) 能够提供有关储存体群内气体压力、动态容量以及空间和垂直饱和分布的数据的技术，用这些技术可以精确附件1中所述的三维地质模型中的模拟数据；

(3) 可以更广泛运用的技术，用以确定从储存体泄漏的，并在储存体群内外游离的前所未知的泄漏路径数据。

(二) 更新监控纲要

1. 在处理、分析监控到的数据时，要将测量数据和观测结果与气体动态相对比，该气体动态产生自附件1中第三步所实施的对压力、容积和饱和状态的动态三维模拟预测。

2. 当观测的动态数据与预测的动态数据之间存在较大偏差时，三维模型要适应于观测数据而进行调整。该适应调整基于依照监控纲要取得的数据。为确保调整中运用假设的可靠性，必要情况下要调查附加数据。

3. 为分析新的风险因素和气体通量率，以及为审查和更新风险评估而运用调整后的三维模型（一个或多个），须重复附件1中的第二步和第三步。

4. 通过对比以往数据和调整后的三维模型的结果，查出新的气体来源和气体路径及其迁移率，或查出与以前估计的明显偏差，进而更新监控纲要。

二、善后监控

通过利用本法第二十条第一款中提及的监控纲要实施过程中收集并运用于模型的数据，支持善后监控。善后监控的作用主要是为本法第三十一条规定的责任移交提供必要的数据。

第二部分 《有关环境容忍度检测法》的修改[①]

《有关环境容忍度测试法》(《联邦法律公报》IS.94)于2010年2月24日颁

---

① 该法律的条款2用于欧盟理事会贯彻欧洲经济共同体于1985年6月27日颁布的准则85/337/EWG(公报 L175,1985.7.5,第40页)，该准则与公众和私人项目中环境容忍度检测相关联，并通过欧洲共同体准则2009/31/EG(公报 L140,2009.6.5,第114页)得以更新。

布,该法第十一条于 2010 年 8 月 11 日(《联邦法律公报》IS.1163)得到更新,现对该法的附件 1 再次修订如下:

1. 在 1.9.2 后新增 1.10 至 1.10.3。

1.10	建设、运营用于二氧化碳捕集和永久封存的设备		
1.10.1	根据 Spalte1 低电压保护的设备	X	
1.10.2	在该设备不属于 1.10.1 所述的情况下,分离功率为每年 1 500 万吨或以上均可	X	
1.10.3	该设备的分离功率为每年 1 500 万吨或以下		A

2. 以下表中的内容替换上一版本附件 1 中的 15.至 15.1。

15.	采矿业与二氧化碳永久封存:	
15.1	任何采矿项目(包括为规划实施所必需的措施)都须遵守基于《矿山法》第五十七 c 条第一点颁布的法令	
15.2	二氧化碳储存体的建设、运营及关停	X

3. 19.9.3"水"后面的句号改为分号。
4. 新增以下内容。

19.10	根据《二氧化碳永久封存示范法》的规定建设、运营运输网络,未超出用地范围的管道除外	
19.10.1	管道长于 40 千米,X 管口径大于 800 毫米	
19.10.2	管道长于 40 千米,口径在 150 毫米到 800 毫米之间	A
19.10.3	管道在 2 千米到 40 千米之间,口径大于 150 毫米	A
19.10.4	管道短于 2 千米,口径大于 150 毫米	S

第三部分 《环境损害法》[①]的修改

《环境损害法》于 2007 年 5 月 10 日(《联邦法律公报》IS.666)颁布,该法第十

[①] 该法的第四部分用于落实欧盟议会与理事会 2004 年 4 月 21 日颁布的准则 2004/35/EG(公报 L143,2004.4.30,第 56 页),该准则与环境责任相关,目的是避免环境损害并恢复环境。2004 年颁布的准则通过 2009 年颁布的准则 2009/31/EG(公报 L140,2009.6.5,第 114 页)得到最后更新。

四条于 2009 年 7 月 31 日(《联邦法律公报》IS.2585)得到更新,现对该法的附件 1 再次修订,新增如下内容:

"14. 根据《二氧化碳永久封存示范法》第三十七条封存二氧化碳。"

第四部分 《循环经济和垃圾法》[①]的修改

《循环经济和垃圾法》于 1994 年 9 月 27 日(《联邦法律公报》IS.2705)颁布,该法第三条于 2009 年 8 月 11 日(《联邦法律公报》IS.2723)得到更新,现对该法第二条第二款第五项再次修订,新增如下内容:

"5a 为了永久封存而捕集、运输并注入储存体内的二氧化碳,或注入试验储存体内的二氧化碳。"

第五部分 《诉讼费用法》的修改

《诉讼费用法》于 2004 年 5 月 5 日(《联邦法律公报》IS.718)颁布,该法第三条于 2010 年 10 月 18 日(《联邦法律公报》IS.1408)得到更新,现修订如下:

1. 该法第一条第一款第一句更改如下:
(1) 将"16."中的"和、并且或以及"用分号替换;
(2) 在"17."中添加"和、并且或以及";
(3) 在"18."中添加"18. 依照《二氧化碳永久封存示范法》"。

2. 在第五十条第一款第 1 句的第(二)项中,在"《能源经济法》"后添加"或《二氧化碳永久封存示范法》的第三十五条第三款和第四款"。

3. 附件 1(费用目录)更改如下:
(1) 第一部分的第二节,第三段和第四段的标题里的"和"(或者"并","以及")字前加一个逗号,并加入"《二氧化碳永久封存示范法》第三十五条"的说明。
(2) 前言中的"1.2.2"作以下更改:
本段在投诉程序中须依照以下法律条款适用:

---

① 该法第五部分用于落实欧盟议会与理事会于 2006 年 4 月 5 日颁布的有关垃圾的准则 2006/12/EG(公报 L114,2006.4.27,第 9 页),该准则通过 2009 年颁布的准则 2009/31/EG(公报 L140,2009.5.6,第 114 页)得到最后更新。

①《竞争限制法》第六十三条和第一百一十六条；
②《证券购买和继承法》第四十八条；
③《证券交易法》第三十七条第一款；
④《能源经济法》第七十五条；
⑤《欧共体消费者保护执行法》第十三条；
⑥《二氧化碳永久封存示范法》第三十五条。

第六部分　《律师酬劳法》的修改

《律师酬劳法》于 2004 年 5 月 5 日（《联邦法律公报》IS.718,788）颁布，该法第四条于 2010 年 10 月 18 日（《联邦法律公报》IS.1408）得到更新，现对该法第三部分附件 1（酬劳目录）前言"3.2.1"修订如下：

1. 第九条最后的句号用"和"或"以及"替换。
2. 第九条后增加"10."：

"10. 法律申诉程序遵照《二氧化碳永久封存示范法》。"

第七部分　《有关需审批的设备建设法令》①的修改

《有关需审批的设备建设法令》于 1997 年 3 月 14 日（《联邦法律公报》IS.504）颁布，该法第十三条于 2009 年 8 月 11 日（《联邦法律公报》IS.2723）得到更新，现对该法附件 10.2 修订如下：

序号	列 1	列 2
10.2	产生于列 1 的原用于永久封存二氧化碳的设备，现用于捕集二氧化碳	

---

① 该法令的第六部分用于落实欧盟议会与理事会于 2008 年 1 月 15 日颁布的准则 2008/1/EG（公报 L24,2008.1.29,第 8 页），该准则与统一地避免和减少环境污染相关。2008 年颁布的准则通过 2009 年颁布的准则 2009/31/EG（公报 L140,2009.6.5,第 114 页）得到更新。

第八部分 《有关大型火力及涡轮设备法令》①的修改

《有关大型火力及涡轮设备法令》于2004年7月20日(《联邦法律公报》IS.1717,2874)颁布,该法第一条于2009年1月27日(《联邦法律公报》IS.129)得到更新,现修订如下:

1. 内容目录中,在第九条的说明后添加如下说明:

"第九a条 用于离析和压缩二氧化碳的设备。"

2. 在第九条后添加如下:

"第九a条 用于离析和压缩二氧化碳的设备:

(1)在对建设或运行一台额定功率为300兆瓦及以上的发电设备的首次审批之前,运营者须检查匹配的二氧化碳储存体是否到位、气体运输是否开通、用于离析和压缩的设备改造在技术上和经济上是否可行。这些检查工作也适应于同等规模设备的改造以及扩建。

(2)具备本条第一款的条件后,运营者须在设备用地范围内预留足够的面积用于离析和压缩设备的改造以及扩建。"

第九部分 法 律 生 效

本法自公布之日起生效。

(吴悦旗 译 吴建雄 杨解君 校)

---

① 该法令的第七部分用于落实欧盟议会与理事会于2001年10月23日颁布的准则2001/80/EG(公报 L309,2001.11.27,第1页;L319,2002.11.23,第30页),该准则用于限制有害物质从大型火力设备向空气中排放,2001年颁布的准则通过2009年颁布的准则2009/31/EG(公报 L140,2009.6.5,第114页)得到更新。

澳大利亚

2008 年维多利亚州温室气体地质封存法案

(2008 年 11 月 5 日通过)

目　录

第一章　序言
　　　　第一节　简介及定义
　　　　第二节　目标与原则
　　　　第三节　本法的适用
第二章　温室气体物质和地下地质封存构造的所有权和控制权
第三章　温室气体封存开发许可
　　　　第一节　权利和义务
　　　　第二节　获得许可的程序
　　　　第三节　续期
　　　　第四节　注入测试方案
　　　　第五节　地下地质封存结构的发现
第四章　温室气体物封存结构的保留租赁
第五章　温室气体物质的注入和监测许可证
　　　　第一节　许可证所赋予的权利
　　　　第二节　申请许可或租赁许可
　　　　第三节　招标程序下的许可证申请
　　　　第四节　一般规定
　　　　第五节　温室气体物质的地下注入
　　　　第六节　注入和监测计划
　　　　第七节　温室气体物质注入和监测许可的条件
　　　　第八节　第三方永久存储温室气体物质

第六章　单元开发

第七章　温室气体基础设施线路

第八章　特殊进入授权

第八A章　特殊钻井授权

第九章　申请授权的一般规定

　　第一节　申请

　　第二节　社区咨询

　　第三节　条件

　　第四节　授权的转让

　　第五节　停止或取消授权

　　第六节　其他事项

第十章　规划事项

第十一章　允许地上操作之前的同意要求

　　第一节　公有荒地

　　第二节　操作需要事先同意

　　第三节　操作需要公告

第十二章　补偿

第十三章　授权持有人的其他义务

　　第一节　准备操作计划

　　第二节　操作行为

　　第三节　复垦保证金

　　第四节　使用费和租金

　　第五节　授权结束后的义务

第十四章　信息

　　第一节　向部长提交的信息

　　第二节　发布信息

第十五章　实施

　　第一节　督察

　　第二节　改善和禁止通知书

　　第三节　违法行为

第十六章　行政事项

第一节　温室气体封存注册
　　第二节　其他行政事项
　　第三节　费用和罚款
第十七章　一般规定
第十八章　过渡性条款和相应修正案
　　第一节　《1989年水法》的许可
　　第二节　环境保护局的监管和检验

第一章　序　　言

第一节　简介及定义

第一条　立法目的

本法案作为维多利亚州履行减少大气中温室气体承诺的一部分,旨在促进和调整为永久封存温室气体物质而将其注入地下地质构造的行为,包括促进和调整对可存储地下地质构造的勘探行为。

第二条　生效

一、根据本法案第十六款之规定,本法案(除第十八章第二节外)自公布之日起生效。

二、第三百零五条自第五十条生效满四年之日起生效。

三、第三百零六条自第五十五条生效满四年之日起生效。

四、第三百零七条自第一百零六条生效满四年之日起生效。

五、第三百零八条自第一百一十一条生效满四年之日起生效。

六、第三百零九条自第二百五十一条生效满四年之日起生效。

七、第三百一十条自第二百五十三条生效满四年之日起生效。

八、第三百一十一条自第二百六十四条生效满四年之日起生效。

九、第三百一十二条自第二百七十条生效满四年之日起生效。

十、第三百一十三条自第二百七十一条生效满四年之日起生效。

十一、第三百一十四条自第二百七十二条生效满四年之日起生效。

十二、第三百一十五条自第二百七十三条生效满四年之日起生效。

十三、第三百一十六条自第二百七十五条生效满四年之日起生效。

十四、第三百一十七条自第二百九十六条生效满四年之日起生效。

十五、第三百一十八条自第三百零三条生效满四年之日起生效。

十六、本法案在2010年1月1日前尚未生效的条款(除第十八章第二节外),自2010年1月1日起生效。

第三条　定义

在本法案中:

"授权"是指开发许可、保留租约、注入和监测许可或者特别权限授权。

"社区"包括持有或可能持有原始土地所有权的人。

"国有土地"是指本身是,或被法律确定是,或者未被国家转让的土地,包括:

(一)根据法律被永久或者暂时保留的公用土地;

(二)个人依据本法案或者其他法律,依租约、许可证或其他权属证明取得的公用土地。

但不包括:

(一)原住民所有权土地及公有荒地;

(二)根据1993年《维多利亚州种植园公司法案》3A部分获得许可的土地。

"当前的授权持有人"是指主要授权的持有人。

"部门"是指国家发展、商业和创新部。

"钻井授权区域"是指第八A章规定的特殊钻井授权中指定的区域。

"环境"包括水资源。

"环境保护局"与1970年《环境保护法》中"机构"的含义相同。

"勘探许可"是指根据本法第二十五条获得的勘探许可。

"温室气体评估许可"与2010年《海上石油与温室气体储存法案》中的含义相同。

"温室气体承包经营"与2010年《海上石油与温室气体储存法案》中的含义相同。

"温室气体注入许可"与2010年《海上石油与温室气体储存法案》中的含义相同。

"温室气体封存构造的勘探"是指本法第四条所列的规定。

"温室气体封存基础设施"是指能够用于温室气体注入地下地质构造的设施。

"温室气体封存操作"是指以下相关活动:

(一)温室气体封存构造勘探;

(二) 温室气体物质注入和监测。

"温室气体物质"是指：

(一) 无论是气体或液体状态的二氧化碳；

(二) 无论是气体或液体状态的特定温室气体；

(三) 任何或所有的下列物质的混合物：

1. 无论是气体或液体状态的二氧化碳；

2. 一种或多种无论是气体或液体状态的特定的温室气体；

3. 一个或多个偶发的与第1项或第2项中所提到的物质相关的温室气体物质，无论是气体或液体状态；

4. 无论是在气体或液体状态的特定的监测剂，

只要——

5. 该混合物大多数成分由第1或2项中提到的物质构成；

6. 若该混合物包括特定的监测剂，在该混合物中规定的监测剂的浓度不超过规定的该监测剂的浓度。

"温室气体的物质注入和监测"规定于本法第五条。

"敦促改善通知书"是指根据第二百二十七条发出的通知。

"注入和监测许可"是指根据第八十二条授予的温室气体注入和监测许可。

"督察"是指根据第二百五十一条授权进行检查的人。

"土地"包括岩石层。

《原住民土地所有权法》是指联邦议会1993年通过的《原住民土地所有权法》。

"原住民土地"是指有原住民（《原住民土地所有权法》所指的原住民）生活的土地。

"公园国有土地"是指根据1975年《国家公园法案》，属于国家公园、州公园或者其他公园的任何土地。

"主要授权"是指：

(一) 勘探许可；

(二) 保留租约；

(三) 注入和监测许可；

(四) 温室气体评估许可；

(五) 温室气体承包经营；

(六）温室气体注入许可。

"私有土地"是指不属于国有土地和原住民土地的土地。

"公共权力机构"是指：

（一）2004年《行政管理法案》所指的公共服务机构；

（二）任何依据法案成立的以公共利益为目的的其他团体，不论是否是法人。

"公共利益"是指为以下目的的利益：

（一）政府的政策；

（二）创造就业机会；

（三）对社会的影响；

（四）为维多利亚州或整个澳大利亚短期或长期的环境利益；

（五）为维多利亚州或维多利亚州任一地区的短期或长期的整体经济利益；

（六）影响美观，市容或文化价值。

"资源"是指被授予资源使用权的人有权利提取和使用的资源。

"资源授权"是指根据以下法案的授权：

（一）1995年《采掘业发展法案》；

（二）2005年《地热能源法案》；

（三）1990年《矿产资源（可持续发展）法案》；

（四）1998年《石油法》；

（五）1989年《水法》。

"受限制的国有土地"是指1990年《矿产资源（可持续发展）法案》附表3中所规定的土地。

"保留租赁"是指根据第六十二条授予的租赁。

"严峻形势"是指本法第六条规定的情形。

"特别进入授权"是指根据本法第一百二十六条规定取得的特别进入授权。

"岩石层"是指土地下面的任何形式的有限空间、土地表面、土地表面上方或下面的有限部分或有限的土地表面的部分。

"地下地质封存构造"包括：

（一）地下地质构造中的任何密封空间或水库；

（二）任何相关地质属性或特点的地下地质构造。

"单元开发协议"是指根据第六条规定订立的协议。

"不受限制的国有土地"是指任何公有荒地、公园国有土地和有限制的国有土地以外的土地。

"变化"是指在授权的考虑中对相关条件的增加或减少。

"公有荒地"是指1978年《参考区域法案》规定的参考地区,或者1975年《国家公园法案》规定的荒野区或荒野公园。

"工作方案"由本法第一百四十八条规定其定义。

第四条 温室气体封存的地质构造勘探的含义

温室气体封存的地质构造勘探是指,以找到一个或多个可能适合温室气体物质注入和永久存储的地下地质储存的地层为目的的以下活动:

(一)开展地震调查或任何其他形式的调查;

(二)开展基础调查;

(三)采取样本;

(四)挖井;

(五)将液体或气体注入、流入或储存到地下地质储存结构中;

(六)监测注入或存储液体或气体到地下地质储存结构中的行为;

(七)以测试地下地质封存的结构性质为目的的任何其他活动,包括:

1. 监测地下地质结构的密封和连接;

2. 测试地下地质结构的能力。

第五条 温室气体物质注入和监测的含义

"温室气体物质注入和监测"是指:

(一)以在地下永久存储该物质为目的,将温室气体物质注入地下地质存储结构;

(二)监测温室气体物质的注入行为,包括预测性建模行为;

(三)(一)或(二)中所列举行为的附带行为,包括在注入和监测许可区域内温室气体物质的运输行为。

第六条 严重情况的含义

如果出现以下情形,视为地下地质封存结构出现了严重情况:

(一)已注入地下地质封存结构的温室气体物质已经泄露或即将泄漏;

(二)在温室气体物质被注入地下地质封存结构的过程中泄漏或即将泄漏;

(三)将温室气体物质注入地下地质封存结构的行为,与被批准注入测试计划或批准注入和监测计划不相符;

(四)温室气体物质注入或储存于地下地质封存结构中,会或将会对地质的完整性或部分地质结构或构造产生重大影响；

（五）地下地质封存结构不适用于经批准的注入和监测计划中所载温室气体物质的永久存储。

第二节　目标与原则

第七条　目标

本法案旨在通过以下行为，鼓励和促进维多利亚州温室气体封存行动的利益：

（一）鼓励和促进温室气体封存行动。

（二）建立安全的体制和有序、公平的授权制度，以鼓励温室气体封存作业。

（三）建立一个监管温室气体封存操作的法律框架，旨在确保：

1. 温室气体封存操作开展的方式须最大限度地减少对公众健康和环境的影响。

2. 提供获取关于温室气体封存操作信息的有效、恰当的协商机制。

3. 对受温室气体封存操作影响的土地进行修复。

4. 对于使用的私有土地给予合理补偿。

5. 执行许可及审批的条件。

（四）确保温室气体封存操作均按照可持续发展原则进行。

（五）简化温室气体封存操作规划的审批程序。

（六）确保在规划、授权、操作、运行和终止温室气体封存操作的过程中，考虑对公共健康和环境的影响。

（七）确保官方负起责任，通过取消注入和监测许可，不断监测和核查地下地质封存结构，以用于永久存储温室气体物质。

第八条　可持续发展原则

一、议会的目的是使本法案的实施遵循可持续发展原则。

二、根据本法案的目的，可持续发展原则是指：

（一）为保障子孙后代福利的经济发展路径，强化个人和社区的健康和福利。

（二）维持几代人之间的平衡。

（三）应保护生物多样性和生态完整性。

（四）应认识到为提高环境保护能力，发展强有力的、增长型的、多元化的以及具有国际竞争力的经济的需求。

（五）采取的措施应该具备有效性和灵活性，与改进评估、定价机制和激励机制不相抵触。

（六）不论是长期和短期的经济、环境、社会及权益问题，都应当有效地融入决策过程中。

（七）如果出现严重或不可逆转的环境破坏，不得以缺乏充分的科学确定性作为推迟采取措施以防止环境退化的理由。

（八）决策应遵循：

1. 在可行的情况下做详细的评估，以避免对环境造成严重或不可逆转的破坏；

2. 多种选择的风险加权结果评估。

（九）温室气体封存操作应当对区域发展有积极贡献，并且尊重社区和原住民的意愿。

（十）对社区参与产生影响的问题，应为他们提供参加和决策的机会。

第三节 本法的适用

第九条 本法与部分其他法案的关系

如果本法案对某项事项作出规定，同时 1985 年《危险品法案》、1970 年《环境保护法》、2004 年《职业健康和安全法案》或 1989 年《水法》也对该事项作出了规定，则本法案中的规定：

（一）如果与其他法案条文不存在冲突，则必须遵守；

（二）如与其他法案条文相冲突，在冲突的范围内没有法律效力，其他法案条文优先适用。

第十条 原住民遗产

本法案的内容不影响 2006 年《原住民遗产法案》的实施。

第十一条 不适用本法案的情形

本法案不适用于 1982 年《石油（地下）法案》中规定的毗邻地区的地下地质封存构造。

第十二条 部长有权宣布土地不用于温室气体封存

一、部长可以在政府公报上刊登公告，并记录在温室气体封存登记簿上，宣告不能用于温室气体封存操作的任何土地或土地类别。

二、部长可基于以下原因作出公告：

（一）因重大的环境原因而保护土地；

（二）保护重要的商业或经济业务或活动；

（三）部长认为适当的任何其他原因。

三、部长通过刊登于政府公报的通知及记录在温室气体封存登记簿的方式，可撤销根据本条作出的任何声明。

第十三条　本法约束

本法案对维多利亚州王室具有约束力，只要议会立法权允许，本法案可约束王室所有其他权力。

第二章　温室气体物质和地下地质封存构造的所有权和控制权

第十四条　地下地质封存构造属于国家财产

一、在维多利亚州土地上的地下地质封存结构皆属于国家。

二、第一款并不适用于任何土地（国有土地除外）地表下 15—24 米的地下地质封存构造。

三、第一款适用于之前被转化的公用土地。

四、对于实施本条规定所造成的损害，国家不承担赔偿责任。

第十五条　国家保留国有土地所有权

政府在本条生效后，赋予他人任何的授权、租赁、许可或其他权利，国家均保留对地下地质封存构造的所有权，除非另有文件对以上事项作出规定。

第十六条　温室气体物质的所有权

如果注入和监测许可证被取消或收回，则国家成为已注入地下地质构造的温室气体物质的所有者。

第十七条　未经授权探索温室气体封存结构的行为违法

任何人不得在维多利亚州开展任何温室气体封存结构勘探活动，除非：

（一）依据授权；

（二）或者经过本法案允许。

处罚：罚款 240 单位①。

---

① 译者注：1 个处罚单位约等于 145 澳元。

第十八条 未经授权不得开展温室气体物质注入和监测行为

任何人不得在维多利亚州开展温室气体物质注入和监测,除非:

(一) 依据注入和监测许可;

(二) 经过本法案允许。

处罚:罚款 240 单位。

第三章 温室气体封存开发许可

第一节 权利和义务

第十九条 勘探许可赋予的权利

一、授予许可证持有人勘查许可,须遵守和依据许可证要求的条件:

(一) 在许可的范围内开展温室气体封存勘探;

(二) 为以上目的进行的任何必要或附带行为需在许可的范围内。

二、如果勘探许可证持有人在许可范围内发现适合永久存储温室气体物质的地下地质储存结构的,许可证持有人有权被授予:

(一) 注入和监测执照;

(二) 温室气体封存结构租赁。

第二十条 开采资源

授予的勘探许可证,并未授权许可证持有人有权开采在根据本法开展温室气体封存行为时发现的任何资源。

第二十一条 工作方案的主要对象

一、除第一百四十八条所列要求外,勘探许可证持有人工作方案的关键目标是:

(一) 在许可证许可的范围内建立地下地质封存结构的特性和程度;

(二) 评估温室气体物质注入地下地质封存结构的可行性;

(三) 评估地下地质封存结构是否适合温室气体物质永久存储;

(四) 确保温室气体封存勘探采用以下方式进行:

1. 保护地下地质储存结构的完整性;

2. 保护公众健康和环境不受温室气体封存勘探的影响。

二、勘探许可证持有人必须确保最大限度地实现第一款规定工作方案的关键目标。

第二节 获得许可的程序

第二十二条 部长可以就勘探许可证招标

一、部长可以就勘探特定区域的许可申请进行招标,包括某一层土地的勘探申请。

二、招标书必须载明:

(一)部长在评估申请时考虑的主要因素;

(二)申请截止日。

第二十三条 许可证申请

除遵守第一百四十七条外,勘探许可证的申请人必须提交以下详细信息:

(一)由申请人提出的工作方案;

(二)申请人的相关专业资格和申请人的雇员所具有的相关专业资格;

(三)申请人提供相关的技术信息;

(四)申请人现有的财务信息。

第二十四条 在竞争者中作出选择时应当考虑的主要因素

一、本条适用的情形是:就特定区域收到一个以上的申请,部长决定授予勘探许可证。

二、在确定申请人是否能够获得许可时,部长需要考虑的因素有:

(一)申请人提出的各自工作方案的优点;

(二)工作方案开展的可行性。

三、本条的主要因素是指除第二十二条第二款规定的应在邀请函中载明的主要因素之外的因素。

第二十五条 勘探许可证的授予

一、部长可以授予或拒绝授予勘探许可证。

二、如果部长决定授予勘探许可证,则必须在决定作出后的十四天内书面通知每一个申请失败的人。

三、如果部长决定不授予任何勘探许可证,则必须书面通知所有申请人。

第二十六条 如果前一个授权被拒绝,部长可以作出新的授权

一、本条适用的情形是:当部长决定授予某个申请人勘探许可时,但该申请人以书面形式表示不准备接受该授权。

二、部长可以授予许可证给任何其他申请人。

三、不论部长曾授权多少次,本条皆可适用。

第二十七条 首次邀约没有获得同意授权许可的程序

一、如果出现以下情形,部长可再次邀约申请勘探许可证:

(一)根据第二十二条作出的申请邀约没有收到任何申请;

(二)部长拒绝授予任何申请人勘探许可证;

(三)没有申请人愿意接受部长的勘探许可授权。

二、第二十二条第二款、第二十三条、第二十五条、第二十六条适用于根据本条第一款的邀约作出的申请。

三、如果收到一个以上的申请,部长应按照收到的顺序考虑申请。

第二十八条 许可范围的限制

在授予勘探许可证时,部长必须确保:

(一)该许可证适用的区域形成了一片连续的土地;

(二)该许可证适用的区域不是"已经成为勘探许可适用区域"的一部分。

第二十九条 许可可以仅限于土地的某一层

一、勘探许可证可以被授予:

(一)土地的某一层;

(二)某一个不受限制的特定层。

二、除为公共利益外,部长不得对地层批准许可。

第三十条 许可期限

除被取消或终止,或本法另有规定外,勘探许可证自温室气体封存登记满五年时届满。

第三节 续　　期

第三十一条 许可证的续期

一、部长可以自期限届满之日将勘探许可再延长五年。

二、除被取消或终止,或本法另有规定外,新的勘探许可证自初次温室气体封存登记之日满十年时届满。

三、对每一个勘探许可证,部长只能续期一次。

第三十二条 续期申请

一、勘探许可证持有人可申请许可证续期。

二、申请续期必须在许可证届满 90 天之前向部长提交申请。

三、未按照为本条之目的的法规规定支付滞纳金的,部长也可以视为该续期申请不符合第二款的规定。

四、在许可证过期后提交申请的,部长不得再考虑任何勘探许可延期的申请。

第三十三条 在续期许可证时,需要考虑的其他因素

一、部长必须更新勘探许可证,如果:

(一)申请续期的持证人按照部长要求的形式和方式申请续期;

(二)申请的同时交付了规定的续期费用;

(三)许可证持有人符合许可条件和所有适用法律的条件;

(四)申请附有许可证持有人在许可证延期时拟从事的工作计划的详细内容;

(五)部长认可所提交的工作方案。

二、在任何其他情况下,部长可以对其确信有特殊情况并应当予以续期的许可续期。

第三十四条 如果没有达到关键目的,许可证将不被续期

一、除第三十三条规定外,如果根据许可已经开展的工作方案,其切实可行的关键目的没有达到最大程度,则部长不得延长该勘探许可证。

二、第一款不适用的情形是:部长认为没有达到目的是因为一个或多个超出持证人所能控制的事件导致的。

第三十五条 可以缩小更新后的许可范围

一、在勘探许可证续期时,部长可以缩小许可的范围。

二、部长可以根据第一款的规定缩小许可的范围,如果:

(一)根据第三十三条提请续期的许可证持有人自愿放弃的区域;

(二)根据部长的意见,为了公共利益的需要。

第三十六条 许可证延期的工作方案变化

一、如果勘探许可证续期,许可证持有人可向部长申请许可变更工作方案。

二、如果部长认为该变更方案提高了工作效率,则可以允许持证人变更工作方案。

第四节 注入测试方案

第三十七条 注入测试方案必须做好准备的时间

一、勘探许可证持有人必须在将液体或气体注入地下地质封存结构前准备注入测试方案,其目的在于:

(一)测试注入或存储液体或气体的行为;

(二)测试该地质结构是否适合永久储存温室气体物质。

二、勘探许可证持有人必须提交一个注入测试方案作为工作方案的一部分:

(一)与第二百零九条规定的工作方案一起提交;

(二)在以后的任何时间,根据第二百一十二条变更工作方案时提交。

第三十八条 注入测试计划必须包括的内容

一个注入测试计划必须包括以下内容:

(一)在哪里以及如何进行注入测试的信息;

(二)将会被注入的液体或气体的详细信息,包括被注入的液体或气体的体积及建议注入率等信息;

(三)关于怎样规避与注入行为相关的对健康或环境产生风险的信息;

(四)根据规定和如何监测存储温室气体物质的细节,制定监测和核查计划;

(五)根据法律制定的风险管理计划;

(六)地下地质构造注入温室气体物质潜在的泄漏和迁移路径信息。

第三十九条 在测试计划开始前被批准的方案

勘探许可证的持有人不得在区域进行注入测试,除非部长已经批准了持有人在许可证区域的注入测试计划。

处罚:罚款 240 单位。

第四十条 注入测试计划的批准

一、根据第四十一条的规定,部长可批准注入测试计划,前提是他认为该计划符合下列条件:

(一)不存在损害公众健康或环境的风险;

(二)不存在污染许可区域的其他资源的重大风险。

二、部长可以根据本条或者其认为必要的任何条件批准测试计划。

三、部长可以决定将测试计划交给一个独立小组或任何公共机关提出是否接受的建议。

第四十一条 环境风险

一、为了确定注入测试是否存在对环境的风险,部长必须在批准注入测试计划之前的 21 天内提供一份建议计划给以下个人或机构:

(一) 1970 年《环境保护法》规定的主管部长;

(二) 1989 年《水法》规定的主管部长;

(三) 环境保护局。

二、第一款所指的人或机构可作出有约束力的建议。如果该个人或机构提出以下建议,则注入测试计划不予批准或附条件批准:

(一) 根据该计划拟开展的工作对环境存在风险;

(二) 申请人提出的风险管理计划或有关环境监测和核查的计划不充分。

三、如果该建议在计划提出后 40 天内提出,则该建议对部长有约束力。

四、如果某人或某机构要求就注入测试计划申请提供进一步信息,则在收到该信息前的时间不计算在提出申请的期限内。

第四十二条 资源的污染或消毒

一、本条适用的情形是:部长认为,注入测试将在许可区域内对其他资源产生重大污染,但不会对公共卫生或环境造成风险。

二、除第四十条第一款第二项的规定外,如果符合以下条件,则部长可能会批准该注入测试计划。

(一) 勘探许可证持有人同意按照可能被污染资源的管理部门提出的计划进行操作;

(二) 部长认为批准的计划符合公共利益。

第四十三条 其他资源权限持有人的同意

拟进行注入测试工作对许可区域内的资源存在重大污染风险时,许可证持有人必须采取一切合理步骤,以取得许可证区域内其他资源管理部门的同意,开展测试工作。

处罚:罚款 240 单位。

第四十四条 将计划交给独立调查小组

一、部长批准注入测试计划前,可将计划交给一个独立专家小组或任何相关的公共权力机构以参考其意见。

二、除第一款规定外,部长在将计划交给独立专家小组或相关公共权力机关前,必须根据第四十二条第二款第二项确定该计划符合公共利益。

第四十五条 专家组的任命

一、部长可委任一个专家组考察注入测试计划。

二、获委任的人必须是在考察事项上有相关知识和经验的人。

三、除非部长在任命时有特殊要求，该小组可自行决定程序。

四、该小组必须在测试工作拟开展区域刊登公告，邀请公众在通知规定的时间内提出意见。

五、在参考了所有的公众意见后，小组必须在部长规定的期限内向其报告调查结果。

六、小组可以将任何其认为合适的建议囊括在报告中。

七、小组的成员有权取得由政府规定的固定费用及津贴。

八、部长如果不遵循小组提出的建议，则必须提交书面理由。

第四十六条　社区咨询

一、如根据1978年《环境影响法》，无需批准注入测试计划的申请人就计划中提议的工程进行环境影响声明，则适用本节之规定。

二、部长必须在收到批准注入测试计划的申请后，安排在维多利亚州各地普遍流通的报纸上发布公告，载明：

（一）部长已收到批准注入测试计划的申请；

（二）可以审查载于申请副本或摘要以及随附计划的副本或摘要中的一个或多个地点的详细信息；

（三）与申请有利害关系的任何个人或机构都可以索要并在支付规定的费用后从部长那里收到申请摘要；

（四）与申请有利害关系的任何个人或团体均可以在公告发布后21天内对申请发表书面意见；

（五）如果部长批准注入测试计划，则任何与申请有利害关系的个人或机构均可以要求获得部长的书面通知。

三、在根据第二款发布通知之日起21天届满时，如果收到了根据第二款第四项规定的与申请有利害关系的任何个人或机构的任何书面意见，部长可以暂停根据第四十七条召开的会议。

四、在批准注入测试计划之前，部长必须考虑其收到的根据第二款第四项规定发表的任何书面意见。

五、如果部长收到第二款第五项规定的请求，部长必须通过以下方式通知提出请求的个人或机构其已批准注入测试计划：

（一）向个人和机构发送此事项的公告（或者如果请求是由多个人或机构联合提出的，则发送给这些人或机构的代表）；或者

（二）在维多利亚州各地普遍流通的报纸上发布此事项的公告。

第四十七条 会议

一、如果部长认为有助于公正解决涉及众多利害关系人的事务，则可邀请全部或任何利害关系人参加会议。

二、应书面通知根据本条应邀出席会议的所有人员会议举行的时间和地点。

三、根据本条举行的会议必须由部长或由部长提名的人主持。

四、根据本条进行的任何会议讨论和决议以及主持该会议的任何人的建议，部长必须予以考虑。

第四十八条 补偿协议

一、如果部长已按照第 40 条批准注入测试计划，勘探许可证持有人不得根据经批准的注入测试计划开展任何工作，除非符合以下条件：

（一）许可证持有人已经与可能受到污染的资源权限持有人订立补偿协议；

（二）维多利亚州民事及行政裁判所已确定应支付给许可证区域内可能受到污染的资源持有人的赔偿金额。

处罚：罚款 240 单位。

二、任何人只可在本法规定的期限届满后向维多利亚州民事及行政裁判所提出申请求偿。

三、如果维多利亚州民事及行政裁判所认为一方试图通过协商解决争议，因为另一方拒绝谈判或者双方无法达成一致而无法解决争议，则任何一方只有在维多利亚州民事及行政裁判所作出决定才有权向维多利亚州民事及行政裁判所申请求偿。

第四十九条 应付给资源权限持有人的补偿

补偿应由注入测试许可证的持有人支付给资源权限持有人，以支付因开展以下活动而造成的直接的、自然的、合理的损害：

（一）剥夺对资源的占有；

（二）恢复和使用该资源的机会的损失。

第五十条 按照批准的计划进行注入测试

一、勘探许可证持有人必须确保按照以下标准开展注入测试工作：

（一）批准的注入测试计划；

（二）作为注入测试计划一部分的风险管理计划；

（三）作为注入测试计划一部分的监测和核查计划；

（四）所批准的注入测试计划的其他附加条件。

处罚：罚款240单位。

二、在不限制环境保护局的其他权力或职能的情况下，环境保护局可对违反第一款第三项的罪行提起诉讼。

第五十一条　部长可以要求变更注入测试计划

一、部长可以要求勘探许可证持有人变更注入测试计划，以及作为计划一部分的风险管理计划或监测和核查计划。

二、部长只有在咨询许可证持有人后，才能提出此要求。

第五十二条　部长咨询

一、在提出变更注入测试计划以及作为计划一部分的风险管理计划和监测核查计划的要求之前，部长必须提供一份更改建议给以下个人和机构：

（一）1970年《环境保护法》规定的主管部长；

（二）1989年《水法》规定的主管部长；

（三）环境保护局。

二、第一款所指的人或机构可以提出变更或不变更注入测试计划的意见，如果其认为：

（一）按照修改后的计划执行工作将会对环境构成风险；

（二）环境风险如何进行管理的信息不够详细，包括任何风险管理计划或监测和核查计划的细节。

三、如果该建议在部长提出修改计划方案后的40天内提出，则该建议对部长有约束力。

四、如果某个人或某机关向有关部门要求提供有关注入测试计划申请批准的进一步信息，则自要求提供进一步资料之日起到收到资料之日，经过的时间不计入提出建议的期间。

第五十三条　环境保护局可以要求变更监测和核查计划

一、环境保护局可以要求勘探许可证持有人变更作为注入测试计划一部分的监测和核查计划。

二、环境保护局只有在向许可证持有人询问后才能提出要求。

三、环境保护局在询问部长后,必须根据第一款提出要求。

第五十四条 部长可允许变更注入测试计划

一、在收到勘探许可证持有人的书面申请后,部长可允许许可证持有人变更注入测试计划以及作为注入测试计划一部分的风险管理计划或监测和核查计划。

二、注入测试计划变更申请必须附有与提议变更相关的风险评估。

三、第三十九条至第四十七条适用于变更申请。

第五十五条 报告

一、如果勘探许可证已存在经批准的注入测试计划,持有人必须向部长报告所有的监测和核查活动的结果。

二、根据第一款,必须按照以下规定进行报告:

(一)在监测和核查计划指定的时间内;

(二)若没有规定时间,则每个月均需进行。

三、环境保护管理局必须向部长提供本条所规定的每一份报告的副本。

四、部长必须确保本条规定的每个报告在温室气体封存登记部门有可供公众查阅的副本。

第五节 地下地质封存结构的发现

第五十六条 如果发现地下地质封存结构必须告知部长

如果勘探许可证持有人发现可能适合永久储存温室气体物质的地下地质封存结构,则:

(一)必须将该发现立即告知部长;

(二)必须在发现后的 3 个工作日内向部长书面描述发现细节。

处罚:罚款 120 单位。

第五十七条 部长可以就地下地质封存结构发出指示

一、本条适用的情形是:部长有理由相信勘探许可证持有人发现可能适合永久储存温室气体物质的地下地质封存结构。

二、部长可以要求许可证持有人就该发现申请保留租赁许可证或注入和监测许可证。

三、部长必须以书面形式提出要求,并且必须允许注入和监测许可证持有人在至少 90 天内提出申请。

四、如果许可证持有人没有遵守部长根据本条提出的要求,部长可以取消许可证。

第四章 温室气体物封存结构的保留租赁

第五十八条 保留租赁的目的

对可能适合温室气体物质永久存储,以目前的注入和监测执照还不具备商业开发可行性,但可能会在 15 年内发展完成的地下地质封存结构,保留租赁可以使勘探许可证持有人保留权利。

第五十九条 租赁所赋予的权利

保留租赁授权持有人须按照租约条件:

(一)开发租赁范围内的温室气体封存结构;

(二)为实现以上目的从事任何必要的或附带的行为;

(三)保留依据第五章第二节申请注入和监测许可证的权利。

第六十条 申请租赁权的权利

一、勘探许可证持有人可就在申请时无商业开发可行性但可能适合温室气体物质永久存储的地下地质结构申请保留租赁。

二、保留租赁的申请必须在申请人的勘探许可证到期 90 天之前提交。

三、根据本条的目的依法支付滞纳金的,部长也可以考虑其他不符合第二款的保留租赁申请。

四、部长不能就任何已过期后提交的保留租赁申请,批准勘查许可证。

第六十一条 申请时提供的详细信息

除了要遵守第一百四十七条外,保留租赁的申请人必须提交以下详细信息:

(一)租赁面积;

(二)地下储存结构永久存储温室气体物质的地质适宜性;

(三)地质结构注入和永久存储温室气体物质在申请时的商业可行性;

(四)地质结构注入和永久存储温室气体物质在未来的商业可行性。

第六十二条 租赁的授予

一、部长有权授予或拒绝授予保留租赁。

二、部长必须授权保留租约,如果部长确信:

(一)申请人发现了很可能适合温室气体物质注入和永久存储的地下地质

封存结构；

（二）申请人已经证明温室气体物质可以被注入其发现的地下地质储存结构中；

（三）申请人在申请时未获得注入以及永久保存温室气体物质的商业可行性，但可能在未来15年有机会获得的。

三、如果不符合第二款规定的任何事宜，部长必须拒绝给予保留租赁。

第六十三条　工作方案

除了第一百四十八条的规定，预备工作程序必须：

（一）概述申请人打算如何解决永久存储温室气体物质的地下地质封存结构的地质适用不确定性的问题；

（二）列举申请人拟开展的用以确定地下地质封存适合永久存储温室气体物质的结构且具有商业可行性的工作。

第六十四条　适用租赁区域

一、部长可就申请的全部或部分区域授权保留租赁。

二、在授予保留租赁时，部长必须：

（一）确保租赁面积是所必需的最小面积：

1. 适合温室气体物质注入和永久保存的地下地质封存结构的最大面积；

2. 能够在未来为注入和永久保存温室气体物质而使用地下地质封存结构。

（二）容许温室气体物质注入租赁区域或者根据发展协议的任何合并面积的潜在路径迁移。

三、本条并不授权部长将不在勘探许可范围内的面积包括在租赁面积内。

第六十五条　许可可以限制在有限的土地层

一、保留租赁可能被授予：

（一）某个土地层；

（二）不受限制的特定土地层。

二、除非部长认为符合公共利益，否则不得授予特定土地层的租赁。

第六十六条　租期

一、部长可以给予保留租赁不超过5年的期限。

二、除被取消、延长或本法另有规定外，保留租赁在部长指定的日期到期。

第六十七条　租赁续期

一、部长可对保留租赁的时间进行不超过5年的续期。

二、部长可以根据第一款，从租赁期满之日起续期不超过5年。

三、部长只能根据第二款,续期保留租赁一次。

第六十八条 租赁不被授予情况下的程序

部长不得拒绝授予保留租赁,除非部长:

(一)已经提前至少 30 日以上将不授予租赁的书面通知发送给申请人;

(二)将通知副本送达利益相关人;

(三)在发出通知时:

1. 给出拒绝的详细原因;

2. 邀请被通知人按照指定的日期提交任何其希望的意见书。

(四)考虑到在确定日期时或之前提交的申请。

第六十九条 部长可以要求商业可行性审查

一、部长可以要求租赁的持有人重新评估地下地质封存结构注入或者永久存储温室气体的商业可行性,并将评估结果书面报告给部长。

二、在提出该要求时,部长:

(一)必须将该要求书面通知租赁持有人;

(二)必须允许租赁持有人在至少 90 天之内达到该要求。

三、部长在租赁持有人提出书面申请的情况下,可允许租约持有人有更多的时间来根据本条达到该要求。

四、如果持有人在 5 年内已两次及时遵守本条规定的要求,则部长不得再根据本条提出要求。

第七十条 如果存在永久存储的可行性,部长可以发出指示

一、本条适用的情形是:根据第六十九条收到报告后,部长认为在该地下地质封存结构中永久存储温室气体具有商业可行性。

二、部长可以要求租赁持有人就租赁范围申请注入和监测许可。

三、以上要求必须以书面形式提出,并且必须允许承租方在至少 90 天内提出申请。

四、如果租赁的持有人未能遵守本条的要求,部长可以取消租赁。

第五章 温室气体物质的注入和监测许可证

第一节 许可证所赋予的权利

第七十一条 许可证所赋予的权利

依照许可证的条件,温室气体物质注入和监测许可证授权持有人有权:

(一)在许可区域内开展温室气体物质注入和监测;

(二)在许可区域内开展温室气体封存结构的勘探;

(三)为以上目的,在许可的区域进行任何必要的其他活动。

第二节　申请许可或租赁许可

第七十二条　许可证申请

勘探许可证持有人或保留租赁持有人发现一个地下可能适合永久存储温室气体物质并且有商业可行性的地质封存结构,可向部长申请温室气体物质注入和监测许可证。

第七十三条　申请时提供的详细信息

一、除符合第一百四十七条外,根据本条提交的注入和监测许可证申请必须包括:

(一)所涉区域的详细信息;

(二)对地下地质封存结构适合温室气体物成永久存储的评估;

(三)拟注入地下地质封存结构的温室气体物质的性质和数量的详细信息;

(四)任何规定的其他事项。

二、除第一百四十八条的要求外,拟定的工作方案必须与注入和监测许可证申请一同提交,申请中必须确定一个注入温室气体物质的开始日期,并且符合本法规定的最长期限。

第三节　招标程序下的许可证申请

第七十四条　部长可以进行招标

一、如果符合以下条件,则部长可批准某一个区域的注入和监测许可证的申请:

(一)部长认为该地区包含一个可能适合温室气体物质注入和永久保存的地下地质封存结构;

(二)该区域符合以下条件:

1. 不是保留租赁或注入和监测许可证的主体;

2. 曾经是勘探许可证的主体,但在该地区的保留租赁或许可证或注入和监测许可证已过期或已取消。

二、招标必须确定以下内容：

（一）部长要考虑的主要因素；

（二）申请必须提交的日期。

三、招标需要明确以下内容：

（一）申请人为申请许可证需支付的金额；

（二）决定审核申请的标准。

第七十五条　申请

一、除了符合第一百四十七条外，依据本节的申请需要满足以下条件：

（一）必须提交以下详细信息：

1. 申请人的相关专业资格及相关员工的专业资质；

2. 提供给申请人的相关技术咨询；

3. 申请人的财务状况。

（二）必须提交可供注入和永久存储的温室气体物质的详细信息，包括拟注入的温室气体物质的性质和数量的详细信息。

（三）必须包括第（二）项中指定的永久存储温室气体的地下地质封存结构的适宜性评估。

（四）必须包括被列入招标事项的其他规定或要求。

（五）招标要求申请人列明愿意为被授予许可所支付的金额，必须附有投标量10％的定金。

二、除第一百四十八条的要求外，拟定的工作方案必须与注入和监测许可证申请一同提交，申请中必须指定一个开始注入温室气体物质的日期，并且符合本法规定的最长期限。

第七十六条　投标竞争决定的程序

一、部长必须根据招标书所载明的需要考虑的主要因素批准申请。

二、如果部长认为会损害公共利益的，本条并不要求部长必须批准申请。

第七十七条　通知申请人

一、如果部长决定授予注入和监测许可证，则必须在作出决定后的14天内书面通知每个申请失败的申请人。

二、如果部长决定不授予注入和监测许可证，则必须书面通知所有申请人。

第七十八条　定金退还

一、如果申请人没有获得注入和监测许可证，部长必须退还根据第七十五条第一款第五项支付的定金。

二、如果部长认为有特殊情况或为公平利益的要求,则可退还获得许可证但不愿接受的申请人所支付的定金。

第七十九条 如果之前的授权被拒绝,部长可作出新的授权

一、本条适用的情形是:部长根据本节决定授予温室气体注入和监测许可证,但申请人书面表示不愿接受。

二、除第七十六条外,部长可授予任何其他申请人许可证。

三、无论部长决定授予多少次许可,本条皆适用。

第八十条 许可付款时间的延长

如果申请人在接到已被授予注入和监测许可证后 90 天内提出书面申请,部长可将其支付许可所需费用的时间最多延长至 90 天。

第八十一条 除非投标价金已支付,否则部长不得发出许可证

除第八十条外,如果申请人在投标时说明愿意为注入和监测许可证的授予支付金额,则除非申请人已支付,否则部长不得发许可证给申请人。

第四节 一般规定

第八十二条 许可证授予

一、部长可以授予或拒绝授予注入和监测许可证。

二、在决定是否批准注入和监测许可证时,部长必须考虑以下主要因素:

(一) 由申请人提出的工作方案的实质;

(二) 工作方案开展的可行性;

(三) 申请人对用于存储温室气体物质的地下地质储存结构适宜性的评估;

(四) 在许可区域永久存储温室气体物质的可能性;

(五) 若申请人是根据第七十四条的招标提出的申请,还包括招标中指定的任何其他因素。

第八十三条 满足以下事项,部长才能同意授予

一、除非满足以下事项,否则部长不得授予注入和监测许可证:

(一) 申请人持有具有商业价值的温室气体物质;

(二) 该地下地质储存结构可能适合于注入和永久存储特定温室气体物质;

(三) 在授予该许可证的区域内可以永久地存储温室气体物质。

二、在授予注入和监测许可证时,部长必须同时考虑第八十二条规定的主

要因素。

第八十四条　限制许可证适用区域

一、部长可以全部或部分授予注入和监测许可证。

二、授予注入和监测许可证时,部长必须考虑以下事项:

(一)确保租赁面积是最小的必要面积:

1. 适合温室气体物质的注入和永久保存的地下地质封存结构的最大面积;

2. 能够在未来为注入和永久保存温室气体物质使用地下地质封存结构。

(二)考虑注入的温室气体物质的潜在迁移路径,以确保注入的温室气体物质可能包含在许可区域或开发协议的任何联合区域中。

三、本条并未授权部长将不在勘探许可范围内的面积包括在租赁面积内。

第八十五条　许可证可以限制在有限的土地层

一、注入和监测许可证可以授予:

(一)某土地层;

(二)不受限制的某一个特定土地层。

二、除非部长认为符合公共利益要求,否则不得授予特定土地层的许可证。

第八十六条　许可证可能作特定限制

一、部长可以就指定数量授予温室气体物质注入和监测许可证。

二、在指定温室气体物质的体积时,部长必须考虑到以下内容:

(一)申请人建议注入温室气体物质的地下地质结构的预计存储容量;

(二)申请人建议注入的温室气体物质的体积。

三、部长不得授权申请者注入的温室气体物质的量大于其被批准的地下注入和监测许可计划中所规定的量。

第八十七条　温室气体注入工作完成后,可以进一步授予申请者其他许可

一、如果某块土地上的温室气体物质的注入和监测许可证持有人放弃权利,部长可以将许可证授予其他人。

二、如果部长认为符合下列条件,则可以根据第一款的规定进一步授予注入和监测许可证:

(一)符合公共利益;

(二)不会干扰现有的许可证持有人注入后的监测和核查活动;

(三)不存在污染许可区域其他资源的重大风险。

三、根据本条进一步授予注入和监测许可证之前,部长必须询问现有许可证持有人。

四、如果部长根据本条授予进一步的注入和监测许可证,部长必须书面告知现有的许可证持有人。

第八十八条 许可证期限

注入和监测许可证持续有效,直至被取消或交回或本法另有规定。

第五节 温室气体物质的地下注入

第八十九条 如果注入温室气体物质不能达到部长的要求

一、若申请者在许可范围内进行温室气体物质地下注入活动,部长有权指导其活动,要求许可证持有人采取必要且特定的步骤改变要注入的温室气体的体积数或注入速度。

二、如果部长认为该意见对确保温室气体物质的注入是必要的,则可以给出一个指导意见:

(一)可使该温室气体物质地下注入和监测活动更有效率;

(二)将最大限度地提高能被存储的温室气体物质的体积。

三、如果部长给出了一个指导意见,但许可证持有人所采取的措施不符合部长的要求,则部长指导持有人进行改变温室气体物质注入的体积或速率的其他相关行为。

第九十条 指示的形式

本节所规定的指示必须以书面形式作出。

第九十一条 许可证持有人必须遵从指示

注入和监测温室气体许可证持有人必须遵守根据本节作出的指示。

处罚:罚款 240 单位。

第九十二条 地下注入活动的完成

一、根据注入和监测计划完成注入活动后,温室气体注入和监测许可证的持有人必须完成以下内容:

(一)书面通知部长注入活动已经完成的相关事宜;

(二)拆除所有与注入活动相关的基础设施,包括堵塞或关闭井;

(三)修复注入活动的实施地;

(四)停止许可证许可的注入温室气体物质的权利。

处罚:罚款 240 单位。

二、许可证持有人放弃授权的温室气体物质地下注入的权利不代表放弃该地下注入和监测许可。

三、为放弃注入温室气体物质的权利之目的,部长须通过修订温室气体注入和监测许可证(包括许可证的任何条件)的方式来实现。

第六节 注入和监测计划

第九十三条 注入和监测计划

一、注入和监测计划是指在注入和监测许可证中载明的、如何在许可区域进行温室气体物质注入和监测的相关计划。

二、注入和监测计划必须作为操作计划的一部分,并且由注入和监测许可证持有人提交:

(一)根据第二百零九条要求的经营计划;

(二)根据第二百一十二条对运行计划进行修改。

第九十四条 注入和监测计划的内容

注入和监测计划必须包括以下内容:

(一)许可证持有人拟进行的活动的详细情况以及完成的日期。

(二)许可区域内具体的地理、水文、地质、化学和生物状况的详情,以便为开发管理和监测这些状况的任何变化而制订底线。

(三)即将注入地下地质结构的温室气体物质的性质。

(四)预估的地下地质储存结构的存储容量。

(五)预估的注入温室气体物质的速率和体积。

(六)拟注入和监测技术的描述。

(七)评估潜在的泄漏和温室气体物质从地下地质封存结构的迁移路径。

(八)对温室气体物质泄漏可能对公共健康、环境和其他资源造成的影响评估。

(九)评估温室气体物质泄漏的可能性,包括以下泄漏:

1. 温室气体物质注入和监测期间出现的泄漏;

2. 放弃注入温室气体物质权利后出现的泄漏;

3. 注入温室气体物质许可证被停止后出现的泄漏。

(十)一份监测和检验计划,内容包括对已经被地下储存的温室气体物质的活动的监测和与之相关的规定和详细介绍。

（十一）根据规定编制的风险管理计划。

（十二）注入和监测温室气体许可证被停止后开展监测和核查活动的成本预估。

（十三）其他规定事项。

第九十五条 计划于注入和监测可开始前得到批准

在进行温室气体物质地下注入和监测活动前需要提交已通过的计划。除非部长已经批准了许可证持有人的温室气体物质注入和监测计划，否则，注入和监测许可证持有人不得在许可授权区域开展温室气体物质注入和监测。

处罚：罚款240单位。

第九十六条 注入和监测计划的批准

一、除非符合以下条件，否则部长不得批准注入和监测计划：

（一）该地下地质储存结构适于注入和永久封存温室气体物质；

（二）使用地下地质存储结构用于注入和永久封存温室气体物质，不存在污染许可地区内的其他资源的重大风险；

（三）该注入的温室气体物质会被储存在许可授权的区域范围内的地质结构中；

（四）根据第九十七条，注入和永久保存温室气体物质不存在危害公众健康或环境的风险。

二、部长可以根据本节其认为必要的任何条款及条件，批准注入和监测计划。

第九十七条 环境风险

一、为了评估注入和永久存储温室气体物质是否会对环境造成威胁，部长必须在接到注入和监测计划的21天内提供一份计划的副本给以下个人和机构。

（一）1970年《环境保护法》规定的主管部长；

（二）1989年《水法》规定的主管部长；

（三）环境保护局。

二、第一款所指的人或机构若认为存在以下情形，则可以向部长提出该注入和监测计划的申请不被批准或有条件批准的建议：

（一）根据该计划拟开展的工作会对环境产生风险影响；

（二）申请人提出的风险管理计划中有关环境的风险控制计划不完善；

（三）申请人提出的监测和核查计划，包括申请者在放弃温室气体物质地下注入和监测许可证后对该注入的温室气体物质的监测和检验的预算不完善。

三、如个人或机构根据本条在收到该计划后的40天内提出意见,则该意见对部长有约束力。

四、如果个人或机构要求提供有关注入和监测计划的批准申请的进一步信息,则提出要求和审核部门调取资料的时间不算入40天内。

第九十八条　资源的污染或消毒

一、本条适用的情形是:经部长同意,申请的注入和永久储存温室气体物质会在许可领域内对其他资源有污染和破坏的风险,但又不会对公众健康和环境造成风险。

二、除第九十六条第一款第二项外,部长在以下几种情况下可以批准计划:

(一)注入和监测许可证持有人愿意承担其许可范围内,可能因温室气体物质地下注入和监测活动造成的资源权限持有人的损失,包括资源权限持有的人资源被污染或破坏产生的损失;

(二)在部长看来,批准该计划符合公共利益。

第九十九条　其他资源权限持有人的同意

地下注入和监测许可的持有人愿意承担许可范围内可能因温室气体物质地下注入和监测活动造成的资源权限持有人的损失,包括资源权限持有人的资源被污染或破坏产生的损失,许可持有人必须得到其他资源权限持有人的同意,方可进行活动。

处罚:罚款240单位。

第一百条　参照独立专家组的方案

一、在批准注入和监测计划之前,部长可将该计划送交一个独立专家组或相关公共机构审议。

二、除遵循第一款规定以外,根据第九十八条第(二)款第(二)项的规定,部长在决定批准注入和监测计划之前,必须经独立专家组或相关公共机构审议该计划是否符合公共利益。

第一百零一条　专家组的任命

一、部长可以通过文书任命专家组,专家组考虑注入和监测计划的申请批准。

二、获委任的专家组成员必须具备该专家组所需的知识或经验。

三、除部长委任专家组时作出的规定外,专家组有权利规定自己的程序。

四、专家组须在注入和永久存储温室气体物质的地区的报纸上刊登公告,在公告规定的时间内对批准提议计划征求意见。

五、专家组须在参考所有提交的意见后,在部长规定的期限内以书面形式向其报告调查结果。

六、专家组可以在报告中列入任何其认为合适的建议。

七、专家组成员有权获得政府规定的任何费用及津贴。

八、如果部长不遵循专家组提出的建议,则必须就其决定给出书面理由。

第一百零二条 社区咨询

一、如果注入和监测计划的申请人无需根据1978年《环境影响法》进行环境影响陈述的,则适用本条规定。

二、部长在收到注入和监测计划申请时,须在一份发行于整个维多利亚州的报纸上发布公告,提供以下信息:

(一)部长已经收到注入和监测计划的申请;

(二)供查找该申请或与申请一起提交的计划摘要副本的地点的详细资料;

(三)任何申请利益人或机构在提交申请并交纳规定的费用时得到的申请摘要;

(四)任何申请利益人或机构在公告发出的21天内对该申请作出的书面评价;

(五)任何申请利益人或机构在部长批准注入和监测计划时要求获得的书面通知。

三、从发布通知起的21天内,部长会根据第二款的规定对申请利益人或机构有关第二款第四项的书面评价进行核查,并根据第一百零三条的规定召开会议。

四、部长必须根据第二款第四项考虑注入和测试计划批准之前收到的所有书面意见。

五、如果部长接收到依据第二款第五项作出的请求,则必须通过以下方式通知该个人或机构关于注入和监测计划的批准:

(一)向该个人或机构发出通知(如果这项申请由多数人或机构提出,则通知其代表);

(二)在整个维多利亚州发行的报纸上发布公告。

第一百零三条 会议

一、如果部长认为多数相关人的参与有助于公正解决此事,则部长可邀请所有或任意利害关系人召开会议。

二、根据本条的规定,必须书面通知应邀参加会议的所有人员会议举行的时间和地点。

三、根据本条的规定举行的会议,必须由部长或由部长提名的人主持。

四、部长必须考虑根据本条的规定召开的会议中参会人员作出的任何会议讨论和决议以及会议主持人的建议。

第一百零四条　补偿协议

一、如果部长已经按照第九十六条批准了注入和监测计划,除非符合以下条件,否则注入和监测许可证持有人不得自主开展其他任何注入和监测计划活动:

(一)许可证持有人已经与许可区域内可能受到污染的资源管理局达成补偿协议;

(二)维多利亚州民事与行政裁判所已经确定了向许可区域内可能受到污染的资源管理局支付的赔偿金总额。

处罚:罚款 240 单位。

二、申请人在规定的求偿期限届满后,按照规定只能向维多利亚州民事与行政裁判所提出申请。

三、如果维多利亚州民事与行政裁判所认为,一方当事人试图通过和解解决争议,但是另一方拒绝谈判或者双方都无法达成协议的,则当事人可向维多利亚州民事与行政裁判所提出申请。

第一百零五条　资源权限所有人应得的补偿

因执行注入和监测计划而对土地或资源所实施的直接、自然或合法的操作已经、将会或持续对资源权限所有人造成以下损失或损害的,注入和监测许可证的持有人应支付补偿金给资源权限所有人:

(一)丧失获得资源的机会;

(二)丧失恢复或使用资源的机会。

第一百零六条　必须遵守注入和监测计划

一、注入和监测许可证的持有人必须确保温室气体物质的注入和监测符合以下计划和条件:

(一)注入和监测计划;

(二)作为注入和监测计划的一部分的风险管理计划;

（三）作为注入和监测计划的一部分的监测和核查计划；

（四）所批准的注入和监测计划的其他附加条件。

处罚：罚款240单位。

二、在不限制环境保护局的其他权力或职能的情况下，环境保护局可对违反第一款第（三）项的行为提起诉讼。

第一百零七条 部长可以要求变更注入和监测计划

一、部长可以要求注入和监测许可证的持有人变更注入和监测计划，包括作为申请许可证整体计划方案一部分的风险管理计划或监测和核查计划。

二、部长须在咨询许可证持有人后才能作出该决定。

第一百零八条 部长的咨询

一、部长在要求注入和监测许可证持有人变更注入和监测计划以及作为该计划一部分的风险管理计划或监测和核查计划前，须提供一份变更建议副本给以下个人和机构：

（一）1970年《环境保护法》规定的主管部长；

（二）1989年《水法》规定的主管部长；

（三）环境保护局。

二、第一款所指的人或机构若认为存在以下情形，则可以向部长提出该注入和监测变更计划的申请不应被批准或应该有条件批准的建议：

（一）根据变更计划开展的工作会对环境造成危害；

（二）关于对环境造成的风险将如何管理的信息不足，包括任何风险管理计划或监督审查计划中的信息。

三、依据本条的规定向个人或机构提交变更计划，该个人或机构在收到后的40天内就该计划所提出的建议对部长有约束力。

四、如果个人或机构要求该部门进一步提供有关批准注入测试计划申请的信息，个人或机构收到该信息前的时间不计入提出建议的时间之内。

第一百零九条 环境保护局可以要求变更监测审查计划

一、作为注入和监测计划一部分的监测和审查计划，环境保护局可以要求注入和监测许可证的持有人对其作出变更。

二、环境保护局只有在与许可持有人进行协商后，才能提出变更要求。

三、在根据第一款提出变更要求前，环境保护局必须咨询部长。

第一百一十条 部长可以准许变更注入和监测计划

一、在收到注入和监测许可证持有人的书面申请时,部长可以允许许可证持有人变更注入和监测计划,包括风险管理计划和作为申请或获得许可证计划一部分的监测和核查计划。

二、申请变更注入和监测计划时,必须同时提交与变更计划相关的风险评估。

三、第九十六条至第一百零三条适用于变更申请。

第七节　温室气体物质注入和监测许可的条件

第一百一十一条　报告

一、如果注入和监测许可证持有人的注入和监测计划获得了批准,许可证持有人就要遵守许可证的规定,向环境保护局提交其依照许可证开展的所有监测和核查活动结果的报告。

二、根据第一款规定提交的报告必须符合下列条件:

(一)在监测和核查计划指定的时间内提交;

(二)如果监测和核查计划没有指定时间的,每3个月提交一次。

三、环境保护局必须按照本条的规定,向部长提交每份报告的副本。

四、部长必须确保按照本条的规定提交的每个报告的副本,可在温室气体封存登记处供公众查阅。

第一百一十二条　支付长期监测和核查费用

一、许可证持有人必须按照注入和监测许可证的规定,每年分期支付注入和监测计划预估的长期监测和核查成本费用。

二、每年分期缴纳的金额是根据总预估费用乘以部长规定的固定百分比。

三、许可证持有人必须按期支付费用。

第八节　第三方永久存储温室气体物质

第一百一十三条　永久储存温室气体物质的协议

一、注入和监测许可证持有人可与任何人在许可证范围内,订立有关在地下地质封存结构中注入和永久储存温室气体物质的协议。

二、该协议不得与本法案或许可证相抵触。

第一百一十四条　部长可以指导许可证持有人存储温室气体物质

一、如果许可证持有人未能根据第一百一十三条达成协议,希望订立协议的人(申请人)可以根据第二款的规定以书面形式向部长申请指导。

二、如果部长认为符合以下条件,则可以指导注入和监测许可证的持有人将温室气体注入和永久储存在许可区域内的地下地质封存结构:

(一)地下地质封存结构可以承受存储申请人所有的温室气体物质的容量;

(二)申请人所拥有的温室气体混合物在适合注入和永久存储温室气体地下地质封存结构的地质条件;

(三)注入申请人的温室气体物质注入不会明显干扰许可证持有人根据授权开展的其他活动;

(四)在地下地质结构中注入和永久储存申请人的温室气体物质符合公共利益。

三、部长在根据第二款规定发出指示前,必须询问许可证持有人。

第一百一十五条　许可证持有人必须遵守指导

温室气体注入和监测许可证持有人必须遵守根据第一百一十四条规定发出的指示。

处罚:罚款240单位。

第一百一十六条　部长可以变更授权

尽管本法另有规定,但部长可以变更温室气体注入和监测授权(包括授权的任何条件),以保证根据第一百一十四条作出的指导产生效果。

第一百一十七条　修改注入和监测计划

如果部长根据第一百一十四条作出了指导,授权证持有人必须提交一份根据第六节修订过的注入和监测计划。

第一百一十八条　许可证持有人的补偿

一、如果部长根据第一百一十四条作出了指导,除非符合以下条件,否则许可证持有人无须注入和永久存储温室气体物质:

(一)申请人已与许可证持有人签订补偿协议;

(二)维多利亚州民事与行政裁判所已确定了应向许可证持有人支付的与该指示相关的赔偿金额。

二、任何人只能在法律为本条的施行而规定的期限届满后才可向维多利亚州民事及行政裁判所提出索赔申请。

三、向维多利亚州民事与行政裁判所提出申请的一方只有在以下情况才能获得赔偿:维多利亚州民事与行政裁判所认为该方一直尝试调解但因对方拒绝协商和解或双方无法达成一致而没有成功。

第六章 单元开发

第一百一十九条 单元开发

一、本条适用的情形是：地下地质存储结构适合温室气体物质注入和永久保存，且覆盖数个区域，从而使得法律赋予一个以上的持有人开展温室气体物质注入和监测活动。

二、部长可以要求任何有权开展温室气体物质注入和监测的人签订为以下目的合作协议：

（一）能够更有效地注入和监测温室气体物质；

（二）最大限度地提高温室气体物质的存储体积；

（三）尽量减少温室气体物质的注入和监测对公众健康和环境的影响。

三、作出此类规定时，部长必须确保：

（一）书面通知被要求的人；

（二）该通知指明了必须遵守要求的时间；

（三）通知中说明在合作协议条款存有争议时的解决方案；

（四）该通知必须载明在要求不被遵守时，部长可能采取什么样的行动。

四、为第三款第（二）项之目的，部长必须允诺至少 90 天的遵守期限，从通知发出之日起计算。

第一百二十条 部分地下地质封存结构跨州的联合开发磋商

一、本条适用的情形为：如适用第一百一十九条，但部分地下地质封存结构在维多利亚州之外（或部长有理由相信有部分地质封存结构在维多利亚地区以外）。

二、部长不得根据第一百一十九条的规定提出要求，除非其已获得负责在维多利亚地区以外的地区注入和永久存储温室气体的任何机关或机构的批准。

第一百二十一条 部长可以为联合开发变更授权

尽管本法另有规定，但为了以下目的，部长仍然可以修改注入和监测授权（包括授权的任何条件）：

（一）根据第一百一十九条作出的合作协议能够产生效力；

（二）如未遵守根据第一百一十九条的规定提出的要求，可以允许为了最大限度地达到目的而变更。

第七章　温室气体基础设施线路

第一百二十二条　温室气体基础设施线路的含义

温室气体基础设施线路是指管道或管道系统：

（一）以用于温室气体物质的输送；

（二）组成温室气体封存基础设施的一部分。

第一百二十三条　部长可以免除温室气体基础设施线路受《2005 年管道法》调整

一、部长可使温室气体基础设施线路免受《2005 年管道法》调整。

二、部长可以：

（一）要求在授权豁免前满足特定的条件；

（二）免除温室气体基础设施线路不受《2005 年管道法》的调整或者部分调整；

（三）设定豁免的条件。

三、必须以书面形式豁免。

四、《2005 年管道法》不适用于温室气体基础设施线路豁免的程度超过根据本条所授权的豁免。

第八章　特殊进入授权

第一百二十四条　特殊进入授权

一、特殊进入授权使得授权持有人在规定的区域开展以下活动：

（一）开展地震调查或任何其他形式的调查；

（二）开展基础调查；

（三）采取样本；

（四）挖井；

（五）监测将液体或气体注入或存储在地下地质储封存结构中的行为。

二、特殊进入授权不赋予持有人温室气体物质注入和监测的权利。

三、特殊进入权限只能授予勘探许可、保留租赁或注入和监测许可的授权持有人。

第一百二十五条　特殊进入授权的申请

一、勘探许可、保留租赁或注入和监测授权的持有人可以向部长申请特殊进入授权。

二、除按照第一百四十七条的规定外,特殊进入授权的申请必须符合以下条件:

(一) 必须描述和精确地识别所涉及的区域;

(二) 必须详细描述将开展的温室气体封存结构勘探作业的信息;

(三) 必须提交下列详细的资料:

1. 相关的技术资质和其雇员的相关技术资格;

2. 能获得的相关的技术咨询;

3. 可获得的资金来源的资料。

第一百二十六条　授予特别进入权

一、部长可以授予或拒绝授予特殊进入权。

二、在决定是否给予特殊进入授权时,部长必须考虑该地区的地质和物理性质。

三、除非申请人满足以下条件,否则部长将不予授权

(一) 具有技术资格(或有技术资格的员工),可以获得技术建议,并有保障操作的必要财力;

(二) 具有遵守本法案的能力。

四、部长不能任意授权,除非其确信该区域面积的大小适合即将开展的操作。

第一百二十七条　适用于许可、租赁及特许区域的标准

一、本条适用于申请进入授权的区域在勘探许可、保留租赁和注入和监测许可的区域内。

二、除非符合以下条件,否则部长不得对该区域授权

(一) 部长已经考虑许可证、租赁许可证权利人的工作方案;

(二) 部长认为在授权下开展的作业不会对现在或将来授权持有人的作业造成损害或干扰;

(三) 许可证持有人书面同意授权。

第一百二十八条　第一百二十七条的例外情况

尽管有第一百二十七条第二款第(三)项的规定;但如果符合下列条件,则

部长可以在勘探许可证、保留租赁或温室气体注入和监测许可证的限制下授予特殊进入权,无需经过许可证持有人的同意:

(一)部长认为地质结构获得授权会对维多利亚州产生重大利益;

(二)部长:

1. 书面通知许可证持有人其将根据本条的规定行使权力以及行使权力的理由;

2. 给予持有人28天期限提出相关意见。

(三)部长应考虑持有人对通知提出的意见,以及在授权后可能对许可证持有人造成的商业后果。

第一百二十九条　部长可以变更授权的区域

部长授予特殊进入权时,可以变更申请区域的大小和界限。

第一百三十条　授予不给予专有权

一、部长可以就已经授予特殊进入权的区域授予另一特殊进入权。

二、部长可以就已经授予特殊进入权的区域授予勘探许可、保留租赁或温室气体注入和监测许可。

第一百三十一条　授权期限

特殊进入授权在本法所规定的期间内持续有效,除非该授权被取消或停止。

第一百三十二条　授权期限的延长

经特殊进入权的权利人的申请,部长可以对仍有效力的授权延期一年。

(第一百三十三——一百四十五条已被2014年第68次增补时废除)

第一百四十六条　许可、租赁或牌照的持有人对授权持有人的行为不承担任何责任

一、本条适用的情形是:特殊进入授权区域在勘探许可证、保留租赁或温室气体注入和监测许可证的区域内。

二、许可、租赁或牌照的持有人对特殊进入授权的持有人的任何作为和不作为不承担任何责任。

三、即使许可、租赁或牌照持有人同意在许可、租赁或许可区域内的授权,也适用第二款的规定。

第八A章　特殊钻井授权

第一百四十六A条　特殊钻井授权

一、特殊钻井授权授予下列人员

（一）勘探许可、保留租赁、温室气体注入许可证、注入和监测许可证、温室气体评估许可或温室气体持有租赁的权利人：

1. 在钻井授权区域对温室气体封存构造进行勘探；

2. 在钻井授权区域进行的为"1."之目的所必需的任何活动。

（二）注入和监测许可证或温室气体注入许可证的持有人：

1. 在钻井授权区域实施温室气体注入和监测；

2. 在钻井授权区域实施的为"1."之目的所必需的任何活动。

二、特殊钻井授权不赋予当前的权利持有人任何有关钻井许可地区的资源和地下地质储存方面的权利。

第一百四十六 B 条 特殊钻井授权的申请

一、涉及权利持有人原授权指定的区域相毗邻的区域，当前的权利持有人可以向部长申请特殊钻井授权的授予。

二、除遵守第一百四十七条的规定外，特殊钻井授权申请必须符合下列条件：

（一）描述和精确确定与请求授权有关的区域；

（二）详细描述在该区域欲实施的温室气体封存操作；

（三）提交以下详细资料

1. 相关的技术条件和相关技术条件的从业人员；

2. 可利用的相关技术咨询；

3. 可利用的财政资源。

第一百四十六 C 条 部长必须考虑的一般标准

一、部长只有已确知申请人持有与拟申请钻井授权区域相毗邻区域的相关原授权许可，才能同意授权申请。

二、部长认为申请人将进行温室气体封存操作的申请授权区域的大小合适，才能在该区域授权。

第一百四十六 D 条 申请许可、租赁和许可区域的条件

一、本条适用的情形是：特殊钻井授权有关的区域的任何部分属于勘探许可、保留租约或注入和监测许可的一部分，且当前的授权持有人不是申请人。

二、只有当前的授权持有人书面同意在作为该区域一部分的区域进行授权的，部长才能在该部分区域进行授权。

第一百四十六 E 条　第一百四十六 D 条的例外情况

尽管第一百四十六 D 条第二款已有规定,但如果符合下列条件,部长仍可以在当前授权持有人拥有的授权区域内授予其他申请人特殊钻井权。

(一)部长:

1. 书面通知持有人其将要依据本条的规定行使部长权力以及将要这样做的理由;

2. 给该持有人 28 天的时间就其提案提交任何意见。

(二)部长考虑所有与通知相关的意见书,并且考虑批准授权可能对持有人产生的所有商业后果。

第一百四十六 F 条　部长可以改变申请授权的区域

在批准特殊钻井授权时,与授权有关的区域,部长可以用任何方式改变其认为该区域适当的大小或边界。

第一百四十六 G 条　授权不赋予专有权

一、针对已经存在一个特殊钻井授权的区域,在与该区域相关或在该区域的任何部分,部长可以授予一个特殊钻井授权。

二、针对已经存在一个特殊钻井授权的区域,除非符合下列条件,否则,在与该区域相关或在该区域的任何部分,部长不得授予特殊钻井授权:

(一)部长已经考虑了当前的特殊钻井授权持有人的工作方案;

(二)部长认为温室气体封存操作将会按照授权实施,不会不利或过度妨碍当前特殊钻井授权持有人的目前或将来的任何操作;

(三)当前特殊钻井授权持有人已经书面同意与该区域相关的另一个特殊钻井授权的授予。

三、已经是特殊钻井授权区域的,在与该区域相关或该区域的任何部分,部长可以授予一个勘探许可、保留租约或注入和监测许可。

第一百四十六 H 条　特殊钻井授权

特殊钻井授权在部长指定的授权期限内继续有效:

(一)直至部长取消该授权;

(二)直至该授权被让与;

(三)直至相关原授权或授权指定的毗邻钻井授权区域期满或被取消、转让或终止;

(四)本法另有规定的除外。

第一百四十六 I 条 现有的许可、租赁或特许权利人对授权持有人的行为不负责任

一、本条适用的情形是：钻井授权区域的任何部分属于当前的授权持有人所拥有的原授权区域，且该持有人不是特殊钻井授权的持有人。

二、对特殊钻井授权持有人实施的或未实施的任何行为，当前的授权持有人不承担任何责任。

三、即使当前的授权持有人同意出让与授权钻井地区有关的特殊钻井许可，也同样适用第二款的规定。

第一百四十六 J 条 授权持有人必须向部长提供的资料

一、对根据授权实施的温室气体封存操作得到的所有事实信息，特殊钻井授权的持有人必须在收到信息的 30 天内将信息的副本提交给部长。

处罚：罚款 60 单位。

二、本条的事实信息包括以根据授权获得的信息为基础编制的所有报告。

第一百四十六 K 条 授权持有人必须向许可证、租赁和执照的持有人提供的资料

一、本条适用的情形是：钻井授权区域属于当前授权持有人的勘探许可、保留租约或注入和监测许可区域的任何部分，且该持有人不是特殊钻井授权的持有人。

二、根据授权在该部分区域进行温室气体封存操作的特殊钻井授权的持有人必须在完成所进行的作业、获得信息后的 30 日内，将包含所有操作结果的事实信息的副本提供给当前的权利持有人。

三、如果授权持有人与当前的权利持有人之间存在与所提供信息相关的协议，该协议与本条规定不一致的，优先使用该协议。

四、根据本条的规定提供的资料不得附加任何条件。

五、必须遵守本条所规定的特定人的所有义务。

处罚：罚款 60 单位。

第九章　申请授权的一般规定

第一节　申　　请

第一百四十七条　申请授权

一、申请授权必须符合下列条件：

（一）必须按照部长所要求的方式申请；

（二）必须提交一份工作方案建议和申请人核对计划每一部分支出的细节；

（三）必须提交一份建议的咨询计划；

（四）必须向部长提交评估应用程序的详细信息；

（五）必须提交证明申请人符合本法的能力的证据；

（六）可以设置申请人希望部长考虑的其他事宜。

二、如果保留租赁的申请人不打算按照租赁进行任何温室气体注入和监测作业，如果该申请人提交了声明其此种意图的文件，即符合第一款第（二）项的规定。

第一百四十八条　工作方案

工作方案是有关授权的一个文件，包含以下内容：

（一）列举授权下将要进行的工作；

（二）列举工作将如何进行以及工作程度；

（三）规定工作的时间段；

（四）按照规范所要求的形式；

（五）包含法规所要求的任何其他细节。

第一百四十九条　申请不能转让

授权的申请不能转让。

第一百五十条　原住民地权

当申请授权的土地上存在有原住民地权的权利人时，为尊重土地权利，部长不能批准授权，除非部长已确知遵守了《原住民土地权法》的相关程序。

第一百五十一条　许可和租赁继续有效，直至重新申请

一、本条适用于以下情形：

（一）为以下目的提出申请：

1. 更新勘探许可证；

2. 在勘探许可区域的保留租赁；

3. 在保留租赁和勘探许可区域内的注入和监测许可证。

（二）在原有的许可证和租赁到期时还没有决定申请。

二、原许可证或租约继续有效，直到首次发生下列事项：

（一）部长给申请人发出说明其拒绝批准申请的书面通知；

（二）该申请获得批准，租赁许可或新的许可证生效；

（三）申请被撤回或失效。

三、如果在原许可或租赁区域内申请，则第二款仅适用于重合的区域。

第二节　社　区　咨　询

第一百五十二条　社区咨询的义务

授权持有人在整个被授权期间需要履行以下义务：

一、须与社区及相关市政委员会分享所有影响社区的授权活动的信息；

二、须为社区及相关市政委员会成员提供表达对授权活动看法的机会。

第一百五十三条　社区咨询计划

一、如果授权持有人没有按照1978年《环境影响法案》就其依据授权将开展的活动准备一份环境影响声明，该授权持有人必须向部长提交一份社区咨询计划和一份利益相关方名单。

向部长提交社区咨询计划的时间为：

（一）授权获批的90天内；

（二）在根据授权开展之前。

以时间早者为准。

二、社区咨询计划的目的是说明申请人在被授权期间将怎样向社区成员和相关市政委员会咨询。

三、社区咨询计划必须经与社区成员和相关市政委员会就相关条款协商一致后才能提交。

第一百五十四条　社区咨询计划的要求

一、社区咨询计划必须包括以下内容：

（一）授权申请人计划开展的活动类型的基本信息；

（二）任何可能引起的对公众健康和环境不利影响的信息；

（三）1978年《环境影响法案》及其他关于申请活动的详细规定；

（四）一份包括以下内容的说明：

1. 给社区成员及相关市政委员会寻求独立法律意见的建议；

2. 列出机构以及授权持有人当前的联络信息。

二、部长提出的关于社区咨询计划的指南。

第一百五十五条　部长对社区咨询计划的批准

一、部长必须在接到社区咨询计划后的 21 日内告知申请人该计划是否合适;

二、如果部长认为社区咨询计划不合适,申请人可以:

(一)提交一个新的社区咨询计划;

(二)提交经修订的社区咨询计划。

三、如果申请人根据第二款的规定提交给部长新的社区咨询计划或经修订的社区咨询计划,则部长必须在接收到该社区咨询计划后的 21 日内告知申请人该社区咨询计划是否合适。

第一百五十六条　向社区提交计划

如果社区咨询计划被批准,则授权持有人必须于 21 日内向社区成员和可能受到影响的相关市政委员会提供社区咨询计划的副本。

第三节　条　件

第一百五十七条　授权需要的条件

一、部长可以规定被授予的权利要受其认为适当的任何条件的限制。

二、部长可以在授予权限前,规定将被授予权限的人必须遵守部长认为适当的任何条件。

三、部长除可依据本条之规定指定条件,还可以规定以下条件:

(一)根据授权进行的有关操作;

(二)根据授权进行操作的最低开支;

(三)根据授权核准的工作方案;

(四)涉及保护公众健康的内容;

(五)涉及保护环境的内容;

(六)关于依据授权进行操作受到影响的土地的恢复;

(七)要求遵守部长任何有关授权范围内的任何事项的书面指示并非条件的主题;(句子不明?)

(八)规定权限持有人在开始特定操作或者使用特定设备前,获得特定的批准或者提交指定的信息;

(九)规定权限持有人向部长提供其他指定信息。

第一百五十八条　授权的法定条件

一、除本章所规定的部长授权指定的条件外,持有人必须遵守所有开展任何授权活动适用的法律。

二、即使本法案（第十节以外）另有相反的规定，该条件也不能更改。

第一百五十八 B 条 授权的其他法定条件

依据 2010 年《传统业主结算法》达成的协议。

除其他条件外，授权还必须遵守授权申请人接受的 2010 年《传统业主结算法》第三十一条第三款规定的土地使用活动协议中规定的任何条件。

第一百五十九条 部长可以单方面变更条件

一、本条不适用于注入测试计划或注入和监测计划。

二、部长可以变更进行授权的任何条件。

三、如果部长变更条件，则必须满足下列要求：

（一）书面通知权利持有人其将要进行的有关变更，并邀请权利持有人在部长规定的时间内提交与变更计划相关的任何意见书；

（二）考虑授权持有人提出的所有意见书。

四、为实现第三款第一项的目的，部长必须给出至少 28 天的期限。

五、如果满足第三款规定的要求，部长决定变更条件，则必须以书面形式通知持有人关于变更的决定。

六、如果距离之前变更条件的作出或者根据本条作出的更改已经过去至少 5 年，则部长可以变更保留租赁或注入和监测授权的条件。

七、为了实现第六款的目的，如果持有人对根据第三款第（二）项发出的通知没有作出反对或变更，则不能规定或者更改条件。

第一百六十条 部长可以同意变更条件

一、本条不适用于注入测试计划或注入和监测计划。

二、在授权持有人申请时，部长可以变更授权的条件。

三、根据本条的规定变更条件时，部长：

（一）可变更任何相关的条件；

（二）无需完全按照申请中的方式变更条件。

四、如果部长表示将根据第三款的规定行使其权力，则持有人有权撤回申请。

五、如果持有人已经撤回变更条件的申请，则部长不能根据本条的规定变更授权条件。

第一百六十一条 变更续约、合并或转让的条件

一、本条不适用于注入测试计划、注入和监测计划。

二、部长可以变更续约、转让或者合并的条件。

三、转让部分区域给其他授权持有人时,部长可以变更适用于该区域的条件。

第一百六十二条 暂停条件

一、根据持有人的申请,部长可以暂停所有关于授权的条件达1年。

二、根据本条暂停条件时,部长:

(一)可中止任何相关条件;

(二)无需完全按照申请中的条款或方式暂停条件;

(三)可以对暂停施加条件。

三、如果部长表示将根据第二款的规定行使权力,则持有人可以撤回申请。

四、如果持有人已撤回申请,则部长不能根据本条的规定暂停条件。

五、持有人暂停条件时,必须遵守第二款第(三)项的规定。

处罚:罚款240单位。

六、授权条件被暂停时,授权持有人不需要遵守该条件。

七、持有人不遵守第二款第(三)项的规定时,不适用第六款。

八、根据本条的规定,部长可暂停所有申请授权的条件。

第一百六十三条 如果条件暂停,授权有效期可适当延长

如果部长暂停授权的条件,也可延长授权的有效期,但不得超过暂停条件的期限。

第四节 授权的转让

第一百六十四条 转让

一、如果授权持有人想要将权利转让给其他人,则本人或受让人都可以向部长申请转让。

二、转让人或受让人申请转让时,必须符合下列条件:

(一)必须按照部长要求的方式申请转让;

(二)必须提交有关受让人的下列详细信息:

1. 其相关的技术资格和相关员工的技术资格;

2. 可以提供的相关的技术咨询;

3. 财务资源。

(三)必须提交证明受让人能够遵守本法案的证据;

（四）必须提交部长要求的任何其他能够评估申请的信息或事项；

（五）可列举希望部长考虑的其他事项；

（六）必须提交一份形式上由部长批准的并已被各方签署的转让文件。

第一百六十五条 部长在评估转让申请时必须考虑的事项

一、部长如果认为转让将维持或增加在授权区域内的温室气体封存作业，则可批准转让授权。

二、即使转让不符合第一款的规定，部长也可以批准保留租约转让。

三、如果部长认为转让不符合公共利益，则不得批准转让授权。

第一百六十六条 授权产生的利益

一、仅签署一份转让意向书不产生转让的利益。

二、在温室气体封存注册机构登记转让时产生转让的利益。

第一百六十七条 许可或授权的部分转让

一、勘探许可或注入和监测授权的持有人可向部长申请部分转让许可或授权。

二、如果部长认为转让将保持或增加在该地区的温室气体注入和监测操作，部长可以允许转让。

三、给受让人签发一个单独的许可或授权时，转让生效。

四、单独的许可或授权：

（一）在载明的有效期届满时失效；

（二）受限于适用于许可或授权同样的条件。（除非部长根据该法案更改这些条件）

五、如果部长认为转让不符合公共利益，则不得批准转让。

第五节 停止或取消授权

第一百六十八条 停止授权

一、授权持有人可以经部长同意停止授权。

二、除非授权持有人符合下列条件，否则部长不能同意停止授权：

（一）已遵守本法案所有的相关要求；

（二）已遵守所有适用于授权的条件；

（三）已堵塞或封闭在授权区域内的井；

（四）在勘查许可没有续期的情况下，已经实现了部长根据第三章宣布的工作计划的主要目标；

（五）在勘探许可已经续期的情况下，申请停止时或部分转让授权期间已完成部长根据第三章宣布的工作计划的主要目标。

三、部长不得根据本条的规定，不合理地拒绝申请。

四、如果部长对第二款所规定的任何事宜不满意，其确信授权持有人未能遵守有关规定是由于超越了授权持有人可控范围的事件导致的，则可以同意停止授权。

第一百六十九条　部分转让授权

一、授权持有人可以向部长申请，就授权区域的部分转让取得部长的同意。

二、部长不得同意就授权区域的部分转让，除非其确信权限持有人已遵守第一百六十八条第二款所列的与该部分授权区域相关的所有要求。

三、部长可在授权持有人同意适用于保留区域内的变更条件时，予以同意。

四、第一百六十八条第三款、第四款的规定同样适用于本条规定的转让申请。

第一百七十条　注入和监测许可让与的附加标准

一、除第一百六十八条规定的要求外，如果符合下列条件，则部长可以同意注入和监测许可的让与：

（一）部长认为：

1. 在地下地质封存结构中注入温室气体物质将继续按照可预见的方式进行；

2. 该授权持有人已将永久储存温室气体物质的相关风险降低到合理可行的程度；

3. 存储温室气体物质对公众健康或环境不存在风险。

（二）授权持有人已经提供了以下信息：

1. 根据授权进行作业的详细信息；

2. 作出转让授权申请时授权区域内的物理、地质、水文、化学和生物条件；

3. 地下地质结构永久存储温室气体物质的存储容量可核查的估量；

4. 根据授权注入温室气体物质的详细资料，包括可核查的温室气体物质注入的估量，注入所使用的速率和所用的注入技术；

5. 潜在的温室气体转移和泄漏到环境中的过程和途径评估；

6. 潜在的泄漏可能对公众健康或环境和授权区域内其他资源造成的影响

的评估;

7. 发生泄漏时对环境进行的风险管理计划。

（三）为获得部长的同意,授权持有人已经准备了长期的监测和核查计划,包括开展计划内活动的成本估计。

二、部长在同意让与注入和监测授权前,必须批准申请人的长期监测和核查计划。

三、在符合条件时,部长可以批准长期监测和核查计划。

第一百七十一条 注入和监测授权的放弃

一、为了确定存储温室气体物质是否会对环境造成风险,部长必须在收到放弃授权申请后的 21 天内提供申请的副本给以下个人和机构:

（一）1970 年《环境保护法》规定的主管部长;

（二）1989 年《水法》规定的主管部长;

（三）环境保护局。

二、如果第一款所指的个人或机构认为存在下列情况,则可以提出不批准放弃授权或者有条件地批准放弃授权的建议:

（一）存储的温室气体物质会造成环境风险;

（二）申请人提出的有关环境的风险管理计划不足;

（三）申请人提出的长期监测和验证计划,包括开展计划详细描述的活动的估计成本不充分。

三、根据本条的规定,如果该个人或者机构在收到申请后的 40 天内提出了一项建议,该建议对部长有约束力。

四、如果该个人或机构要求提供与放弃授权申请相关的补充信息,从要求提供补充信息之日起到收到信息之日的时间不计入该个人或机构作出建议的时间期限。

第一百七十二条 就申请咨询独立专家小组

在批准放弃注入和监测授权申请前,部长可以将申请转交给一个独立的专家小组或有关公权机构,由后者就申请提出建议。

第一百七十三条 专家小组的委任

一、部长可通过文书委任一个专家小组,专家小组考虑放弃授权的申请。

二、获委任的人必须具有专家小组所研究事项的知识或经验。

三、除部长在委任时作出的规定外,专家小组可以自行规定程序。

四、专家小组必须制定公告,并在放弃授权地区的普遍发行的报纸上发布公告,在公告规定的时间内就批准放弃授权征求意见。

五、在考虑所有提交的意见后,专家小组必须在部长规定的时间内以书面形式向其报告调查结果。

六、专家小组可以在报告中提出任何其认为合适的建议。

七、专家小组的成员有权获得由总督确定的所有酬金和津贴。

八、如果部长不遵循专家小组提出的建议,必须就其决定给出书面理由。

第一百七十四条　支付长期监测和核查费用

一、如果部长同意放弃注入和监测授权,授权持有人必须在放弃授权之前,支付长期监测和核查计划项下的长期监测和核查活动费用和根据第一百七十条第二款变更计划的剩余费用,以及按照第一百一十二条尚未支付的费用。

二、如果授权持有人已支付超过在长期的监测和核查计划中估计的费用,就批准计划估计的费用与已支付的金额之间的差额,授权持有人有权要求退还。

第一百七十五条　授权的取消

如果存在以下情况,则部长可以取消授权:

(一)授权持有人不遵守根据授权已经实施的工作方案;

(二)未遵守授权的相关条件或者本法案中适用于授权的任何条款;

(三)根据授权开展的活动已经对公众健康或环境造成了风险;

(四)根据授权开展的活动已经造成了严重危害的状况;

(五)授权持有人未能维护本法案要求维持的保险政策,或者未能缴纳本法案要求的保证金;

(六)授权持有人不再具有开展工作计划的资金;

(七)在授权到期后的90天内,且在部长根据本条行使其权力警告,收到警告的书面通知后的30天内,授权持有人没有支付本法案规定的金额;

(八)部长认为,为了公共利益的需要应取消授权。

第一百七十六条　取消注入和监测授权的其他理由

如果部长认为存在以下情况,则可以取消注入和监测授权:

(一)在授权区域没有温室气体物质按照工作方案被注入永久存储结构中,且授权持有人目前没有在授权区域注入温室气体的意图;

(二)在最后的两年内没有温室气体物质按照工作方案被注入地下地质封存结构中。

第一百七十七条　取消授权应遵循的程序

部长取消根据本法案的授权,需要符合下列条件:

(一)书面通知授权持有人:

1. 说明部长相信存在取消授权的理由;

2. 提供部长认为这些理由成立的详细信息以及相关信息的副本;

3. 邀请持有人在收到通知的30天内提交权利人想要提交的任何材料。

(二)已经考虑授权持有人提交的所有与通知相关的材料。

(三)确信存在第一百七十五条或第一百七十六条列出的与授权相关的理由之一。

第一百七十八条　如果授权到期、被转让或者取消,则部长可以作出指示

一、本条适用于授权被转让、取消或期满。

二、部长可以指导授权被转让、取消、期满或注销前的授权持有人做以下事项:

(一)移除根据授权带进相关区域内的所有财产或者为这些财产做的其他安排;

(二)堵塞或封闭相关区域内的所有井;

(三)根据本法在相关区域提供资源的保护和节约;

(四)修复根据授权进行操作的任何从业人员导致的相关区域土地表面或底土的所有损坏;

(五)向部长提交所有其有义务提供的信息。

三、指示必须以书面形式,并指明应遵守的时间。

四、被给予指示的人必须在指示中规定的时间内遵守该指示。

处罚:罚款240单位。

五、本条并不要求部长向任何人发出指示。

六、本条中的"有关地区"是指:

(一)如果一个授权在整体上期满或者被取消,该授权所适用的区域;

(二)在其他任何情况下,该授权不再适用的区域。

第六节　其他事项

第一百七十九条　合并邻接权限

一、本条中的权限不包括特殊进入权限。

二、如果同一个人拥有两个或多个相同类型的授权，并且每个授权区域与其他授权区域至少有一个共同的边界，则适用本条的规定。

三、授权持有人可以就相同类型的授权向部长申请一个单独授权。

四、如果部长认为符合下列条件，则可以作出授权：

（一）合并授权不会影响提出申请的每个授权项下的工作计划；

（二）合并授权将会形成一个连续的地块。

五、合并两个或多个授权形成单独授权，在被合并的授权中，某一授权期限最先届满时的时间为单独授权期限届满的时间。

第一百八十条　从授权区域中去除部分区域

一、如果部长认为符合下列条件，则可以从授权区域中去除指定的区域：

（一）指定的区域在过去的两年里没有根据工作方案开展作业活动；

（二）去除指定区域不会妨碍授权持有人正在进行的操作；

（三）从授权区域去除指定的区域符合公共利益。

二、在根据第一款的规定确定去除的区域前，部长：

（一）必须和授权的持有人进行协商；

（二）可以和独立专家小组或者相关公共权力机构协商，获得关于去除指定区域的建议。

三、部长可以修改授权（包括授权的任何条件），以使其从授权区域去除指定区域的决定生效。

第一百八十一条　危急情况的报告

授权的持有人必须在法规规定的时间内报告任何已发生或可能发生的危急情况。

处罚：罚款240单位。

第一百八十二条　部长发出指示的权力

如果部长认为发生了危急情况，则可以以书面形式指示授权持有人：

（一）采取一切合理的步骤，确保温室气体物质按照指示的方式注入地下地质封存结构中；

（二）采取一切合理的步骤，确保温室气体物质按照指示的方式贮存在地下地质存储结构中；

（三）停止或暂停在该区域或指示规定的区域注入温室气体物质；

（四）在指示规定的区域将温室气体物质注入地下地质封存结构中；

（五）为了消除、减缓、管理或补救紧急情况，从事指示规定的活动；

（六）采取指示中指明的行动；

（七）避免采取指示中禁止的行动。

第一百八十三条 违反指示的违法行为

授权持有人必须遵守根据第一百八十二条发出的指示。

处罚：罚款600单位。

第一百八十四条 如果授予权利，部长必须公布相关细节

一、在事件发生后的14天内，部长必须就每件可报告的事件在《政府公报》发布公告。

二、该公告必须包括以下内容：

（一）说明该可报告事件已经发生以及该事件发生的时间；

（二）列出相关授权或许可的持有人的详细情况；

（三）关于授权或许可适用区域的简要说明。

三、如果相关授权或许可有一个以上的申请，公告还必须包含以下内容：

（一）授权或许可申请成功的申请人的原因概述；

（二）如果主要原因是申请成功的申请人的计划工作方案具有优势，则需要包含工作方案的概要。

四、公告可以包含部长认为适当的任何其他详细内容。

五、本条中的可报告事项是指，部长根据第三章第二节授予勘探许可，或根据第五章第四节授予注入和监测许可。

第一百八十五条 授权的变更

一、部长可以随时变更一项授权的细节。

二、部长不能变更本条规定的授权的有效期。

三、本条所指的有关细节不包括授权所适用的相关条件。

第一百八十六条 更换失效授权的快速程序

一、本条适用于以下情形：

（一）法院或法庭发现授权全部或部分无效，且无效源于超出授权持有人所能控制的情况；

（二）授权持有人在发现后的60天内，向部长申请授予前授权区域部分或全部相同类型的授权。

二、部长在向申请人授权时，可以无需遵守授予该权限通常适用的任何程

序上的要求。

三、根据本条授予权限时，部长可以附加其认为对于授权适当的任何条件。

第一百八十七条　占有人责任

一、为 1958 年《责任法》第 IIA 部分之目的和普通法规则中关于占用他人处所的责任，授权持有人是授权操作区域内的占有人，而不是其他任何人。

二、对于任何以实施操作为目的而进入该区域的人，占有人无照顾责任，除非该占有人同时也是授权持有人。

三、在 1958 年《不当行为法案》第 IIA 部分中规定的或普通法规则中关于占有者对进入者责任的规定，即使有任何相反规定，本条第二款仍然适用。

四、本条第二款不限制占有人对进入者所承担的其他责任。

第一百八十七 A 条　权利不是个人财产

根据联邦《2009 年个人有价证券法案》第八条第一款第（十一）项的宗旨，权利被认为不属于个人财产。

第十章　规 划 事 项

第一百八十八条　规划方案的定义

本章中的规划方案是指根据 1987 年《规划和环境法》批准的规划方案。

第一百八十九条　根据勘探许可证超出规划方案的勘探

一、勘探许可持有人可以根据许可，在许可区域内实施温室气体封存构造的勘探：

（一）无需根据适用于授权区域的规划方案取得许可；

（二）无需遵守规划方案中有关用于勘探的土地的使用、开发的任何条件。

二、即使规划方案全部或者部分禁止使用或开发勘探的授权区域，第一款的规定仍然适用。

第一百九十条　注入和监测操作超出规划方案

一、根据规划方案在许可区域开展许可授权的任何温室气体物质注入和监测，注入和监测许可证持有人可以获得授权。

（1A）此外，如果注入和监测许可证或者温室气体注入许可证的持有人拥有一项特殊钻井授权，则可根据规划方案向持有人颁发许可，在钻井授权区域内进行许可授权的任何温室气体物质注入和监测。

(1B) 尽管有其他规定,第一款和第(1A)项仍适用于这些款所述的许可区域或钻井许可区域的计划方案。

二、即使规划方案禁止在该地区进行温室气体物质的注入和监测(无论是否完全符合或除非符合指明条件),且并无规定为进行这些操作而颁发许可证,第一款及第(1A)项仍适用。

第一百九十一条　替代方案批准

一、本条适用于以下情形:

(一)根据任何规划方案要求许可,以使得注入和监测许可持有人能够根据许可授权开展任何温室气体物质注入和监测;

(二)根据第一百九十条注入和监测许可持有人可以被授予许可,开展温室气体物质注入和监测操作。

二、如果符合下列条件,则许可证持有人不需要根据规划方案或第一百九十条获得许可,开展操作,

(一)已经根据1978年《环境影响法案》拟定有关开展操作的环境影响声明;

(二)1978年《环境影响法案》规定的主管部长对该声明的评估已经提交给了部长;

(三)部长已经书面授权许可证持有人进行操作。

三、1978年如果没有根据《环境影响法案》拟定环境影响声明,则在实施下列行为之前许可证持有人必须获得规划方案要求的许可:

(一)根据许可授权的任何温室气体物质的注入和监测;

(二)温室气体物质的注入和监测操作。

第十一章　允许地上操作之前的同意要求

第一节　公　有　荒　地

第一百九十二条　禁止荒地上的操作

一、任何人不得在海洋国家公园、海洋保护区、1978年《参考区域法案》规定的参考区域或者1975年《国家公园法案》规定的荒野区或荒野公园的土地上进行任何温室气体操作。

处罚:罚款240单位。

二、根据本法案无权授权第一款禁止的任何活动。

第二节 操作需要事先同意

第一百九十三条 需要部长的同意

一、授权持有人未经部长的书面同意，不得在任何土地上开展任何温室气体封存操作。

处罚：罚款 240 单位。

二、部长作出的同意：

（一）并未免除本法或任何其他法案规定的授权持有人获得任何同意或其他授权要求的必要条件，或遵守附加的任何条件；

（二）并未免除本法或任何其他法案规定的授权持有人未能获得任何必要的同意或其他授权，或未能遵守任何使用条件而应承担的责任。

第一百九十四条 在受限制的国有土地上进行的温室气体封存操作

1990 年在《矿产资源（可持续发展）法案》附表 3 所规定的土地，任何人未经管理该土地的部长书面同意，不得在这些土地上进行任何温室气体封存操作。

处罚：罚款 240 单位。

第一百九十五条 在水务管理局的地上进行的温室气体封存的操作

一、本条中的水务管理局是指 1989 年《水法》所规定的设有水源区或污水处理区的机构。

二、水务管理局所拥有的、归其名下的、管理或控制的土地，未经其书面同意的，任何人不得在该土地上进行任何温室气体封存操作。

处罚：罚款 240 单位。

三、未经水务管理局的书面同意，任何人不得在下列区域地下 0.75 米以下，100 米的范围内进行任何温室气体封存操作：

（一）水务管理局拥有的、其名下的或其管理或控制的水道；

（二）任何属于水务管理局的总排水管、下水道、导水管、水槽或管道。

处罚：罚款 240 单位。

第一百九十六条 适用于同意的规定

一、如果为本节之目的个人或团体同意的，则该个人或者团体：

（一）不得无理由拒绝同意；

（二）个人或团体可以在同意时附加任何其认为恰当的条件；

（三）在征求同意后的 28 天内（或部长所允许的任何较长期间），必须给予或拒绝同意。

二、任何人或团体（原住民地权持有人除外）未遵守第一款（三）项的规定的，即视为已经同意。

第一百九十七条　拒绝同意，有权要求复审

一、任何人为本节之目的寻求同意的，可以向维多利亚民事与行政裁判所申请审查以下决定：

（一）拒绝给予同意的决定；

（二）附加条件同意的决定。

二、必须在以下日期后的 28 天内申请审查：

（一）作出决定之日；

（二）根据《1998 年维多利亚民事与行政裁判所法案》，如果申请人要求就作出的决定说明理由，则向申请人说明理由之日或根据该法案第四十六条第五款申请人被告知不予说明理由之日。

第三节　操作需要公告

第一百九十八条　无限制的国有土地上的操作

一、除非已经咨询过控制或管理无限制的国有土地的部长，否则，任何人不得在该土地上开展作为温室气体封存操作一部分的任何重大操作。

处罚：罚款 240 单位。

二、如果已经遵守了本条第一款的规定和相关部门要求的条件，则该个人可以开展操作而无需获得其他的同意或授权，尽管其他法案或从属性的文件有相反的规定，但 1970 年《环境保护法》，1988 年《植物和动物保护法案》，1989 年《水法》和 2004 年《森林（防火）条例》除外。

第一百九十九条　在任何土地上进行操作前发布通知

一、除非至少在开始作业前的 21 天向土地的所有人、占有人、管理人或负责管理土地的个人或团体发出书面通知，概述将要进行的操作，否则，任何人不得在任何土地开展温室气体封存操作。

处罚：罚款 120 单位。

二、所有人、占用人或个人或团体可以全部或部分放弃 21 天的通知期限。

三、在无限制的国有土地的情况下，本条规定的通知必须发给负责管理或经营该土地的部长。

第十二章　补　　偿

第二百条　在私人土地上开始操作之前,需要取得所有人等的同意或与其签订补偿协议

一、除非符合下列条件,否则任何人不得在私人土地上进行任何温室气体封存操作:

(一)已获得土地的所有人和占有人的同意;

(二)已与操作相关的土地的所有人和占有人签订补偿协议;

(三)根据本法案的规定,维多利亚民事与行政裁判所已决定向与操作相关的土地的所有人和占有人支付的补偿金额。

处罚:罚款240单位。

二、第一款不适用于操作人自己拥有的土地。

第二百零一条　应支付的补偿——私人/原住民产权土地

一、授权持有人应向私人土地和原住民产权土地的所有人和占有人进行补偿,弥补其温室气体封存的审批或操作导致的直接、自然和合理的结果对土地产生或将会产生的持久灭失或损坏,这些损失包括:

(一)剥夺了对土地的全部或表面的任何一部分的占有;

(二)对土地表面造成了损害;

(三)破坏任何对土地的改良;

(四)对该地块与所有人或占用人的其他地块进行分割;

(五)便宜性的丧失,包括休养和保护价值;

(六)失去对土地做任何改善计划的机会;

(七)所有人或占有人对土地权益的任何市场价值的减少。

二、根据第一款支付的赔偿金额必须考虑以下方面:

(一)如果对土地的所有人或占有人取得置换土地有必要,必须考虑到取得和搬迁到置换土地的合理附带的已发生的费用。

(二)由于批准或实施操作并不支付补偿,这给所有人或占有人带来的无形的非财产性的损失,可通过增加10%补偿费的方式补偿所有人或占有人。

三、根据授权在土地上开始温室气体封存操作之后才成为私人土地的,不

需要进行补偿。

四、根据本章的规定,同意或决定支付的任何补偿金额不受土地所有权或占有权任何后期变更的影响。

五、因土地所有权或占有权的变更而产生的更多补偿,授权持有人没有责任支付。

六、如果符合下列条件,则该个人有权获得对确保支付适当赔偿而必要的额外赔偿:

(一)依据第一、二款,任何人有权根据公平条款(《原住民土地所有权法》中的含义),就与原住民产权土地有关的任何损失或损害获得赔偿;

(二)根据本条(除本款之外)获得的赔偿,并不是适当赔偿的金额。

七、本条中有关土地的改善计划是指所有人或者占有人所拥有的土地的改善,该土地上作出的授权申请之前:

(一)申请,或被授予施工许可或规划许可;

(二)其他情况下表现出进行的真实意图。

第二百零二条　限制赔偿总额

一、土地的占有人和所有人不是同一人的,根据第二百零一条第一款获得的有关土地的赔偿金总额不得多于土地的所有人和占有人是同一人的情形。

二、本条第一款不限制根据第二百零一条第二款应支付土地的所有人或者占有人的赔偿金数额。

第二百零三条　地下地质存储结构无须补偿

任何地下地质存储结构的价值均无须补偿。

第二百零四条　国有土地可以获得的补偿

一、如果部长认为批准温室气体封存操作或根据授权实施任何温室气体封存操作产生的直接、自然和合理的结果,将导致或可能会导致国有土地下列损失或损害,则适用本条规定:

(一)剥夺了对土地的全部或表面的任何一部分的占有;

(二)对土地表面造成了损害,达到了不能修复、不能恢复到往昔状态或程度的情形;

(三)破坏任何对土地的改良;

(四)阻隔了该土地与其他国有土地;

(五)失去对土地做任何改善计划的机会。

二、部长可以要求授权持有人为其带来的损失或损害支付赔偿金给以下对象：

（一）国家；

（二）被授权根据租约、特许或许可或其他根据法案授予的权利从事活动的人。

三、在决定是否应当根据第二款第（一）项支付补偿时，部长必须考虑温室气体封存操作给维多利亚州人民带来的任何利益。

四、在确定应支付的赔偿金额时，如果对国家取得置换土地有必要，则部长可以考虑在取得置换土地时发生的合理的额外费用。

五、批准或实施操作并不支付补偿，导致给所有人或占有人带来无形的非财产性的损失。如果部长决定应当向某个人支付第二款第(2)项规定的赔偿，则可以通过增加10％赔偿费的方式赔偿所有人或占有人。

六、如果温室气体封存操作在某块土地上开展之后，该土地才成为国家土地，则不应当给予补偿。

七、第二百零一条第四款、第五款和第七款也适用本条的规定。

第二百零五条 索赔的时间限制

私有土地的所有人或占有人就第二百零一条规定的任何损失或损害或根据第二百零一条规定不是相关当事人之间协议的内容要求赔偿的，可以在以下时间的3年内的任意时间提出：

（一）在损失或损害发生后；

（二）在授权被放弃，或授权被注销，或授权期限届满后。

以时间早者为准。

第二百零六条 争议的裁决——私人/原住民土地

一、依据本法第二百零八条的规定，土地所有人或占有人以及授权持有人可以：

（一）向维多利亚民事及行政裁判所申请对涉及私有土地或原住民产权土地的赔偿要求进行裁定（除《原住民土地所有权法》第五十三条第一款规定的适当赔偿要求外）；

（二）将第一项提及的索赔要求的争议提交到最高法院进行裁定：根据1986年《土地征收及补偿法案》的第十章的规定，如果是依据该法案提出的赔偿要求且授权持有人是第十章涉及的机构。

二、只有在法规规定的期限届满后,才可向维多利亚民事及行政裁判所提出索赔申请,或根据第一款将赔偿请求提交至最高法院。

三、当事人依据本条第一款提出索赔申请的,维多利亚民事及行政裁判所或最高法院认为当事人已尽力通过调解来解决问题,但是由于对方拒绝协商和解,或因为双方的意见未能达成一致的原因,当事人才有权获得由维多利亚民事及行政裁判所或最高法院(根据有关案件的需要)的裁定。

四、对根据第一款规定提出申请或提及的索赔申请,1986年《土地征收及补偿法案》第十章发生如下效力:

(一)维多利亚民事及行政裁判所或法院(视情况而定)在确定支付赔偿时要考虑本章条款的规定。

(二)本法第九十一条第一款规定,授权持有人必须支付自己以及另一方的费用,除非:

1. 另一方不是授权区域土地的所有人或占有人;

2. 另一方采取无理取闹或存在其他不合理行为。

在这种情况下,维多利亚民事及行政裁判所或法院(视情况而定)可在符合本条规定的情况下,判给其认为适当的费用。

五、在涉及原住民土地的任何争执,决定原住民土地所有权持有人赔偿数额时,维多利亚民事及行政裁判所或法院必须考虑《原住民土地所有权法》已经决定或同意的所有与该土地有关的赔偿金额。

六、授权持有人必须根据本条的规定向部长提交决定的副本。

第二百零七条 争议的裁决——国有土地

一、授权持有人可向维多利亚民事及行政裁判所申请,就部长根据本法第二百零四条规定的任何要求进行审查。

二、根据租约、授权、许可或其他根据法案被授予的权利,被授权在国有土地上开展活动的人可向维多利亚民事及行政裁判所申请,就部长根据本法第二百零四条规定的任何要求进行审查。

三、本条规定的审查申请,必须在以下日期之后的28天内提出:

(一)该决定作出之日;

(二)依据1998年《维多利亚民事及行政裁判所法案》,如果申请人请求对决定陈述理由,理由陈述给申请人之日或依据本法第四十六条第五款申请人被告知将不给予理由陈述之日。

第二百零八条 《原住民土地所有权法案》的权利优先

如果：

（一）适用了《原住民土地权利法》中谈判条款的规定；

（二）原住民土地使用协议符合《原住民土地权利法》的规定。

关于批准或进行任何温室气体封存作业的原住民土地，除非当事人另有书面约定，否则本法中规定类似程序的条款不适用。

第十三章　授权持有人的其他义务

第一节　准备操作计划

第二百零九条　操作计划的准备

在进行任何温室气体封存操作之前，将要进行作业的授权持有人必须向部长提交一份操作计划，操作计划包括以下内容：

（一）确定操作可能对作业附近的环境、公众、土地或财产带来的风险；

（二）详细说明授权持有人为消除或减少这些风险将可能采取的措施；

（三）详细说明授权持有人为修复将会因操作而受影响的土地将要采取的措施；

（四）列出本法案要求的任何其他事项。

处罚：罚款240单位。

第二百一十条　操作计划的批准

一、除非部长以书面形式已批准该操作的操作计划，否则授权持有人不得进行温室气体封存操作。

处罚：罚款240单位。

二、除非部长认为授权持有人在准备操作计划时已经咨询过将要在上面进行作业的土地的所有人、占有人或管理人，否则不得批准操作计划。

第二百一十一条　在实施操作中必须遵守计划

在实施温室气体封存操作中，授权持有人必须确保操作按照部长批准的与该操作有关的操作计划来实施。

处罚：罚款240单位。

第二百一十二条　部长可允许操作计划的变更

一、根据授权持有人的书面申请，部长可允许授权持有人变更适用或用于授权的操作计划。

二、部长可要求授权持有人更改适用于授权的操作计划。

三、部长只有在咨询授权持有人后才可以变更。

四、本条不适用于作为操作计划一部分而准备的以下任何计划的变更：

（一）注入实验计划；

（二）注入和监测计划。

第二节 操 作 行 为

第二百一十三条 以正确的方式进行操作

授权持有人必须确保在授权区域内以正确的方式和专业的施工方法实施所有温室气体封存作业。

处罚：罚款240单位。

第二百一十四条 有关操作行为的其他特定义务

除非本法另有规定，授权持有人必须为以下目标采取一切合理措施：

（一）控制授权区域内的温室气体物质或水的流量并预防浪费或泄露；

（二）防止授权区域内的水或钻井液与温室气体物质的混合物或其他物质泄露；

（三）防止授权区域内的温室气体封存作业破坏授权区域外的地下地质封存结构；

（四）保持被注入授权区域内的温室气体物质和所有在授权区域内发现的水源的独立性，部长以书面形式指示持有人分开。

处罚：罚款240单位。

第二百一十五条 资产的维护

一、与依照授权实施温室气体封存操作相关而使用，授权区域内的所有构筑物、设备和其他财产，授权持有人必须保持其状况良好并进行维护。

处罚：罚款240单位。

二、授权持有人必须清除授权区域内根据授权进行温室气体封存操作过程中不使用或不再使用的所有构筑物、设备和其他财产。

处罚：罚款240单位。

三、非由授权持有人或授权带进授权区域内的任何构筑物、设备和其他财产不适用第一、二款的规定。

第二百一十六条　授权持有人不得妨碍其他权利

在实施温室气体封存操作过程中，与根据授权合理行使其权利、履行其义务相比，在较大程度上使用土地的其他人的活动更为必要，授权持有人必须确保操作以不妨碍该活动的方式进行。

处罚：罚款120单位。

第二百一十七条　修复

一、授权持有人必须修复所有用来根据授权实施任何作业的土地，必须根据实际情况尽量在授权之前完成土地修复，否则该土地终止适用任何新授权。

二、如果授权持有人完全遵守涉及该操作的实施计划中的修复措施，则充分符合本条关于操作的规定。

第二百一十八条　必须持有保险

按照部长经常指示的，授权持有人必须取得保险并且续保，以应对根据授权实施作业或进行任何其他事情导致的或与之相关产生的费用、债务或指定的事项，包括遵守有关清除或补救温室气体物质泄漏造成影响的指示所产生的费用。

处罚：罚款240单位。

第三节　复垦保证金

第二百一十九条　复垦保证金的含义

一、在本节中复垦保证金是指为部长所接受的一种手段，以确保支付因温室气体封存作业可能带来的修复工作、清理工作或污染防治工作费用的特定数额的费用。

二、复垦保证金不包含相关放弃根据注入和监测许可取得的注入权利而产生的与长期监测或核查有关的任何费用。

第二百二十条　取出复垦保证金的条件

授权持有人不得进行温室气体封存操作，除非其已取得部长可以接受的由部长规定数额的复垦保证金。

处罚：罚款240单位。

第二百二十一条　部长可要求增加复垦保证金

一、如果部长认为有关温室气体封存操作的复垦保证金担保的金额不足，则适用本条的规定。

二、部长可以通过书面通知要求授权持有人取得部长决定增加的复垦保证金数额。

三、在作出要求前,部长必须咨询授权持有人。

四、在接到通知书后的 30 日内,授权持有人必须遵守该通知书的要求。

处罚:罚款 120 单位。

第二百二十二条　部长可以开展复原工作

一、如果存在以下情形之一,则部长可以采取一切措施修复已被用于温室气体封存作业的土地:

(一)对根据第二百一十七条进行恢复的土地不满意;

(二)认为有必要进一步修复土地;

(三)被土地所有人要求修复。

二、部长已经要求授权持有人或前持有人修复土地,并且在要求提出后的合理期限内持有人或前持有人未能修复,才能进行修复。

三、根据本条第一款规定所发生的所有费用不能从适用于相关土地的复垦保证金追还的,部长得将其作为欠官方的债务在有管辖权的法庭予以追讨。

四、如果部长拒绝按照本条第一款第(三)项的要求行事,则必须告知土地所有人拒绝的原因。

第二百二十三条　如果修复理想,则返还复垦保证金

如果部长认为符合下列条件,则必须免除授权持有人或前持有人的复垦保证金或返回其复垦保证金:

(一)相关土地已经根据第二百一十七条进行了恢复;

(二)恢复是可能成功的;

(三)其他所有与复垦保证要求相关的工作都已经圆满完成。

第四节　使用费和租金

第二百二十四条　使用费的责任制度和比率

一、注入与监测许可证持有人在许可区域内就注入地下地质封存结构的温室气体物质的体积必须向部长支付使用费。

二、使用费支付的比率和许可中指定的依照条件结合发生的温室气体物质注入和监测作业确定。

三、部长经与财务主管协商,可免除注入与监测许可证持有人支付本条规定的使用费。

第二百二十五条 部长可更改使用费

一、根据注入和监测许可证持有人或注入和监测许可证申请人的申请,部长可以:

(一)更改许可中指定的(或者是将指定的)使用费税率;

(二)对按照许可注入地下封存结构中的温室气体物质,根据其体积提供不同的征税方式。

二、部长依据本条第一款第(一)(二)项的规定必须在更改许可或建议许可前咨询财务主管。

第二百二十六条 必须支付使用费的时间

一、本节所规定的所有使用费必须以相关注入和监测许可证指定的方式在指定的时间内支付。

二、如果注入和监测许可证未指定支付费用的时间和方式,授权持有人必须按法规规定的方式在规定的期限内支付本章规定的使用费。

第二百二十七条 国有土地租金支付

一、依据授权在国有土地上进行温室气体封存操作的,适用本条的规定。

二、授权持有人占用该土地的,负有向部长缴付租金的义务。

三、由部长在授权中指定应付租金的数额,或者如果授权中未指定数额的,则按本法案的相关规定缴付。

第五节 授权结束后的义务

第二百二十八条 一旦授权终止,必须拆除设备

一、适用于土地上的授权终止时,适用本条的规定。

二、授权持有人必须在适用于土地上的授权终止后的60日内拆除授权土地上的所有设备。

处罚:罚款120单位。

第二百二十九条 部长可以拆除设备

一、如果有关人员未能遵守第二百二十八条就相关设备的规定,部长可拆除并处理该设备。

二、涉及该事项的所有费用,部长可从适用于相关部门的复垦保证金和处理该设备获得的所有收益中得到补偿。

三、如果拆除或处理相关任意设备的费用超过依据本条第二款规定的费

用,有关人员必须向部长支付差额。

四、本条第三款规定的所有应付金额,部长得将其作为欠官方的债务在有管辖权的法庭予以追讨。

第十四章 信 息

第一节 向部长提交的信息

第二百三十条 如果发现地下地质封存构造,则部长可以要求特定信息

一、如果在授权区域内发现地下地质封存构造,则部长可以指示授权持有人:

(一)按规定将需要的所有与地下地质封存构造有关的信息提交给部长;

(二)为获取前项所需的信息,进行部长指定的测试或其他事项。

二、指示必须以书面形式作出,并且说明必须遵守指示的时间。

三、收到指示的人必须在指示中规定的时间内遵守该指示。

处罚:罚款 120 单位。

第二百三十一条 授权持有人必须向部长提交信息

授权持有人必须:

(一)为符合本法案监测的目的,收集法规规定的信息和样品;

(二)为符合本法案监测的目的,依照法规所要求的形式保留法规规定的记录;

(三)为符合本法案监测的目的,向部长提交法规要求的任何信息、样品或记录。

处罚:罚款 60 单位。

第二百三十二条 部长可以要求就井孔位置等进行勘测

一、部长可以要求勘探许可、保留租赁及注入和监测许可证持有人:

(一)对许可、租赁或授权区域内的任何井、结构或设备的位置进行勘测;

(二)以书面形式向部长报告勘测结果。

二、如果部长对依据本条第一款第(二)项提交的勘测结果不满意,则可要求许可、租赁或授权持有人以书面形式向其提交补充信息。

三、依据本条第一款或第二款提出的要求必须以书面形式作出。

四、许可、租赁或授权持有人必须遵守依照本条作出的要求。

处罚:罚款 120 单位。

第二百三十三条 部长可要求个人提供有关温室气体封存操作的信息

一、本条适用的情形是：部长有理由相信某人掌握了与温室气体封存作业有关的信息、文件或物品。

二、部长可以要求该当事人：

（一）在特定的时间以特定的形式将信息、文件或物品提交给部长。

（二）在部长指定的时间和地点出现在部长指定的人面前，回答与温室气体封存操作有关的问题或出示文件或物品。

三、根据本条第二款作出的要求必须以书面形式提出。

四、该当事人必须履行以下义务：

（一）必须遵循根据本条第二款对其作出的所有要求；

（二）必须回答根据本条第二款第（二）项向其提出的所有问题；

（三）必须出示根据本条第二款第（二）项要求其出示的文件或物品。

处罚：罚款120单位。

五、任何人不得以遵守本条第四款的规定会导致其入罪为理由，而免于遵守该条款。

六、任何人根据本条的规定提交或出示的任何信息、回答、文件或物品在任何诉讼中均不允许采纳，不同于涉及虚假信息、回答、文件或物品的诉讼。

第二百三十四条 部长可以要求石油开发者提供信息

一、根据法规的规定，部长可以指示根据《1998年石油法案》授权的权利持有人向其提供法规规定的所有信息。

二、任何指示必须以书面形式发出，并指明必须遵守的日期。

三、收到指示的人必须在指示规定的时间内遵守该指示。

处罚：罚款120单位。

四、在本条中的授权与《1998年石油法案》中的授权具有相同的含义。

第二百三十五条 不得提供虚假信息

任何人不得：

（一）声称遵守本部分的规定，提供明知是虚假的或具有误导性的材料明细；

（二）在材料明细中制造任何明知是虚假的或具有误导性的文件，不告知文件接收人存在缺陷的文件。

处罚：罚款120单位。

第二节 发布信息

第二百三十六条 发布信息的含义

一、在本节中,凡提及"发布信息",即指将该信息公开公布或供公众人士查阅,不论发布信息是否须收费。

二、在本节中,引用信息包括引用任何要点、剪辑或样品;引用某个要点、剪辑或样品的一部分。

第二百三十七条 解释性信息的含义

一、在本节中的"解释性信息"是指任何包含在文件内的,按照部长的观点来看,基于全部或部分与授权区域或拟授权区域部分的底土、温室气体物质或地下地质存储构造有关的信息而得出的观点或结论。

二、部长可以就识别解释性信息发布指南。

第二百三十八条 信息采集日期的含义

本节中的"信息采集日期"指以下时间:

(一)就在钻井期间获得的事实信息,日期是指以下事件发生的时间:

1. 用来钻井的钻机被移出作业井之时;

2. 根据钻井合同,授权持有人不再对与钻井有关的费用负责之日。

(二)在专项研究的情况下,日期即该研究的数据分析完成之日后的180日;

(三)在调查中获得信息的情况下,日期即调查完成之日后的180日;

(四)在再调查或与调查有关的专项研究的情况下,日期即调查或研究报告中指定的工作完成之日后的180日;

(五)在其他情况下,信息提交给部长之日。

第二百三十九条 不能公布的信息

部长在任何时候都不得公布授权申请人在申请授权时提供的以下任何详细内容:

(一)申请人或其雇员的技术资格;

(二)申请人可得到的技术咨询;

(三)申请人可得到的财政资源。

第二百四十条 可以公布与申请有关的信息

一、本条适用于授予或延长授权申请中包含或附带的任何信息,但不适用于以下信息:

（一）第二百三十九条规定的信息；

（二）解释性信息。

二、在授予授权或延长授权后、或拒绝授权或延长授权后，部长可随时发布适用本条规定的信息。

第二百四十一条 发布与不再适用授权的区域相关的信息

一、本条适用的情形是：任何由授权持有人根据本法案提交给部长的、与不再适用授权的区域相关的信息。

二、从与该区域有关的授权期满、放弃或取消之日起满180日后，部长可随时发布适用本条的任何信息。

第二百四十二条 发布与授权区域有关的事实信息

一、本条适用于，由注入和监测许可证持有人根据本法案提交给部长的、与授权区域相关的信息，但不适用于解释性信息。

二、从信息收集之日起满1年的，部长可以随时发布适用本条的任何信息。

第二百四十三条 发布与其他授权区域有关的事实信息

一、本条适用于由授权持有人根据本法案提交给部长的、与注入和监测许可以外的授权适用区域相关的信息，但本条不适用于解释性信息。

二、从信息收集之日起满2年的，部长可以随时发布适用本条的任何信息。

第二百四十四条 限制收集信息的发布，以便于发售该信息

一、本条适用的信息：

（一）根据特殊授权收集的；

（二）公众可以以合理条件购买。

二、部长不得在下列日期起5年内发布适用本条规定的信息：

（一）信息收集工作完成之日；

（二）信息收集工作启动180日后。

以日期较早者为准。

三、部长可以同意在较长的时间内暂不发布该信息。

第二百四十五条 如得到同意则可提前发布信息

部长可以发布：

（一）与授权申请或授权的延长有关的信息，在申请被批准或拒绝前，如果该申请人：

1. 以书面形式同意发布的；

2. 已经公开发布该信息的。

（二）在本节所规定的相关日期前，发布与授权区域有关的其他信息，如果授权持有人：

1. 以书面形式同意发布的；

2. 已经公开发布该信息的。

第二百四十六条 发布与当前授权有关的解释性信息

信息收集届满 5 年后，部长可以发布授权持有人根据本法案提交给自己的任何解释性信息。

第二百四十七条 解释性信息发布前应遵循的程序

一、部长发布任何解释性信息前必须遵循以下程序：

（一）在政府公报上刊登公告，公告包括以下内容：

1. 说明部长将要发布该信息；

2. 收集在规定时间内提交的关于发布的反对通知书（必须在刊登通知后的至少 45 日内）；

3. 说明作出反对通知书的理由；

4. 说明：如果在规定时间内没有收到反对通知书，该信息将被发布。

（二）在条件许可的情况下，将通知的副本给予向部长提交信息的人。

二、反对发布该解释性信息的理由只能是如下方面：

（一）信息的发布将会泄露商业秘密；

（二）信息的发布将会或被合理地预见到会严重影响该当事人的合法经营、商业或金融事务。

三、如果部长建议发布的信息包含多项事务，则提交的反对通知书必须清楚地表明反对公布某项或某些事务。

四、在接到一份有效的反对通知书时，部长必须在收到反对通告书后的 45 天内：

（一）在考虑反对通知书后，决定是否（全部或部分）发布该信息。

（二）将决定书面通知该反对人。

五、如果部长决定发布任何涉及提交反对通知书的信息的，则就依据本条第四款第（二）项作出的决定，必须告知此人有权依据第二百四十八条的规定进行审查。

第二百四十八条 有争议的发布决定的申请复核权

一、任何针对解释性信息的发布提交反对通知书的人以及任何对异议不满的人,均可要求部长对决定进行复审。

二、该请求必须符合以下条件:

(一)以书面通知的形式提交给部长;

(二)不得晚于此人被给予决定通知后的 28 日;

(三)列明提出请求的理由。

三、就收到的请求,部长必须在收到通知后 45 日内:

(一)确认、更改或撤销原决定;

(二)给予此人关于附有复审决定的书面通知。

四、出现任何针对发布解释性信息详情的异议,在下列情形下,部长不得发布该详情:

(一)在部长遵守本条第三款规定之前;

(二)如果没有提出复审请求,则在条款规定的 45 日期限届满前。

第二百四十九条 部长可以将资料等给予其他部长

一、部长可向其他部长、英联邦的部长、州或管辖区的部长提供以下资料:

(一)本节适用的、已向部长提交的包含在文件中的任何资料;

(二)任何已提交给部长的样本。

二、在本法案规定可以由部长发布的情形下,根据第一款按照它们之间的排列,部长可以向其他部长、英联邦的部长、州或管辖区的部长只提供资料、要点、剪辑或样品,其中包括由该部长规定的限制发布的资料、要点、剪辑或样品。

第二百五十条 关于获取信息以履行工作计划义务的限制

一、勘探许可、保留租赁或注入和监测许可证的持有人不得为达到履行工作计划义务的目的,而试图以购买或从其他特殊授权持有人处获得的方式来获取特定信息。

处罚:罚款 60 单位。

二、如果从特殊授权持有人处购买或获得的信息仅用以辅助获取根据工作计划必须获得的信息,则不适用第一款的规定。

第十五章 实 施

第一节 督 察

第二百五十一条 督察的授权

一、部长可授权任何其认为最适合依据本法案开展督察工作的人。

二、环境保护局可授权其认为适合督查工作的任何人进行检查,以监测注入试验计划或根据本法批准的注入和监测计划所载的任何监测和核查计划的遵守情况。

三、部长必须依据本法案给予每个被授权人可通过名字被识别其作为督察的身份证明,并包含有该被授权人的照片。

四、如果作为督察的授权被撤销或已到期,其必须立即向部长或环境保护局(视情况而定)返还其身份证明。

处罚:罚款 5 单位。

第二百五十二条　出示身份证明

在以下情形下,督察必须出示其身份证明:

(一)在行使本法案赋予的权力前;

(二)如果在行使本法案赋予的权力过程中的任何时间被要求。

处罚:罚款 10 单位。

第二百五十三条　根据本法进行的监测

一、督察如果认为某一商业或政府性的住房及相关用地,已经、正在或将要用于温室气体封存操作,则可在日间任意合理的时间且该房地对外开放的时间进入,并可进行以下活动:

(一)检查该房地及房地上的任何事项;

(二)复制或摘录保存在该房地上的文件;

(三)缴获房地上的任何物品(如果督察有合理理由认为,有必要缴获某物品以防止物品被隐匿、遗失或毁坏);

(四)测试房地内的任何设备;

(五)进行其认为有必要的拍照、录音或录像;

(六)如果督察认为对行使本条赋予的权力有必要,则可使用助理。

二、为符合本法案之目的或与第二百七十条或第二百七十 A 条的敦促改善通知书或第二百七十一条或第二百七十一 A 条的禁止通知书保持一致,必要时在合理的,范围内行使本条赋予的权力。

三、如果督察没有向土地占有人出示开展检查工作的身份证明,则不得继续行使本条规定的各项权力。

四、依据本条的规定,督察不得为确定符合本法案之目的而进入某一住所,除非该住所占有人以书面形式同意其进入或开展搜查工作。

第二百五十四条　紧急情况

一、如果督察合理地相信有必要采取措施,因为其认为某一处所已经、正在或将会在温室气体封存作业的相关过程中存在以下即时风险,则可随时进入该处所,行使依据第二百五十三条第一款所赋予的权力。

（一）一个或一个以上的人可能会受伤；

（二）财产可能会被严重破坏；

（三）会对环境发生明显损害。

二、如果督察没有向房地占有人出示行使督查工作的身份证明,则不得继续行使本条规定的各项权力。

三、如果督察在所有人或占有人不在场的情况下行使本条赋予的权力,则必须在离开场所时留下通知,列明以下事项：

（一）进入的时间；

（二）进入的目的；

（三）在场所内所进行的事项的说明；

（四）离开的时间；

（五）为取得督查的详细情况而与相关部门沟通的程序。

第二百五十五条　与搜查和扣押有关的违法行为

一、督察有合理依据怀疑在某处所存有特定的物品可证明本法案所规定的违法行为,只能在该种情形下可依据本条的规定行使权力。

二、如果督察与其所有助手认为有必要,则可在房地占有人书面同意的情况下,进入该房地并搜寻物品而不需申请搜查令。

三、除非得到占有人同意,否则督察不得进入和搜查任何房地。在占有人同意督察进入之前,督察必须履行以下义务：

（一）出示督察所用的身份证明；

（二）告知占有人以下内容：

1. 搜查的目的；

2. 占有人可以拒绝同意督察进入、搜查或缴获在搜查过程中发现的任何物品；

3. 占有人可拒绝同意采集商品的任何样品,或复制、摘录在搜查房地的过程中发现的文件；

4. 经占有人同意进行的搜查,在搜查过程中扣押的所有物品可在诉讼中作为证据使用。

四、依据第二款的规定进行的搜查中发现某物品的,督察可以进行下列活动:

(一)检查处所的所有物品;

(二)检查该物品并进行复制或摘录;

(三)如果督察认为有合理理由认为有必要缴获该物品以阻止其隐蔽、遗失或毁坏,则可以缴获该物品。

第二百五十六条 给予占有人同意书的副本

一、依据第二百五十三、二百五十五条,占有人书面同意督察的进入和对房地或住所的搜查,必须立即将其签字的同意书副本给予占有人。

二、如果在任何诉讼中,书面同意书未向法庭出示的,在反对意见被证实前,必须假定该占有人没有同意督察的进入及搜查。

第二百五十七条 搜查令

一、如果督察基于合理理由认为场所内已存在或在未来的 72 小时内可能存在某种特定事物可能是违法罪行的证据,则可就该场所向地方法院申请搜查令。

二、依据本法案,如地方长官基于合理信赖的理由怀疑场所内已存在或在未来的 72 小时内可能存在某特定事物是违法罪行的证据,则可发出搜查令,并在搜查令中授权督察和助理督察在必要时采取以下行动:

(一)进入搜查令中指定或描述的处所或部分处所;

(二)搜查及缴获在搜查令中指令的所有事物。

三、除其他规定外,根据本法案发出的搜索令必须述明以下内容:

(一)怀疑的违法行为;

(二)将要搜查的处所;

(三)对将要搜查事项的描述;

(四)搜查令行使的所有条件;

(五)在任何时候或规定的时间内,是否被授权进入;

(六)搜查令失效的时间,不得晚于搜查令发出后的 7 日。

四、搜查令必须按照《1989 年裁判法院法》的规定和该法案规定的形式签发。

五、除本法另有规定外,《1989年裁判法院法》中提及的搜查令须遵守的规则延伸并适用于本条所指的搜查令。

第二百五十八条　进入前进行宣告

一、在执行搜查令之前,搜查令中指定的督察或其助理必须宣告其经搜查令授权而进入该房地,并且必须给予房地上的所有人进入该房地的机会。

二、督察或其助理无须遵守第一款的规定,如果其有合理理由认为此刻进入该处所是为确保:

(一)任何人身安全;

(二)搜查令的有效执行不会受阻。

第二百五十九条　给予占有人搜查令副本

在执行搜查令时,如果占有人或表面上代表占有人的其他人出现在现场,则督察必须履行以下义务:

(一)通过出示供占有人查阅的身份证件的方式证明自己身份;

(二)给予其执行搜查令的副本。

第二百六十条　对所有扣押的物品必须给予收据

一、督察除非向物品持有人出示扣押收据,否则不可以扣押任何物品。扣押收据包括以下内容:

(一)确认物品;

(二)陈述督察的姓名与扣押物件的原因。

二、如果督察没有发现所扣押物件的主人或托管人,则必须在离开扣押物品所在的房地之前留下收据或者将该收据邮寄给房地主人。

第二百六十一条　必须提供扣押物品的复件

一、如果督察扣押以下物品,则必须尽快在实际扣押下述种类物品后,给予其主人或托管人该物件的复件或存储装置内容的拷贝:

(一)文件;

(二)容易被复制的物品;

(三)可以容易地复制其中信息的存储装置。

二、本条第一款不适用于以下情形:

(一)根据本条第二百六十二条第二款移动的任何文件、物品或设备;

(二)督察没有找到被扣押的文件、物品或设备的主人或托管人的。

第二百六十二条　使用设备检查或处理物品

一、为判定在房地上发现的物品是否可被扣押,督察可将对检查和处理该物品有合理需要的任意设备带至该房地。

二、如果符合下列条件之一,则为使检查或处理得以进行,这些物件可被转移至另一处,进而确定它们是否可被扣押:

(一)在该房地上进行检查或处理此物件是不可行的;

(二)房地的占用者书面同意。

三、如果督察或其助理,为开展检查和处理该房地上发现的物件用以判定该物件是否需要被扣押的合理理由,可使用已处于该房地上的操作设备:

(一)该设备适用于检查或处理;

(二)该检查或处理的进行不会损坏该设备或该物件。

第二百六十三条 使用或扣押房地上的电子设备

一、如果符合下列条件,则督察或其助理可操作,或要求占用者或占用者的雇员操作该设备以访问该信息:

(一)在房地上发现某样物品本身是,或者其包含磁盘、磁带或其他存储信息的装置;

(二)房地上的设备可与上述磁盘、磁带或其他存储设备一同使用;

(三)督察基于合理理由相信存储在磁盘、磁带或其他存储装置里的信息与确定本法案是否被违反相关。

二、如果督察或其助理发现在房地上的磁盘、磁带或其他存储设备包含有与第一款第(三)项所规定的相关信息,则可以:

(一)把信息处理成文件形式并扣押该复件;

(二)将该信息复制到另一个磁盘、磁带或其他存储装置,并删掉该房地上的相关存储装置;

(三)如果把信息以文件形式处理或复制信息不具有实际可操作性,那么可扣押该磁盘、磁带或其他存储装置以获得相关信息。

三、督察或其助理不得为本条提到的目的操作或扣押设备,除非基于合理理由认为操作或扣押该设备不会导致该设备的损坏。

第二百六十四条 损害赔偿

一、对在行使(或宣称行使)该法案赋予的权力时任何由督察或其助理造成的损害,部长或环境保护局必须进行赔偿。

二、但是,在督察工作期间任何与本法相违背的原因导致的损坏,部长或环境保护局不负责赔偿。

三、在确定由电子设备造成的损坏而支付赔偿的金额时,应考虑房地的占有者及其雇员和代理人(如果存在)针对设备操作在当时环境下提供的警告或指引是否合适。

第二百六十五条　查封物品的返还

一、如果督察根据本法案查封某些物件,一旦查封理由不再存在,则必须采取合理步骤将物品返还给查封前的持有人。

二、如果在查封结束前未返还该物品,则督察必须采取合理步骤返还,除非存在以下情形之一:

(一)在扣押期间诉讼程序已经开始,并且相关法律程序(包括任何上诉)一直未完成;

(二)法院根据第二百六十六条的命令延长扣押期限。

第二百六十六条　裁判法院可延长期限

一、督察可向裁判法院申请在扣押期内或法院同意的扣押延长期限内由法院根据本条延长原有期限。

二、如果裁判法院认为延长物品扣押对以下目的有必要,则可以命令期限延长:

(一)调查某违法行为是否被认定;

(二)为获得某违法行为的起诉证据。

三、为使得通知到达所有人,法院可推迟申请。

第二百六十七条　督察要求获得信息或资料的权力

一、督察:

(一)根据本法案行使权力;

(二)出示其身份证件,以供某人检查。

为确定是否违反本法或是否存在第二百五十四条第一款所述的某种风险,督察在合理必要的范围内,可要求此人提供信息、出示资料以及给予合理的协助。

二、任何人在没有合理理由的情况下,不得拒绝或不遵从根据第一款规定提出的要求。

处罚:罚款240单位。

三、根据本节的规定,任何人不得因应本条的要求:

（一）提供其明知是虚假的或在重要细节方面属虚假或有误导性的资料；

（二）提供其明知在重要细节方面具有虚假或误导性的文件，却不指明该文件存在虚假或具误导性之处并在可行的情况下提供正确的信息。

处罚：罚款 240 单位。

第二百六十八条　防止"自证其罪"的保障

一、如果提供信息，或实施被要求的或本法案或法规规定的其他事项会导致自然人被控告的，自然人可以拒绝或不予提供该信息实施该行为。

二、本条第一款不适用于以下情形：

（一）该自然人依据本法案或相关规定被要求提供文件或部分文件；

（二）依据本法案或法规提供个人的姓名或地址。

第二百六十九条　妨碍督察工作的违法行为

任何人不得对依据本法案正在行使权力的督察或其助理实施下列行为：

（一）妨碍或阻挠；

（一）拒绝允许进入任意场所。

处罚：罚款 240 单位。

第二节　改善和禁止通知书

第二百七十条　敦促改善通知书

一、本条适用于部长认为授权持有人存在以下情况之一的：

（一）违反本法案；

（二）已发生违反本法案的情况，有可能再次出现类似的情况；

（三）与授权条件不一致；

（四）未能符合授权条件，可能再次发生类似的情况。

二、部长可以向授权持有人签发一份敦促改善通知书，要求持有人在规定的时期内采取指定的行动以制止违反或未能遵守的情况，防止继续或再度发生。

三、授权持有人必须遵循通知书的规定。

处罚：罚款 240 单位。

第二百七十 A 条　遵守监测和核查计划——改进通知书

一、如果环境保护局确信，授权持有人未遵守作为注入试验计划一部分的监测和核查计划或与授权有关的监测和核查计划，则适用本条之规定。

二、环境保护局可向授权持有人发出改进通知书，要求该持有人在规定期限内采取指定行动,以阻止不遵守规定的情况继续发生或再次发生。

三、授权持有人必须遵守改进通知。

处罚:罚款240单位。

四、在不限制环境保护局的任何其他权力或职权的情况下,环境保护局可以起诉第三款的罪行。

第二百七十一条　禁止通知书

一、本条适用的情形是:行为或事件在授权区域正在发生或可能发生,部长认为会造成如下即时风险:

(一)会使一人或多人受伤;

(二)财物可能会被严重破坏;

(三)可能会对环境造成明显损坏。

二、部长可签发禁止通知书给授权持有人,禁止授权持有人进行下列活动,直到部长以书面形式证明,禁止通知书内包含的一切要求已获遵从或直到指定期限届满:

(一)在授权区域执行或继续进行任何温室气体封存作业,或任何与温室气体物质注入和监测操作有关的活动。

(二)在授权区域内采取任何指定的行为。

三、部长:

(一)可在该通知书中指示消除或减少该通知书所涉风险应采取的措施;

(二)必须在通知书中指定禁令何时生效。

四、授权持有人必须遵循禁止通知书。

处罚:罚款600单位。

五、如果该授权持有人未能根据本条规定遵循通知书,那么按禁令生效后的每一日为量计算罪行。

处罚:每日20单位,按禁令生效之后罪行仍持续之日计算。

第二百七十一A条　遵守监测和核查计划——禁止通知书

一、本条适用的情形如下:

(一)环境保护局认为授权持有人未遵守与授权有关的作为注入测试计划组成部分的或被批准的监测和核查计划;

(二)环境保护局认为上述不遵守行为在授权区域内造成事件发生或将要发生,以致产生以下即时危险:

1. 会使一人或多人受伤；
2. 会使财产受到严重损害；
3. 会对环境造成严重破坏。

二、环境保护局可以向授权持有人发出禁止通知书，禁止持有人进行下列活动，直到环境保护局书面证明禁止通知书中的所有规定均已被遵守，或直到规定的期限届满：

（一）在授权范围内进行或继续进行任何温室气体封存操作，或进行任何与温室气体物质注入和监测操作相关的活动；

（二）在授权范围内进行任何指定的活动。

三、环境保护局：

（一）可以在通知中指明采取的措施方向，以消除或者减少与通知相关的风险；

（二）必须在通知中指明禁止通知书的生效时间。

四、授权持有人必须遵守禁止通知。

处罚：600 单位。

五、如果授权持有人违反依据本条规定向其发出的通知书，在相关禁令生效后，持续不遵守发出通知的行为则属犯罪。

处罚：禁令生效后，犯罪行为持续的每天罚款 20 单位。

六、在不限制环境保护局的其他权力或职能的情况下，环境保护局可以对违反第四、五款的罪行提起诉讼。

第二百七十二条　通知书的形式

在签发改善或禁止通知书时，部长或环境保护局（视情况而定）必须确保通知书包括以下内容：

（一）详细说明了其签发的理由；

（二）列出授权持有人依据本节的规定对该通知书申请复审的权利。

第二百七十三条　复审权

一、对部长或环境保护局（视情况而定）作签发改善或禁止通知书，个人可向维多利亚民事与行政裁判所就部长或环境保护局（视情况而定）的决定提出审查。

二、审查申请必须在以下日期后的 28 日内提出：

（一）该决定产生之日；

（二）如果依据1998 年《维多利亚民事与行政裁判所法案》，个人要求该决定陈述理由的,给予此人理由陈述之日或依据本法第四十六条第五款的规定,通知此人将不予提供理由陈述之日。

三、尽管本法第二百七十一条第三款有规定,但申请就签发敦促改善通知书进行审查的授权持有人可不必遵循通知书,直至:

(一)维多利亚民事与行政裁判所确认通知书;

(二)该持有人放弃审查申请或收到维多利亚民事与行政裁判所已经驳回申请的书面通知。

第二百七十四条　不遵守通知书之指控的抗辩

一、在未能遵守敦促改善通知书而构成犯罪的诉讼中,以敦促改善通知书规定的形式证明自身未违反本法案或授权条件是一种针对指控的抗辩。

二、在未能遵守敦促改善通知书而构成犯罪的诉讼中,证明已采取了一切合理措施以遵守敦促改善通知书是针对指控的抗辩。

第二百七十五条　未能遵守敦促改善通知书的补救措施

一、如果授权持有人未能遵守敦促改善通知书,部长或环境保护局可以实施本应由授权持有人依据通知书进行的任何事项。

二、根据本条第一款的规定,部长或环境保护局在这一过程中所产生的费用属于授权持有人对国家的债务。

第三节　违　法　行　为

第二百七十六条　公司应了解其员工

为本法案之目的,公司应知悉其员工在履行公司职责中正发生的行为或计划实施的行为及意图。

第二百七十七条　公司犯罪亦其员工违法的情形

一、本条适用于以下情形:

(一)任何违反本法案的公司犯罪;

(二)违法行为被证实是公司员工授意、纵容、故意或缘于故意疏忽而犯罪的情况。

二、公司有关人员同样构成违法行为,以及应当对违法行为负法律责任。

第二百七十八条　合伙人的违法行为

一、本条适用于一个人与一个或多个合伙人共同拥有授权的情况。

二、如果某一个或多个合伙人正在或计划实施犯罪,则其他人因合伙关系同样被认为触犯本法案之规定,并且应当对违法行为负法律责任。

第二百七十九条　合营者的违法行为

一、本条适用于个人作为一个合营者,与一个或多个人共同持有授权的情况。

二、如果一个或多个合营者正在或计划实施犯罪,则其他人因合营关系同样被认为触犯本法案之规定,并且应对违法行为负法律责任。

第二百八十条　员工和代理人的违法行为

一、本条适用于依据本法案之规定,个人在下列条件下构成违法的情形:

(一)该个人为他人之目的或代表他人行为;

(二)该个人在由其他人给予实际的授权范围内实施违法行为。

二、其他人同样被认定为违法,并应当对违法行为负法律责任。

第十六章　行　政　事　项

第一节　温室气体封存注册

第二百八十一条　温室气体封存注册

一、部长必须促成建立和维护温室气体封存的注册登记。

二、部长必须将以下事项记录在温室气体封存注册中:

(一)授权;

(二)变更、取消、暂缓、延长或停止授权或部分授权、或授权的条件;

(三)旨在创建、传输、分配、下放、影响或任何授权中利益的协议任意部分;

(四)单元开发协议;

(五)授权允许注入地下地质封存结构中的温室气体物质的量;

(六)授权持有人注入地下地质封存结构中的温室气体物质的实际量;

(七)本法案适用的所有土地豁免的细节以及所有撤销该项豁免的细节;

(八)所有依据注入和监测授权开展监测和核查活动的结果报告的副本。

三、部长通过在《政府公报》上发布通知,可要求与授权相关的某一特定种类的文件进行注册。

四、温室气体封存注册可以电子方式保存。

第二百八十二条　注册登记的必要事项

部长指定或核准的特定形式的文件以及该文件所包含的在温室气体封存注册过程中的证据被注册之前,本法案第二百八十一条第二款第一项至第四项和

第二百八十一条第三款中所规定的内容不发生效力。

第二百八十三条 在注册过程中关于权力下放的具体内容

一、部长批准温室气体封存登记权力下放的证明文件,在其获得登记之前,任何依据授权而行使权力的下放或任何正在授权中的利益或授权授予的权利均无效。

二、无论任何法律或法规有任何相反规定的情况,本条第一款仍适用。

三、本条不限制本法案第9章第3节授予部长的任何自由裁量权。

第二百八十四条 登记注册

一、登记一份文件

(一)符合以下任一条件:

1. 将文件的详情载入温室气体封存登记册;或

2. 将文件的副本交存于登记册;

(二)将文件详情载入登记册或副本交存于登记册的日期载入登记册;

(三)给予想要进行文件登记的人一份副本,上面备注该文件已经登记,并详细记载了根据本款第二项登记的日期和时间。

二、部长可以:

(一)决定可提交进行注册登记的文件的详细内容;

(二)要求特定类型的文件要按照指定形式才可接受登记注册;

(三)要求特定类型的文件在被提交登记注册前,要包含指定信息。

第二百八十五条 登记的效力

一份文件的注册并不赋予该文件证明的任何权利、利益或交易,该文件证明的权利、利益或交易不具有任何效力。

第二百八十六条 登记和文件的检查

一、支付法规规定的所有费用后,在保存登记的政府机关的工作日内,个人可以随时检查温室气体封存登记和作为登记组成部分的所有文件。

二、支付法规规定的费用后,个人可获得一份温室气体封存登记的所有详细资料或文档的复件。

第二百八十七条 部长的证书

一、证书是证明所有与温室气体封存注册内容有关的事项以及任何计划,并由部长签署的可以在任何程序中作为证据的文件。

二、如果任何人申请获得证书,并缴纳为本条之目的所规定的任何费用,则部长可以向其提供该类证书。

第二百八十八条 部长可以更改登记

一、部长可以更改温室气体封存登记,以更正登记中明显存在的错误或瑕疵。

二、根据书面申请或由部长主动提出,为确保准确的登记与授权相关的权利和利益,部长可以制定任何其认为适当的条目。

三、部长必须给予授权持有人一份涉及变更的详细书面说明。

第二百八十九条 登记的复审权

一、对部长作出或改变本法案第二百八十八条规定的温室气体封存注册项目的决定,任何人均可向维多利亚民事与行政裁判所申请复审。

二、复审申请必须在以下日期后的 28 日内提出:

(一)该决定作出之日;

(二)根据 1998 年《维多利亚民事与行政裁判所法案》,如果此人要求获得该决定的陈述理由,其获得陈述理由之日,或依据本法案第四十六条第五款的规定,其被告知将不给予陈述理由之日。

第二百九十条 有关登记的违法

任何人不得故意实施下列行为:

(一)在温室气体封存登记过程中制造、促成或同意制造虚假记录;

(二)制作或提交作为证据的虚假文件充当注册中某一项目的复件或提要,或依据本章规定提交给部长的文件的复件或提要。

处罚:罚款 120 单位。

第二节 其他行政事项

第二百九十一条 部长可以要求补充信息

部长可以根据本法案的规定,要求申请人提供有关申请的更多详细信息,并且要求申请人在指定的时间提供该信息。

第二百九十二条 文件形式

一、部长已指定形式的情况下,依据本法案的规定向部长提交的每一份文件必须遵循一定的形式。

二、部长依据本法案规定签发的每一份授权文件或其他文件,必须以部长指定的格式存在。

第二百九十三条　经济利益的声明

根据本法案的规定,受雇执行本法令的人员必须在披露其金钱利益方面遵守法规的任何要求。

处罚:罚款60单位。

第二百九十四条　调查和钻探作业

一、为代表相关政府部门做土地、地下地质储存结构或地质调查之目的,部长可以书面授权任何人进入或飞越任何土地。

二、为了开展地质测试以实施相关部门的钻井作业,部长可授权任何人进入任何土地。

三、依据本条第一款或第二款的授权进入土地的人员:

(一)为调查或钻探作业之目的,可以在土地上从事一切必要的行为;

(二)不要对土地造成损害和不便,且使土地或土地上生长的任何作物遭受尽可能少的损害;

(三)在合理必要的前提下,必须停留在该土地上;

(四)除该土地占用者同意留下外,为从事调查或钻探作业曾带入或建设在土地上的所有车间、机械、装置、设备、商品或建筑必须撤离土地;

(五)调查或钻井作业开始前,必须尽快离开该土地;

(六)必须尽力争取与所有人及占用者的合作。

四、依据本条第二款规定进行的任意钻井作业适用第十二章:

(一)该章对许可证的参考如同对部门的参考;

(二)该章对批准、工作计划或授权的工作内容的参考如同进行钻探作业的参考。

五、本条第一款规定进行的调查所造成的一切损失和损害不予赔偿。

第二百九十五条　部门调查

一、部长可授权其雇员或代理人进入任意土地,开展温室气体封存构造勘探。

二、第十二章(除第二百条外)适用于所有依据本条第一款规定的温室气体封存构造勘探作业,对第十二章的授权持有人的参考犹如对部门的参考。

三、尽管有本条第二款的规定,但依据本条第一款在任意土地上从事温室气体封存勘探作业的授权持有人:

(一)无权为任何已开展的操作事实支付赔偿;但是,

(二) 有权向为其工作的所有人的伤害支付(或代表支付)赔偿,有权为因部长授权的人的疏忽造成任何设备或设施损害支付(或代表支付)赔偿。

第二百九十六条　授权

一、部长可依法以书面形式将其享有的任何权力委托给任何受聘于该部门的人,有关授权的权力除外。

二、局长可依法以书面形式将其享有的任何权力委托给任何受聘于该部门的人,有关授权的权力除外。

三、除授权之外,环境保护局可以以书面形式将本法案赋予其的任何权力委托给其所雇佣的任何人。

第三节　费用和罚款

第二百九十七条　未支付费用不予受理申请

如果依据本法案的规定要求支付申请费用的,未支付费用则不予受理该申请。

第二百九十八条　归于国家的费用和罚款

费用、专利费或其他依据本法案规定归于国家的费用指在任何有管辖权的法院中可补偿或支付该费用的人对国家的债务。

第十七章　一 般 规 定

第二百九十九条　官员禁止披露信息

一、任何人不得披露在行使本法案赋予的权力的过程中得到的任何信息。

处罚:罚款 240 单位。

二、任何人不得利用任何此类信息为其自身或他人直接或间接获取任何金钱利益。

处罚:罚款 240 单位。

三、但符合下列条件之一的,可公开或使用这类信息:

(一) 披露或使用行为是依据本法履行职责或与履行职责相关;

(二) 得到信息所有者的同意;

(三) 披露或利用行为依照法院的法定程序进行;

(四) 信息在披露和利用时已经进入了公共领域。

四、第三款的规定不妨碍其他人享有的与公开或使用信息相关的任何权利。

第三百条 部长可变更界定授权区域的方法

一、部长可以随时以在《政府公报》上发布通知的方式,指定用以查明和界定授权区域的方法。

二、部长可以随时在《政府公报》上发布修改和替换通知,修改或替换依据本条发布的通知。

三、修正案或替代条款自公告指定的设定修改或替代之日起生效。

第三百零一条 业务法规

一、部长可批准一部业务法规,为授权持有人开展温室气体封存操作提供实践指导。

二、业务法规可以:

(一)包括任何与温室气体封存作业相关的代码、标准、规则、规范或规定;

(二)在业务法规批准或修订以及解释或发行时,大量运用、整合或参考由任何人或团体制定或发表的任何文件。

三、部长可以批准业务法规的全部或部分修订以及撤销业务法规的批准。

四、部长必须在《政府公报》上发布以下内容的各种通知:

(一)业务法规的批准结果;

(二)对业务法规全部或部分修订的批准结果;

(三)对业务法规的撤销结果。

五、部长必须保留以下内容的副本,可供公众在部门的主要办事处的办公时间免费查阅:

(一)通过的每一项业务法规;

(二)经批准的业务法规已经修改,并且该修订本已被批准;

(三)经批准的业务法规适用、包含或引用任何其他类似文件。

六、批准的业务法规的生效时间是:

(一)批准业务法规的公告在《政府公报》上发布之日或公告指定的其后任何一天;

(二)如果业务法规全部或部分修改,批准修订版业务法规的公告在《政府公报》上发布之日或公告指定的其后任何一天。

七、在《政府公报》上发布废除公告之日起,经批准的业务法规失效。

八、任何人只是违反业务法规规定的条款,则该个人不承担任何民事或刑事责任。

第三百零二条　业务法规的适用程序

如果在根据本法进行的任何程序中,有人被指控违反了本法的某条规定,而在该条文中,经批准的业务法规在被指称的违法行为发生时业已生效,则:

(一)经批准的业务法规在该程序中可作为证据被采纳;

(二)如果法院采信控方为证实所指控的违反行为而必须证明的任何事项,则要求:

1. 经批准的业务法规中的某条规定与该事项有关;

2. 此人在任何关键时间违反该规定。

该事项必须已被证明属实,但法院认定不违反本法案规定的例外(即不属于违法,就不属于必须证明的指控事项)。

第三百零三条　条例

一、总督可以就以下事项制定条例:

(一)决定范畴、界限、形式、位置和监管区域的范围;

(二)决定想要取得监管权限的人应当达到的要求;

(三)前述条件适用于特定类型的机构或一般机构;

(四)规定应付的费用,以及申请、申请处理、续期、当局变更和延期、调查、督察的视察、技术和其他评估、豁免、在温室气体封存登记册中的登记、对温室气体封存登记册的视察以及获取发布的信息;

(五)规定授权持有人应缴纳的年费;

(六)规定授权持有人因占用公用土地应缴纳的租金;

(七)要求授权持有人向部长或环境保护局提交指定的资料,并保证指定的资料、档案和样品;

(八)要求包含在工作方案、开发计划、单元开发、经营计划、注入测试计划、注入和监测计划、风险管理计划、监测和核查计划以及授权持有人所需的其他计划、指南和报告中的信息;

(九)对经济利益说明的要求;

(十)温室气体封存登记簿和登记文件;

(十一)调整本法所规定事项的咨询和调查;

(十二)监管单位协议;

(十三)温室气体基础设施管线的要求;

（十四）根据授权调整注入测试；

（十五）根据授权调整注入；

（十六）调整温室气体物质的监测和审查；

（十七）规定废弃井而应当采取的方法；

（十八）调整井的注入测试；

（十九）规定温室气体封存操作中应当使用的设备、材料和套管；

（二十）调整温室气体物质的地下地质存储；

（二十一）通常规定本法要求或特许的其他事项,本法有规定的依照本法。

二、条例：

（一）可以经常或有特别限制地适用；

（二）根据不同的时间、地点或情况可能有所不同；

（三）适用条例可能需要以下条件之一

1. 依照规定的标准或规范要求；

2. 经特定人或特定类别的人批准或认可；

3. 符合两项的规定。

（四）可以适用、采纳或吸收任何文件的任何内容包括：

1. 全部或部分经条例修订的内容；

2. 在特定时间生效或不时修订生效的内容。

（五）可以赋予自由裁量权或者对特定人或特定类别的人追究责任；

（六）可以在特定情况下或某类情况下,无条件地或有特定条件地在全部或规定的范围内,使人或物从本法的任何条文得以豁免。

（七）违反条例可以处以不超过 20 单位的罚金；

（八）可以就相关特定事物对指定对象提出要求；

（九）可以有伴随监督和核查活动移交给环境保护局所产生的过渡性规定。

第十八章　过渡性条款和相应修正案

第一节　《1989 年水法》的许可

第三百零四条　过渡性条款——《1989 年水法》

本法第十六条生效前,本法规定的内容不影响依据《1989 年水法》授权的执照、许可证或其他授权文件的效力。

第二节　环境保护局的监管和检验

第三百零五条　注入测试计划按照批准的计划进行

《2008年温室气体地质封存法案》第五十条最后添加：

"二、在不限制环境保护局的其他权力或职能的情况下，环境保护局可对违反第一款第三项的罪行提起诉讼。"

第三百零六条　勘探许可证——报告

一、在《2008年温室气体地质封存法案》第五十五条第一款，用"部长"替代"环境保护局"。

二、用《2008年温室气体地质封存法案》第五十五条第三款替代：

三、环境保护局必须向部长提供本条所规定的每一份报告的副本。

四、根据本条之规定提供的每一份报告的副本，部长必须确保其在温室气体登记处可供查验。

第三百零七条　注入和监测计划必须遵守的规定

《2008年温室气体地质封存法案》第一百零六条最后添加：

"二、在不限制环境保护局的其他权力或职能的情况下，环境保护局可对违反第一条第三款的行为提起诉讼。"

第三百零八条　注入和监测许可证——报告

一、在《2008年温室气体地质封存法案》第一百一十一条第一款中用"部长"替代"环境保护局"。

二、《2008年温室气体地质封存法案》第一百一十一条第三款替代为：

"三、环境保护局必须按照本条之规定，向部长提交每份报告的副本。

四、部长必须确保按照本条之规定提交的每个报告的副本可在温室气体封存登记处供公众查阅。"

第三百零九条　督察的授权

《2008年温室气体地质封存法案》第二百五十一条替代为：

"第二百五十一条　督察的授权

一、部长可授权任何其认为最适合依据本法案开展督察工作的人。

二、环境保护局可授权其认为适合督查工作的任何人进行检查，以监测注入试验计划或根据本法批准的注入和监测计划所载的任何监测和核查计划的遵守情况。

三、部长必须依据本法案给予每个被授权人可通过名字被识别其作为督察的身份证明,并包含有该被授权人的照片。

四、如果作为督察的授权被撤销或已到期,其必须立即向部长或环境保护局(视情况而定)返还其身份证明。

处罚:罚款5单位。"

第三百一十条　根据本法进行的监测

在《2008年温室气体地质封存法案》第二百五十三条第二款:

(一)在"第二百七十条"后添加"或第二百七十A条";

(二)在"第二百七十一条"后添加"或第二百七十一A条"。

第三百一十一条　损害赔偿

在《2008年温室气体地质封存法案》第二百六十四条第一款和第二款"部长"之后插入"或环境保护局"。

第三百一十二条　敦促改善通知书

在《2008年温室气体地质封存法案》第二百七十条之后添加:

"第二百七十A条　遵守监测和核查计划——改进通知书

一、如果环境保护局确信,授权持有人未遵守作为注入试验计划一部分的监测和核查计划或与授权有关的监测和核查计划,则适用本条之规定。

二、环境保护局可向授权持有人发出改进通知书,要求该持有人在规定期限内采取指定行动,以阻止不遵守规定的情况继续发生或再次发生。

三、授权持有人必须遵守改进通知。

处罚:罚款240单位。

四、在不限制环境保护局的任何其他权力或职权的情况下,环境保护局可以起诉第三款的罪行。"

第三百一十三条　禁止通知

在《2008年温室气体地质封存法案》第二百七十一条之后添加:

"第二百七十一A条　遵守监测和核查计划——禁止通知书

一、本条适用的情形如下:

(一)环境保护局认为授权持有人未遵守与授权有关的作为注入测试计划组成部分的或被批准的监测和核查计划;

(二)环境保护局认为上述不遵守行为在授权区域内造成事件发生或将要发生,以致产生以下即时危险:

1. 会使一人或多人受伤;
2. 会使财产受到严重损害;
3. 会对环境造成严重破坏。

二、环境保护局可以向授权持有人发出禁止通知书,禁止持有人进行下列活动,直到环境保护局书面证明禁止通知书中的所有规定均已被遵守,或直到规定的期限届满:

(一) 在授权范围内进行或继续进行任何温室气体封存操作,或任何与温室气体物质注入和监测操作相关的活动;

(二) 在授权范围内进行任何指定的活动。

三、环境保护局:

(一) 可以在通知中指明采取的措施方向,以消除或者减少与通知相关的风险;

(二) 必须在通知中指明禁止通知书的生效时间。

四、授权持有人必须遵守禁止通知。

处罚:罚款600单位。

五、如果授权持有人违反依据本条规定向其发出的通知书,在相关禁令生效后,持续不遵守发出通知的行为则属犯罪。

处罚:禁令生效后,犯罪行为持续的每天罚款20单位。

六、在不限制环境保护局的其他权力或职能的情况下,环境保护局可以对违反第四或五款的罪行提起诉讼。"

第三百一十四条　通知书的形式

在《2008年温室气体地质封存法案》第二百七十二条的"部长"之后添加"或环境保护局(视情况而定)"。

第三百一十五条　复审权

在《2008年温室气体地质封存法案》第二百七十三条第一款"部长"之后添加"或环境保护局(视情况而定)"。

第三百一十六条　违反敦促改善通知书的救济

在《2008年温室气体地质封存法案》第二百七十五条第一款和第二款"部长"之后添加"或环境保护局"。

第三百一十七条　授权

在《2008年温室气体地质封存法案》第二百九十六条第二款之后添加:

"三、除授权之外,环境保护局可以以书面形式将本法案赋予其的任何权力委托给其所雇佣的任何人。"

第三百一十八条　规定

一、在《2008年温室气体地质封存法案》第三百零三条第一款第四、七项"部长"之后添加"或环境保护局"。

二、在《2008年温室气体地质封存法案》第三百零三条第二款:

(一)在第八项用";"替代"。"

(二)在第八项之后添加:

"(九)可以有伴随监督和核查活动移交给环境保护局所产生的过渡性规定。"

(姚丹萍　译　郑沫　校)

后　　记

　　《国外低碳法律法规选编》是国家社会科学基金重点项目"低碳技术创新与应用的法律制度研究"的部分阶段性成果。在全球化的新时代,为应对全球气候变化和促进经济社会的低碳绿色转型,世界上大多数国家或者地区都制定了若干与低碳绿色发展相关的法律法规或者政策文件。这些法律法规或体现在气候变化应对法方面,或出现在可再生能源与绿色能源法之中,更有直接以低碳发展促进法面貌出现的情形;从立法形式来看,既有中央或联邦立法,也有地方或州立法。不仅低碳相关立法的文献资料浩繁,而且立法也因国别而异。考虑到篇幅限制,本书仅选取了日本、韩国和德国的中央(联邦)立法以及澳大利亚的地方(州)立法,这些立法资料主要限于可持续发展、应对气候变化、温室气体排放控制和低碳技术、低碳绿色发展领域,有关新能源与可再生能源或者绿色能源方面的立法文献将另行汇编成册出版。

　　译事非易事。在组织翻译或校对的过程中深感翻译国外法律条文的艰难,法律条文的译校工作需要译校者具有较强的双语尤其是中文的驾驭能力,还要有相关的低碳知识背景和法学基础,更要求译校人员抱有一种虔诚和精益求精的心态。这些法律法规的翻译,从 2010 年获得立项开始前前后后长达 10 余年,参与译校的人员也先后经历了 10 余人,数易其稿。最后参与译校的人员主要有吴悦旗、许顺福、姚丹萍、洪紫荆、曾亦诚、郑沫、吴建雄、陈颖等。

　　承蒙复旦大学出版社张炼编辑的认真编校,使得译文的顺畅度增色颇多,也促成了本书的及时出版。感谢为本书顺利出版而付出辛劳的所有人员,希望本书的出版对我国低碳立法研究和实践能有所助益。

杨解君
2021 年 4 月 7 日

图书在版编目(CIP)数据

国外低碳法律法规选编/杨解君主编. —上海：复旦大学出版社,2021.8
(低碳法前沿研究丛书/杨解君主编)
ISBN 978-7-309-15794-9

Ⅰ.①国… Ⅱ.①杨… Ⅲ.①节能法-汇编-国外 Ⅳ.①D912.6

中国版本图书馆 CIP 数据核字(2021)第 127464 号

国外低碳法律法规选编
杨解君　主编
责任编辑/张　炼

复旦大学出版社有限公司出版发行
上海市国权路 579 号　邮编：200433
网址：fupnet@fudanpress.com　http://www.fudanpress.com
门市零售：86-21-65102580　团体订购：86-21-65104505
出版部电话：86-21-65642845
江苏凤凰数码印务有限公司

开本 787×1092　1/16　印张 17.25　字数 291 千
2021 年 8 月第 1 版第 1 次印刷

ISBN 978-7-309-15794-9/D·1098
定价：58.00 元

如有印装质量问题，请向复旦大学出版社有限公司出版部调换。
版权所有　侵权必究